Photographies Michel Reuss

mères & FILS

CE QUE JE VOUDRAIS *te dire...*

Conversations provoquées par
Ariane et Béatrice Massenet

Aubanel

Après avoir exploré les relations mères-filles, nous nous sommes attachées aux relations qui unissent des couples de mères et fils célèbres.
Nous les avons longuement rencontrés, dans un cadre familier, chez l'un ou chez l'autre. Chacun a laissé de côté son image médiatique pour parler à cœur ouvert de sa relation. Comme souvent, nos conversations commençaient sur un ton badin, anecdotique, voire amusé, le temps de s'apprivoiser. Puis venaient les souvenirs d'enfance, ancrés profondément, les premiers émois, les reproches aussi quelquefois quand, à l'adolescence, ou au seuil de la vie d'adulte, plus d'une mère s'est dit qu'elle élevait son fils pour une autre. Des fils protecteurs ou rebelles, mais extraordinairement matures.
Souvent, des gestes et des regards ont remplacé les mots d'amour. Plus retenus, pudiques, moins à l'aise parfois avec leurs émotions, tous les hommes que nous avons rencontrés voulaient cependant explorer ce lien si particulier qui les attache à la femme de leur vie. Des femmes qui ont été père et mère à la fois, des femmes fortes, complices, discrètes mais présentes. Des femmes qui ont voulu transmettre une histoire, des valeurs et, toujours, un amour incommensurable.
Comme le dit joliment l'une des personnalités de ce livre, le regard d'un homme sur les femmes est conditionné par le souvenir qu'il a de sa propre mère.
Merci à toutes ces mères, à tous ces fils pour leur sincérité. Nous sommes certaines que chacun trouvera dans ces conversations intimes un écho à sa propre histoire.

Ariane & Béatrice **Massenet**

AKHENATON

Philippe *& Mireille Faury*

« Un amour qui dépasse tout. »

Premiers rayons de soleil à Marseille. Dans le jardin de son frère Fabien, Philippe, alias Akhenaton, le leader d'IAM, revisite avec Mireille, sa maman, une relation simple et belle, sobre et riche, nourrie par la nature, la musique et le goût des autres. Une vraie leçon de poésie, d'humanité et de savoir partagé.

Mireille : Philippe était un enfant très sage, très responsable. Je n'ai pas de mauvais souvenirs avec lui, à part qu'il se disputait avec son frère.

Philippe : Tous les jours, on se bagarrait.

Mireille : Tout petit, c'est vrai qu'il était très sage, très responsable.

Philippe : Je pense que j'étais normal, mais mon frère Fabien était tellement dur ! Je faisais des conneries, mais il occupait tellement d'espace dans la connerie que les miennes étaient occultées ! *(Rires.)*

Mireille : En plus, je comptais quand même sur lui pour surveiller son frère.

Philippe : Ça, oui !

Mireille : À tort ! J'étais une gamine quand je l'ai eu – nous n'avons que vingt ans de différence… Aujourd'hui, j'ai soixante ans. Je me rends compte que je lui ai donné trop de responsabilités, peut-être à tort. Vraiment, je suis allée très loin parce qu'il aurait pu se passer n'importe quoi, mais j'étais… comment dire ? J'étais sûre de lui.

Philippe : Mais j'ai appris des trucs à cette époque. On habitait à Plan-de-Cuques, un village à côté. Je me rappelle la discussion que l'on avait eue. Tu nous avais dit : « Soit on habite ici et vous allez dans de bonnes écoles, soit on va habiter dans la cité et on vit mieux. » Et on a voulu rester habiter dans un village avec des fins de mois difficiles.

Mireille : Oui, difficiles. Je louais une petite maison mais je ne payais pas cher. Puis les immeubles se sont construits. Les loyers ont augmenté, la propriétaire a voulu récupérer la maison pour son fils. Dans l'impossibilité de retrouver une location dans nos prix nous sommes donc partis aux Prairies, plus dans le centre. Mais on ne s'y est pas faits et on a attendu l'occasion de se raccrocher à Plan-de-Cuques.

Philippe : C'était bien, la tour. On y a vécu combien de temps ?

Mireille : Je n'ai pas aimé la tour. Dès qu'il y a des immeubles de plus de quatre étages, c'est invivable pour moi.

Philippe : On avait des catapultes avec lesquelles on balançait des œufs du haut de la tour ! C'était bizarre, cette époque-là, il y avait un petit côté vraiment tiers-monde : pas le tiers-monde agressif, le tiers-monde bien. On faisait du vélo…

Mireille : Tu te battais aussi.

Philippe : Oui, c'était la cour 1 contre la cour 2 ! Ça faisait un U d'immeubles. Dans l'autre U d'immeubles, ils n'étaient pas trop sympas, donc on se « fightait » avec eux.

Mireille : Je n'ai pas aimé, mais on y est restés un an. C'est pour ça que, son enfance, ça a été aussi beaucoup de changements. Il était obligé de suivre.

Philippe : Mais je ne percevais pas de changements. Dans mon esprit, c'était une continuité.

Mireille : Pourtant, ce n'étaient pas les mêmes endroits. Il y a eu La Montade jusqu'à tes deux ans, tout à fait en haut de Plan-de-Cuques. Là, c'était la campagne.

Philippe : La campagne à fond ! Il faut que je précise que ce village est très particulier. La Montade, c'est un endroit – maman le confirmera – où les nazis ont parqué tous les gens d'un même quartier de Marseille, le Panier. Nous étions presque tous des familles d'Italiens issues du Panier. Et, *a fortiori*, du Petit-Saint-Jean, la partie qu'Hitler a ordonné lui-même de détruire. Hitler a donc ordonné de tout raser et tous les Italiens ont été relogés là. Au début, c'étaient des baraquements en bois, puis ils ont commencé à construire des maisons. Et nous, on s'est retrouvés là. En classe, il n'y avait que des noms italiens.

Mireille : Tous les commerçants étaient italiens aussi. Entre autres, le poissonnier, Tonin, qui était du village de ton grand-père. Ici, on donne beaucoup de surnoms. Comme il avait une main abîmée, on le surnommait « Petite Main ». C'est comme ça à Marseille !

Philippe : C'était rigolo, cette vie de village, parce qu'après, je me suis retrouvé en centre-ville avec mes copains qui ne comprenaient strictement rien aux animaux, aux insectes, aux fleurs et aux plantes. Tandis que, quand tu es niché dans un village, même en périphérie de Marseille, tu connais toutes les plantes, toutes les fleurs, tous les animaux. Je sais à quoi servent les plantes. Comme quoi, sur de courtes générations, tout peut se perdre comme ça ! J'observe la même chose au Maroc. Ma femme est marocaine. Quand on y va, ça me rappelle lorsque nous étions petits. Je me dis que ça va leur arriver, qu'ils vont perdre ce qui fait l'âme et qu'ils vont morfler.

Mireille : Les plantes, c'est moi qui t'ai…

Philippe : C'est toi surtout parce que tu es passionnée par ça ! On connaissait les plantes mortelles, tout petits, on savait qu'il ne fallait pas les toucher.

Ma photo préférée de Philippe et moi.

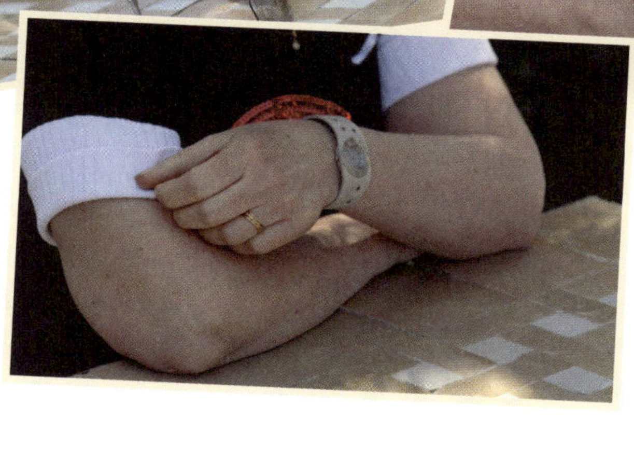

Mireille : Quand ils étaient jeunes, j'ai fait un choix. On n'avait pas beaucoup d'argent avec mon mari et il aurait fallu que je travaille. Je n'avais pas le permis, je n'avais pas les sous pour le passer. Alors, j'ai commencé à faire des petits trucs à droite et à gauche. Je vendais des produits Avon… Fabien ne marchait pas encore. Je partais avec ma poussette et je vendais les produits.

Philippe : Tu n'as pas fait des réunions Tupperware ?

Mireille : Aussi ! *(Elle rit.)*

Philippe *(en riant)* **:** Je me souviens de ces réunions. J'étais petit, je devais avoir six ou sept ans. Je ne pouvais plus les saquer !

Mireille : Mais c'est bien quand on n'a pas beaucoup d'argent.

Philippe : C'était bien, on avait tous les savons. Les savons que maman achetait. Les odeurs et les goûts se forment à cet âge-là. D'ailleurs, je sais que les odeurs qui me plaisent sont toutes en relation avec cette époque. Et Mont-Saint-Michel, tu t'en souviens, l'eau de Cologne ?

Mireille : Oui, l'eau de Cologne. *(Elle rit.)* Ce n'était pas le grand luxe, mais ça sentait bon quand même.

Philippe : L'autre jour, je n'avais plus de déodorant et j'ai acheté du Brut de Fabergé. Je l'ai senti : ça sentait papa quand j'étais petit ! *(Rires.)* Je l'ai pris en me disant : « C'est un truc foireux, mais ça sent trop bon. C'est papa ! » Ma fille reconnaît tous mes parfums. Elle me dit que ça sent « le papa ». « Aujourd'hui, tu as mis Papa 1, Papa 2. » Elle les distingue tous comme ça.

Mireille : C'est pour ça que je leur ai montré beaucoup de plantes. Ne travaillant pas, je prenais mon livre, le sac à dos et on partait presque toute la journée…

Philippe : On ramassait des champignons…

Mireille : Il y avait des genêts en fleurs. Je m'asseyais, je lisais, et eux étaient dans la nature. D'ailleurs, ta fille…

Philippe : … ma fille est pareille.
Mireille : Elle aime aussi la lecture. Moi, j'adorais lire. Ton père aussi, d'ailleurs.
Philippe : Il lit beaucoup, oui. Moi, c'est l'encyclopédie qui m'a mis à la lecture. Tu m'avais acheté une encyclopédie qui s'appelait *Tout l'univers*. Je devais avoir quel âge ? Sept ans, huit ans ?
Mireille : Tout juste.
Philippe : Je l'ai lue en entier ! Les vingt-quatre tomes. Ça m'a donné le goût de lire, d'apprendre…
Mireille : J'ai beaucoup responsabilisé Philippe parce que ma mère avait eu quatre enfants, mais si elle n'en avait eu qu'un seul, ça aurait été largement suffisant parce qu'elle n'aimait pas trop s'occuper des enfants. Quand j'ai commencé à travailler, vous étiez jeunes encore, je partais très tôt le matin. Je ne pouvais compter que sur Philippe ! C'est lui qui emmenait son frère à l'école. Janine, l'épicière, vous surveillait. Ils traversaient devant chez elle, elle me disait : « Oui, oui, il lui tient la main. » J'avais mes repères comme ça.
Philippe : Pour vous dire ce qu'était ce village, on passait dans une traverse où il y avait des oies… On se faisait attaquer par les oies !
Mireille : Je ne les ai jamais emmenés à l'école et je ne suis jamais allée les chercher dès que je me suis mise à travailler, que je suis rentrée à EDF. Je suis rentrée comme secrétaire, et après, comme je m'ennuyais un peu, j'ai fait du syndicalisme pendant dix ans.
Philippe *(en riant)* **:** On te charriait, tu ne te rappelles pas ? On te charriait sur les communistes !
Mireille : Quand vous étiez plus petits, ton père n'était pas beaucoup là. Et puis, j'ai divorcé assez rapidement.
Philippe : J'avais huit ans et demi quand mes parents ont divorcé. Fabien l'a moins bien encaissé que moi.
Mireille : Ils étaient jeunes pour rester seuls, mais malheureusement…
Philippe : Je cuisinais et tout ! À neuf ans !
Mireille : Je lui ai appris, même à Fabien. Avec des sauces et tout… Je me dis que cette responsabilité, elle a dû te peser…
Philippe : C'est venu naturellement. Je n'ai aucun souvenir que tu m'aies demandé quoi que ce soit. C'était : « Philippe, fais ça. – OK ». Je n'ai jamais discuté.
Mireille : Non, non. Mais dans ma tête, je me suis demandé si ça avait été lourd ou pas.

GAGNER À TOUT PRIX, NON ! PARFOIS, IL FAUT PERDRE ET ÊTRE CONTENT DE PERDRE PARCE QUE C'EST LA VIE.

Philippe : Les seuls trucs qui me posaient un problème, c'étaient les angoisses de mon frère.
Mireille : Ah oui, je sais qu'une fois vous m'attendiez dehors…
Philippe : Pas qu'une fois !
Mireille : Ils m'attendaient, ils étaient assis… Je voulais qu'ils s'endurcissent alors je ne m'apitoyais pas. J'étais un peu dure parce que la vie ne m'avait pas laissée m'apitoyer sur moi-même et… *(Silence.)* Il fallait qu'ils soient durs. Les angoisses de son frère étaient dues à mon absence. Il se levait à 5 heures et demie : « Qu'est-ce que tu fais debout, Fabien ? » Toi, tu dormais. Alors je partais. Quand j'arrivais au travail : « Ton fils a appelé. » Il m'avait déjà appelée. C'étaient de grosses angoisses.
Philippe : Je pense que c'est pire pour une mère. Ou même pour un père.
Mireille : Oui, c'est très dur.
Philippe : Même pour papa, même s'il n'était pas là… Les hommes restent gamins plus longtemps, mais je pense que mon père – maman peut le confirmer – nous a toujours aimés. Ce n'était pas un père qui s'en foutait. Il faisait attention. Et puis, ils ont été intelligents. Quand je vois comment réagissent les gens quand ils se séparent, je me dis que mes

parents, ils en ont eu dans la tête, quand même.

Mireille : C'était par amour pour vous, ça, c'est une évidence. Que ce soit ton père ou moi, on a tout fait pour que vous ne souffriez pas de notre séparation. Il venait le soir vous faire faire vos devoirs…

Philippe : Je n'avais pas une grande passion pour l'école. J'étais très fort, j'avais de très bonnes notes, mais…

Mireille : Ça ne te plaisait pas !

Philippe : Ah non ! Le système scolaire ne me correspondait pas du tout. De toute façon, j'étais très rêveur. Dès que j'ai eu ma chambre, elle était fermée à clé tout le temps et je me suis créé mon univers avec mon poster de New York. J'avais treize ans. Je m'ennuyais à l'école.

Mireille : C'est bizarre parce qu'il était très bon en tout.

Philippe : Ça me saoulait de rester assis pendant une heure. Et puis, il y avait ce côté autoritaire que je n'ai jamais pu encaisser. Mais j'aimais les travaux pratiques. Pendant les cours de cuisine, alors là, je me sentais libre d'aller dans la classe, de faire des recettes, d'inventer. Par contre, le côté scolaire : « Taisez-vous ! Faites ceci, faites cela… » Le côté syndicaliste est arrivé tôt ! *(Rires.)* Par exemple, quand ils nous mettaient des interros le mercredi après-midi, alors que ça n'était pas légal, ça me rendait fou ! Ça me rendait fou ! Je n'y allais pas. Je disais : « Je vais aller me plaindre à l'Académie si vous me mettez des interros le mercredi après-midi ! » J'avais quatorze, quinze ans.

Mireille : Papa ne se rendait compte de rien ? Je n'étais pas du tout au courant de ça !

Philippe : Mais j'ai eu le bac ! En candidat libre. En tout cas, je ne vois pas comment un système scolaire peut laisser les enfants aller plus longtemps à l'école que ce que les adultes veulent travailler. Les gens se battent pour les 35 heures, mais il faut que les enfants travaillent 45 heures par semaine ! Il y a quelque chose qui cloche…

Mireille : Les parents veulent à tout prix que leurs enfants réussissent. C'est une obsession que je ne supporte pas.

Philippe : Vous ne l'avez jamais eue, ni papa ni toi.

Mireille : On doit laisser un enfant s'épanouir, sans lui dire : « Tu vas réussir ! » Gagner à tout prix, non. Parfois, il faut perdre et être content de perdre parce que c'est la vie, parce que c'est comme ça… On ne peut pas gagner partout. Il faut essayer de forger un esprit libre et épanoui.

Philippe : C'était la même chose dans le sport. J'ai arrêté le sport à cause de cet état d'esprit. Je me retrouvais dans des clubs où les parents étaient ignobles. À neuf ans, ça me débectait déjà. Même la musique que tu écoutais, ça nous a marqués ! *(Elle rit.)* Joan Baez, Santana, Bob Marley, Renaud, Cabrel…

Mireille : Je n'écoutais que ce qui me faisait du bien ! *(Elle rit.)*

Philippe : Tout à l'heure, tu me demandais si finalement le fait de m'avoir responsabilisé très tôt m'avait pesé. Eh bien, non, pas particulièrement.

Mireille : Oh, c'est bien ! Tant mieux.

Philippe : Ça m'a même servi après quand je suis parti très jeune à New York. Ça m'a toujours servi dans la vie pour prendre des décisions délicates et compliquées : au lieu de réagir comme un gamin, j'ai réagi peut-être comme un adulte. Ça m'a permis de me sortir de situations complexes, de ne pas être un mouton non plus. Quand les autres faisaient des conneries, je rentrais chez moi, je ne suivais pas.

Mireille : Je regrette de ne pas avoir été là pendant leur adolescence. Tu es parti vivre chez ton père à dix-sept ans avec ton frère parce que vous n'avez pas voulu me suivre à Gap. C'était votre choix. J'avais rencontré un homme et j'ai voulu faire ma vie avec lui,

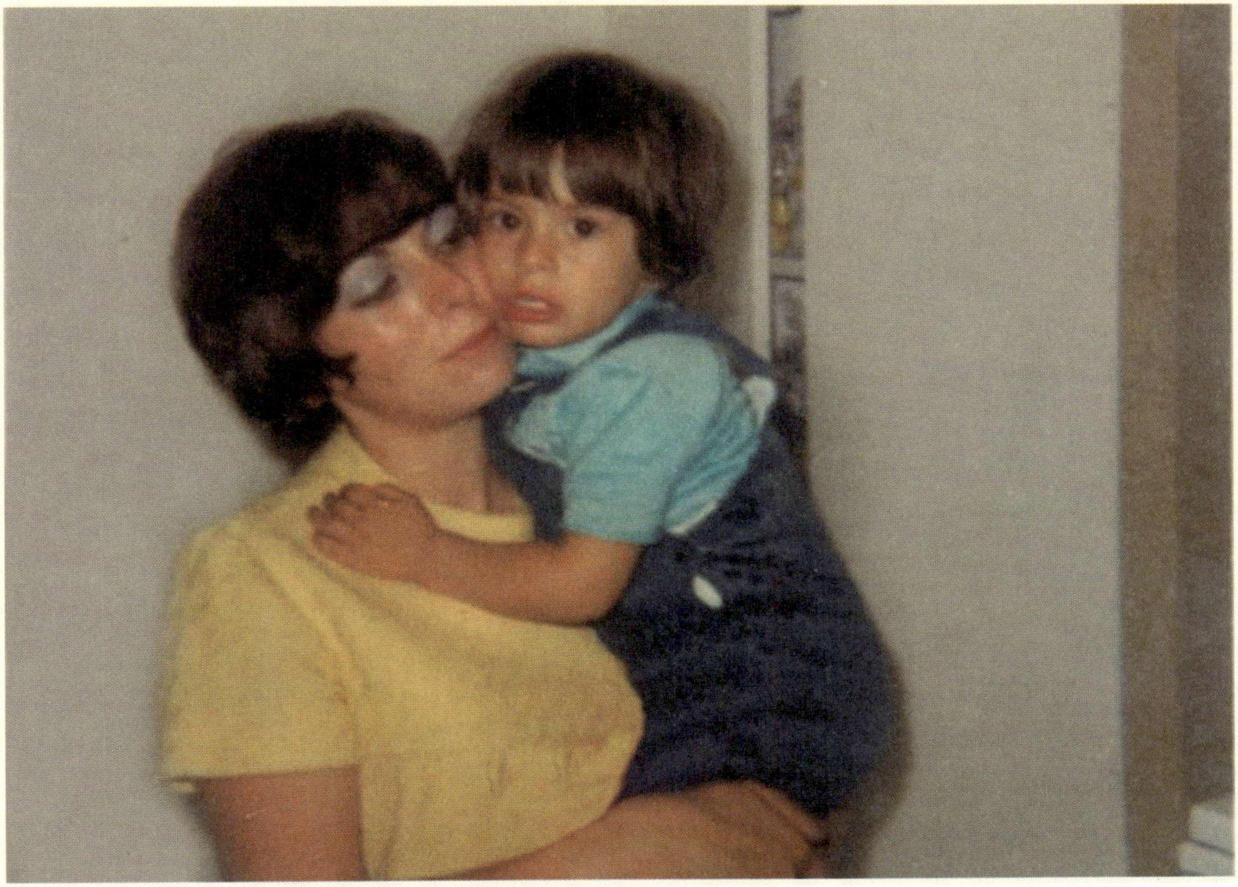

mais je vous ai demandé si vous étiez d'accord. Je ne serais pas partie si vous n'aviez pas été d'accord.

Philippe : C'est très dur de déplacer des enfants de parents divorcés à cet âge-là. Je pense que si on avait eu huit, neuf ans, ça se serait passé sans problème. Mais c'est bien que tu aies fait ça, je trouve.

Mireille : J'ai eu des reproches quand même.

Philippe : De qui ?

Mireille : Des gens de mon entourage…

Philippe : Oui, mais bon, les gens de ton entourage… Je vais t'expliquer un truc : les gens de ton entourage ne sont pas à ta place.

Mireille : Non, personne n'est à notre place.

Philippe : Voilà. Moi, avec l'expérience, je peux te dire que les gens donnent des tas de leçons, mais face aux mêmes situations, leur comportement est très différent de la théorie. Il y a la théorie puis la pratique. Je dis que tu as bien fait !

Mireille : Et papa voulait vous récupérer. Pendant longtemps il a proposé de vous reprendre. Quand Fabien travaillait mal, il disait : « Et si je les prenais un an ou deux ? » À chaque fois je lui disais non. C'est vrai que quand il a été séparé de ses gosses, vous étiez jeunes, vous aviez six et huit ans. Donc finalement, je me suis dit que si vous alliez un peu chez votre père, ce n'était pas mal non plus. Mais ça a été très dur pour moi ! À Gap, quand je passais devant les écoles, je pleurais.

Philippe : Chez papa, ça n'a pas fonctionné pour moi. J'étais déjà parti loin dans ma tête, dans l'envie d'aller aux États-Unis, de vivre, de connaître le rap, de connaître cette culture.

Quand je suis allé chez papa, j'avais déjà fait des concerts avec mon premier groupe.

Mireille *(enthousiaste)* **:** Oui, je m'en souviens !

Philippe : Je suis allé chez mon père en année de terminale. Je me suis fait jeter à la fin du deuxième trimestre.

Mireille : Il y a de quoi culpabiliser quand même parce que, six mois après mon départ, tu quittes les cours.

Philippe : Ça aurait été pareil ! Je vais t'expliquer un truc, maman : ça aurait été pareil parce que, quand j'étais chez toi, je ne voulais pas aller en cours, je restais à dormir au fond du bus, je choisissais les cours, je ne faisais pas mes devoirs. Je m'en sortais toujours parce que, comme j'écoutais en cours, j'arrivais à comprendre assez rapidement.

Mireille : Comme il a eu le bac avec mention, j'ai cru qu'il avait suivi les cours normalement…

Philippe : Eh non, j'ai passé le bac en candidat libre ! Je révisais sur le balcon de mon père. Je suis venu quelquefois à Gap, mais l'angoisse m'est montée : il y avait de la neige en juin sur les montagnes !

Mireille *(en riant)* **:** Voilà, il ne voulait pas venir. C'est beau Gap, pourtant.

Philippe : Non, mais j'étais dans les « newyorkeries », maman… Pour moi, c'était New York…

Mireille : Ah, il m'a rendue folle à cette époque !

Philippe : Ça m'est venu à treize ans. J'écoutais une émission de rap, une des premières en France, sur une radio locale de Marseille. Vers seize ans, ma tante – que Dieu ait son âme – m'emmène aux États-Unis. Je voulais aller à New York depuis toujours. J'avais un poster géant dans ma chambre. Je faisais des graffitis…

Mireille : Le soir, tu faisais aussi de la radio.

Philippe : Oui, j'avais une émission de radio. Je me suis très vite impliqué dans cette émission de radio. On faisait des duplex avec New York. C'est comme ça qu'on a connu les New-Yorkais, qu'on est allés là-bas. On connaissait tous les artistes de l'époque ; beaucoup étaient des narco-disques. C'était ça, la réalité : les mecs qui produisaient les albums étaient des narcotrafiquants. C'était la règle de l'économie à New York à la fin des années 1980. J'ai eu mon premier groupe en 1984. Dès fin 1984 on a fait des disques avec Kheops et avec le DJ actuel d'IAM.

Mireille : Je ne connaissais pas le milieu du rap. Je m'y suis intéressée rapidement ! Je me suis renseignée parce qu'on disait beaucoup de choses… On disait que c'était un milieu où il y avait beaucoup de drogue, surtout là où il allait – parce qu'il me disait où il allait.

Philippe : Bizarrement, je me suis quand

même réinscrit à la fac en 1993, en fac d'archéologie. Mais je n'ai jamais été dans la drogue, à part fumer des pétards…

Mireille : Mais moi, je n'en savais rien.

Philippe : Après mon bac, je suis parti tout l'été aux États-Unis. Puis je suis rentré faire trois mois de cafétéria à la fac avant de repartir pour New York ! J'ai fait de la musique avec des copains rappeurs qui avaient un label aux États-Unis.

Mireille : Mais moi, j'avais peur. Je sentais, comme souvent les mères, qu'il était dans des endroits dangereux.

Philippe : Non, quand les conneries arrivaient, je m'éclipsais. Par contre, les balles perdues, les coups de feu… Je me suis fait tirer deux fois dessus. Je pense que j'étais inconscient du danger, j'entendais des coups de feu tous les jours ! La vie à New York était violente, ce n'était pas lié au rap. Le rap s'est localisé dans les quartiers où il y avait de la violence, tout comme le calypso, le reggae, la salsa. J'ai des supers souvenirs de New York, des souvenirs de moments incroyables parce que la vie de quartier est intéressante aussi. C'est magique. Et puis, à New York, j'ai redécouvert mon côté italien en allant dans les quartiers italiens, en rencontrant ma famille. Mon arrière-grand-père est enterré là-bas ; toute ma famille est de Brooklyn du côté de mon père, donc j'ai revu mes cousines, mes cousins. J'emmenais mes cousines italiennes dans les boîtes de rap : on était les seuls Blancs, elles étaient en panique ! J'ai passé quasiment deux ans et demi à New York.

J'ai toujours aimé faire de la musique. Le rap, c'est une musique accessible. Je n'ai jamais pris de leçons de guitare, ni de piano, rien. Je prenais une face B, il y avait un DJ, et paf ! je pouvais écrire des paroles, j'avais un accès direct à cette musique. C'est ce qui a plu à un tas de jeunes. Je n'ai rien d'extraordinaire par rapport à ces jeunes. En fait, ils ont eu le même réflexe que moi ; ils se sont dit du jour au lendemain : « Mais c'est pour nous, en accès direct, c'est un moyen de faire de la poésie, c'est un moyen d'écrire et d'être en quelque sorte journaliste ou écrivain, mais dans une forme moderne. »

Mireille : C'était aussi un moyen de faire passer des messages.

Philippe : oui, et de s'amuser aussi. Le rap n'est pas qu'une musique de message. C'est une musique qui naît dans les clubs parallèlement. À New York, c'est aussi une musique de club.

Mireille : Moi, je voulais qu'il fasse des études – parce qu'il en était capable – et qu'il ait le plus de bagages possible pour faire ce dont il avait envie. La fac, c'était mon leitmotiv. Le rap ne me rassurait pas vraiment. Ce n'est

pas la musique qui me gênait, mais l'environnement. J'avais très peur de la drogue. Notre village a été décimé par la drogue… J'ai vu une famille dont les quatre enfants étaient drogués… J'ai vu des enfants changer complètement, agresser leurs parents.

Philippe : Mais moi, je n'ai jamais rien essayé.

Mireille : Heureusement. Quand il m'appelait au téléphone, ce n'étaient que des mots doux, mais je n'avais qu'une idée en tête : qu'il revienne de New York.

Philippe : Je suis revenu parce que Khéops m'a téléphoné et m'a dit : « Viens, on fait la première partie de Jean-Louis Aubert. Virgin veut signer avec nous. » Je venais de signer un contrat super bien payé avec un producteur de New York…

Mireille : Ça, je n'ai même pas retenu.

Philippe : Non, je ne te l'ai pas dit. Je suis rentré en France, on a fait ce concert, on a signé, et tout de suite après on a fait notre premier album.

Mireille : Par contre, tu as toujours cru beaucoup en toi ! *(Elle rit.)*

Philippe : Oui, j'étais très confiant dans ce qu'on faisait.

Mireille : Il était très confiant ! Parfois, je raccrochais et je disais à mon mari : « Mon Dieu, il y croit vraiment ! » Moi, je n'y croyais pas vraiment. Il me disait : « Maman, on va faire un malheur, ça y est, je le sens ! »

Philippe : Tu sais pourquoi on y croyait ? Parce qu'on avait un studio d'enregistrement à la maison et qu'on était en train, technologiquement, de prendre une avance sur tout ce qui se faisait en France.

Mireille : Ça, je ne le savais pas, moi. C'est quand ils ont fait la première partie de Madonna que ça m'a impressionnée. Après c'était parti. Je le suivais, je découpais tous les articles, je suivais toutes les télés.

NOUS AVONS UNE VRAIE RELATION MÈRE-FILS, AVEC UN CÔTÉ À LA FOIS TRÈS PROTECTEUR ET TRÈS RESPECTUEUX.

PHILIPPE : Je définirais ma mère comme quelqu'un de très artistique. Je pense qu'elle a raté sa vocation en tant qu'artiste. Elle aurait pu être paysagiste. Je pense que c'est le métier qui lui aurait correspondu le mieux. En même temps, elle est très intéressée par la science. Et elle est humaine ! C'est quelqu'un de très humain. Mes deux parents sont très humains : le respect, le fait de ne pas être raciste. Mon éducation « bipolaire », père-mère, au-delà de tout, m'a appris le respect des autres, et l'engagement aussi.
MIREILLE : Philippe est un garçon très secret. Il faudrait qu'il s'ouvre un peu plus quand même. Je sais que c'est important dans la vie. Moi, on m'en a fait le reproche. J'étais un peu comme ça et souvent les gens me disaient : « Finalement, le temps que tu ailles vers les gens, ils sont repartis ! » J'aimais beaucoup son côté scientifique. Et puis, j'en suis certaine maintenant, il tient de moi ce côté artistique, mais *(Elle rit.)* il est plus doué en tout, il est plus doué que moi ! Moi, je peins bien, mais il me faut un paysage ; toi, tu le fais d'instinct. Tu es un cran au-dessus de moi. Ça m'a fait plaisir, bien sûr, qu'il soit un peu artiste.
PHILIPPE : Nous avons une vraie relation mère-fils, avec un côté à la fois très protecteur et très respectueux. Je pense qu'on est remarquablement équilibrés sur beaucoup de points, grâce à un amour qui dépasse tout.
MIREILLE : Oui et, à propos d'amour, on n'a pas besoin de se voir tous les jours, de passer tout notre temps ensemble. On sait qu'on peut compter les uns sur les autres.
PHILIPPE : Ma mère me comprend aussi parce que j'ai trois enfants et elle sait que c'est du temps. Je n'ai plus de temps libre.
MIREILLE : Ces dernières années, c'est pire ! Je ne les vois pas assez, mes fils.
PHILIPPE : La gestion d'un foyer, je ne m'imaginais pas que c'était ça. Les courses, les lessives... On doit se répartir tout ça.
MIREILLE : Tu imagines que je faisais ça...
PHILIPPE : Mais j'imagine ! Ne t'inquiète pas, je comprends, j'ai vite compris ! Les premières années, je laissais Aïcha, ma femme, toute seule. Maintenant, je l'aide, j'ai vite compris que c'était ingérable pour une personne.
MIREILLE : Je crois aussi que vous êtes d'une génération qui n'est pas habituée. Nous, c'était plus naturel, ce n'est pas qu'on n'en souffrait pas, mais on ne connaissait pas autre chose. Vous avez une vie plus ouverte sur tout, vous voyagez... Je suis revenue dans le coin il y a un mois parce que, justement, je veux être là si vous avez besoin de moi.
PHILIPPE : Sans avoir besoin de toi, je crois que ça fait plaisir à tes petits-enfants. Ma fille réclame tout le temps sa grand-mère. Tout le temps.
MIREILLE : On a des affinités. Elle a des goûts proches des miens.

NOUS AVONS DES POINTS COMMUNS DANS LA FAÇON DE PENSER ET DANS L'ENGAGEMENT.

PHILIPPE : Ce que l'on a certainement en commun, c'est le goût de la nature. C'est bizarre, pour quelqu'un qui aimait tant New York, maintenant quand j'y vais, je ne reste pas plus de cinq jours. On a aussi des points communs dans la façon de penser et dans l'engagement ! Je déteste l'injustice et maman aussi...
MIREILLE : Oui, toi, tu serais moins cool que ton père.
PHILIPPE : Ah non, je ne suis pas cool !
MIREILLE : Voilà, tu es plus comme moi. Une philosophie un peu plus... rigide. Enfin, moi, je dis rigide *(Elle rit.)* parce que c'est comme ça que je me vois, mais disons, oui, plus radicale. D'ailleurs, je suis encore tentée par

certaines causes… dès que j'ai un peu de temps libre. Ces cinq dernières années, ça a été très difficile, j'ai été très malade, donc je n'ai pas eu de temps. Maintenant, mes engagements, ce serait plus dans l'environnement.

PHILIPPE : Bon courage !

MIREILLE : Je ne supporte pas quand ce n'est pas concret. Les idées, les idéaux, tout ça…

PHILIPPE : Tiens, un autre point commun : on adore la cuisine tous les deux. Moi, j'aime surtout la cuisine italienne, marocaine et thaïe. Je peux manger de la cuisine thaïe tous les jours !

MIREILLE : Comme moi ! Alors là, c'est tout à fait comme moi ! Tu vois, à quatorze ans, une de mes meilleures amies était vietnamienne. À la maison, je ne mangeais plus qu'avec des baguettes ! *(Elle rit.)*

PHILIPPE : Tu m'avais fait manger avec les baguettes ! Je ne me rappelais plus ! On mangeait avec des baguettes !

MIREILLE : Dans une vie antérieure *(Elle rit.)*, j'ai vécu en Asie, c'est sûr !

PHILIPPE : Quand je cuisine thaï, ma fille sort les baguettes pour manger. Elle a dix ans. Au niveau du caractère, tu as un côté impulsif que j'ai aussi.

MIREILLE : C'est ce que je disais tout à l'heure. On est un peu réactifs. Ce n'est pas impulsif, c'est réactif. Je réagis, mais je suis consciente de ce que je fais. Impulsif, c'est je réagis, mais sous une impulsion. Ce côté un petit peu fermé que tu as, il vient de la famille de ma mère. J'ai aussi un côté un peu délirant, comme lui.

PHILIPPE : Tant mieux. Bon sang, ouf !

MIREILLE : De temps en temps, je suis rattrapée par le côté de ma mère et je pense que tu l'as aussi, ce côté…

PHILIPPE : … strict de l'Italie. C'est le côté taliban de l'Italie, on va dire. J'ai connu mon arrière-grand-mère. Elle nous gardait, habillée en noir, les volets fermés, et son mari continuait les vendettas ici ! Je pense que les deux trucs principaux que tu m'as transmis, c'est ce côté artistique et le goût pour les sciences. Et aussi : quand on commence quelque chose, on le finit. Maman, quand elle commence une chose dans le jardin, elle va se démolir tant qu'elle n'a pas fini. Dans le travail, je suis comme ça : je n'aime pas laisser dix milliards de trucs en chantier. Ce côté assez cartésien, assez méthodique dans le travail, je pense que ça vient de maman. Et puis toujours cette notion, qui est importante pour moi, de tolérance et de respect. C'est primordial pour comprendre les autres, pour aimer les autres. Quand on a un métier au contact des gens, on peut facilement détester l'être humain. On voit des gens tordus et on se dit : « Bon, finalement, je ne vais plus rien faire pour personne, ça ne sert à rien. » Si on est assez ouvert d'esprit, à un moment donné, on relativise : se battre pour une personne, ça vaut le coup, même s'il y en a cent de pourries.

MIREILLE : J'insistais souvent pour dire qu'il n'y a pas d'étiquette. Ça m'a marquée que les gens se mettent dans des groupes, des cadres : il est communiste, il est socialiste, il est noir, il est blanc, c'est une femme, c'est un homme.

PHILIPPE : C'est ce qui m'énerve dans la musique. C'est un des trucs qui me dégoûte le plus.

MA CONVERSION À L'ISLAM EST INDIRECTEMENT LIÉE À MAMAN

MIREILLE : Je n'ai pas su tout de suite que Philippe s'était converti à l'islam. Sur le coup, j'ai été quand même assez surprise parce que je les avais laissés libres… Je n'avais pas senti chez lui d'attirance particulière pour les religions. Maintenant je peux comprendre, mais, c'est vrai que, pour être honnête, j'ai eu un doute quand même. Je me suis dit : « Il s'est converti pour sa femme. » C'est la première

idée qui m'est venue. *(Elle rit.)* C'est vrai.

Philippe : Tu t'es trompée.

Mireille : Oui, je me suis peut-être trompée.

Philippe : J'ai voulu me convertir avant de rencontrer Aïcha.

Mireille : Oui, je ne te sentais pas directement attiré par ça. Quoique tu es un peu mystique…

Philippe : Ah oui, ah oui !

Mireille : Ah, voilà un autre point commun ! Nous sommes mystiques. Quand j'étais petite, je croyais que la Vierge allait m'apparaître ! Ma grand-mère, qui était très croyante, m'emmenait voir tous les films qui sortaient à l'époque, sur Fatima, sur les apparitions… J'étais persuadée qu'elle allait m'apparaître aussi.

Philippe : Ma conversion à l'islam est indirectement liée à maman parce qu'elle m'a présenté la Bible avec une vision « géographique ».

Mireille : Je lui lisais des passages qui me plaisaient.

Philippe : Je localisais vraiment les événements au Moyen-Orient. J'ai perçu très vite, en lisant des livres, dès seize ans, que l'islam

était la continuité du judaïsme et du christianisme. Quand j'entends parler la majorité des Français, ils ne savent pas que l'islam est une révélation qui suit l'avènement de Jésus. Jésus est un très grand prophète dans l'islam. Il n'est pas le fils de Dieu, mais c'est un très grand prophète. C'est une continuité. Après, j'ai trouvé la liaison avec le judaïsme aussi. Quatre-vingt-dix-neuf pour cent des prophètes en Islam sont juifs. C'est l'historique qui m'a fait aller, je crois, vers le mystique.
Mireille : Moi, je crois aux hommes exceptionnels et je pense qu'il y a eu un homme exceptionnel qui était proche des gens, qui les aimait, qui menait des foules, qui a été meilleur que les autres et plus intelligent. C'est mon côté mystique.

JE FAIS EXACTEMENT COMME TU FAISAIS. TU VIVAIS POUR NOUS, ET MOI, JE VIS POUR LES PETITS.

Philippe : Une de mes plus grandes émotions avec toi, je pense que c'est toute la période où l'on partait en Haute-Savoie. Il y avait une forme d'émerveillement autour de la nature.
Mireille : On ne se posait pas de questions.
Philippe : Après, on a eu un parcours tellement différent dans nos centres d'intérêt. Dès que je suis devenu adolescent, on n'a pas trop eu d'émotions en commun.
Mireille : Il y avait cet amour qui nous liait, mais on ne partageait plus, à part les repas de famille qu'on arrivait encore à faire. C'est peut-être la seule chose qui nous restait en commun. D'ailleurs, j'en ai souffert. Comme je les ai élevés, j'étais tout le temps avec mes fils et donc je partageais. Et puis, tout d'un coup, je n'ai plus partagé. Mais ça arrive à beaucoup de mères.
Philippe : On a passé de super Noëls aussi ! Des Noëls très heureux, avec tout ce que ça comportait. Le soir de Noël, on allait chercher la mousse, on préparait la crèche et on regardait des films de Louis de Funès. C'est bête, mais c'était ça. Aujourd'hui, Noël est un des rares moments de l'année où je peux voyager avec les petits. En fait, j'ai fait une transposition. Je fais exactement comme tu faisais. Tu vivais pour nous, et moi, c'est pareil, je vis pour les petits.
Mireille : Ce qu'on essaie de faire, c'est de se réunir quand vous rentrez de voyage. Souvent, on refait une fête. Mais il faut évoluer. Moi, j'ai été élevée dans la tradition des fêtes et c'est un peu plus difficile pour moi que pour Philippe. J'étais totalement dans la tradition, dans la génération du repas du dimanche. Mais bon, la vie change, il faut s'adapter et savourer ces moments de retrouvailles.

Mes photos préférées de nous deux.

AKHENATON, chanteur-rappeur, de son vrai nom Philippe Fragione, est né le 17 septembre 1968 à Marseille.

Sa maman, **MIREILLE FAURY,** vit toujours à Marseille.

- En 1984-1985, formation du premier groupe Lively Crew.
- En 1986, premier voyage à New York où il découvre les acteurs de la scène hip-hop.
- En 1989, formation du groupe de rap IAM.
- Le 3 juillet 1991, il fait la première partie du concert de Madonna à Bercy.
- En 1993, après s'être converti à l'islam, il épouse Aïcha.
- En 1995, IAM est nommé « groupe de l'année » aux Victoires de la Musique.
- En 2001, album solo d'Akhenaton, *Sol invictus*, un album tendu vers le Coran et dédié notamment au commandant Massoud.

Il est disque d'Or quasi instantané.

- En 2008, IAM fête ses 20 ans.

EST.1949

ALIAGAS

Nikos & *Haroula*

*« Fais ce que tu veux : va, vis, deviens...
et assume le fait d'être grec ! »*

Tous les deux savent « faire le show », comme ils disent, et se comprennent d'un regard. Nikos imite à merveille l'accent grec d'Haroula, sa mère, mais écoute son jugement et file doux devant cette petite femme énergique, fière de ses origines, de la France et de son fils. Dans la maison de Nikos en bordure de forêt, près de Paris, une conversation à bâtons rompus entre une mère et son fils – que vingt ans séparent à peine – sur le travail, la double culture et l'amour...

Haroula : Je suis arrivée en France par amour. J'ai quitté Athènes pour aller en Angleterre faire une école d'infirmières. Je voulais quelque chose d'autre. Mais comment obtenir ce quelque chose d'autre ? À mon époque, en 1965, c'était presque impossible... J'ai trouvé le moyen de passer des examens, de monter à Athènes et de passer un concours pour aller en Angleterre.

Nikos : Il faut dire qu'elle venait d'une famille modeste d'agriculteurs. Mon grand-père lui a dit : « Vas-y, vis ton rêve ! »

Haroula : Maintenant je pense que j'ai été folle de faire ça. Avant d'arriver là-bas, j'ai rencontré Andréas ; il travaillait à Paris. Il m'a fait tourner la tête en me disant : « Oh, une jolie demoiselle comme toi qui va à Londres ! Il y a beaucoup de brouillard à Londres... Viens à Paris ; Paris c'est plus joli... » Mais ça s'est arrêté là et je suis partie de mon côté.

Nikos : Quel âge avais-tu à l'époque ?
Haroula : J'avais dix-huit ans.
Nikos : Et papa avait une trentaine d'années…
Haroula : En Angleterre, j'étais pensionnaire. On peut dire que j'étais dans une des meilleures écoles du monde : Cheltenham. Avec le diplôme, on pouvait aller travailler dans le monde entier ! Au bout de six mois, j'ai reçu la première lettre d'Andréas. Nous avons commencé à tout nous dire par correspondance…
Nikos *(il rit et change de voix)* **:** C'était une relation épistolaire de la fin des années 1960. À l'époque, ça avait un je-ne-sais-quoi de désuet mais de pur…
Haroula : Je me souviens qu'un soir on a frappé à la porte de ma chambre : « Mademoiselle, un jeune homme vous réclame, en bas, au rez-de-chaussée. » Je réponds : « Un homme ? Ce n'est pas possible. – Ah, si ! Un beau garçon, vraiment, avec une certaine classe… – Mais je n'attends personne. » Je suis descendue et j'ai vu Andréas. Il avait pris un train de nuit qui transportait des journaux...
Nikos : Un train de marchandises ? Je ne savais pas ça…
Haroula : Il est venu à l'hôpital. Je lui ai dit : « Écoute, moi, je travaille ici… » Il m'a donné rendez-vous le lendemain et j'ai débarqué avec toutes mes copines ! *(Elle rit.)*
Nikos : Il a dû être content…

Haroula : Elles sont toutes tombées amoureuses de lui !
Nikos : Classique…
Haroula : Puis on a continué à s'écrire pendant un an. Un beau matin, je suis venue à Paris…
Nikos : L'important est de dire quand… La date est importante !
Haroula : Je suis venue à Paris pour un long week-end du mois de mai 1968 !
Nikos *(en riant)* **:** Le bon piège…
Haroula : Je suis restée bloquée pendant presque trois semaines !
Nikos : Voilà les vraies raisons de la révolution… C'est mon père qui avait fomenté tout ça !
Haroula : C'était drôle parce que tout le monde avait des problèmes à l'époque, même de graves problèmes de pauvreté : pas d'essence, pas de voiture, tous les magasins fermés…
Nikos : Et toi, tu vivais ta *love story*…
Haroula : Nous habitions rue de Rivoli ; c'était la révolution totale mais, nous, nous étions heureux tous les deux ! On se promenait main dans la main. Place Saint-Michel, tout le monde faisait la guerre, sauf nous. On était les plus heureux ! Voilà. Et puis, un beau matin, j'ai trouvé quand même un moyen de partir. J'ai pris un avion et je suis revenue à l'école. Tout le monde m'a regardée de travers parce que j'avais disparu de la circulation. Le lendemain matin, je suis allée voir ma directrice : « Bonjour. Je viens démissionner. – *Why ? Are you pregnant ?* [Pourquoi, vous êtes enceinte ?] » Et moi je la regarde : « *No, I am in love !* » [Non, je suis amoureuse !] *(Éclat de rire général.)* Je suis partie du jour au lendemain. J'ai tout quitté, tout laissé pour mon fiancé !
Nikos : Mais lui n'était même pas prévenu !
Haroula : Nous sommes partis en Grèce. J'ai présenté Andréas à mon père et je lui ai dit : « On se marie dimanche. »
Nikos : Et ça dure depuis… quarante ans !
Haroula : Ça va faire quarante ans. Mais il ne faut pas croire que nous sommes le couple idéal ! Je ne peux pas supporter quand Andréas dit : « Nous, quarante ans de bonheur, quarante ans sans nuages. » Nous, c'est tous les jours les nuages… mais peu importe, ça marche ! Ça n'est pas seulement

Ma photo préférée de maman.

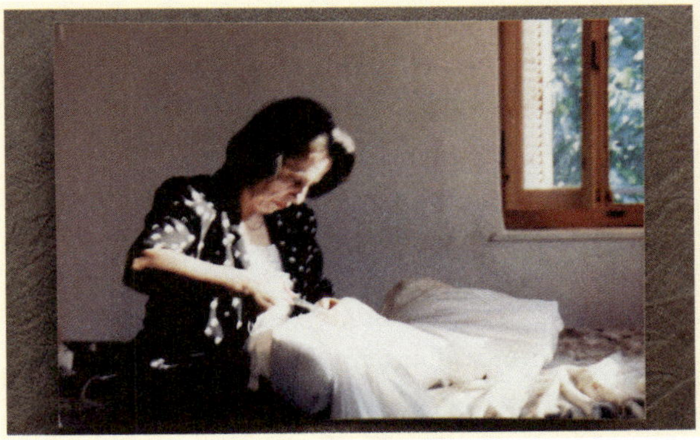

un amour pour toujours, c'est quelque chose de plus beau… J'ai cru en lui. Tout ce qu'il me disait, je le croyais.

NIKOS : Et puis je suis né un an après…

HAROULA : D'abord, nous nous sommes installés à Paris. Depuis ce jour, on travaille ensemble. J'ai eu Nikos tout de suite.

NIKOS : Tu as planté ta carrière quand même. Aucun regret ?

HAROULA : Les regrets, je ne sais pas ce que c'est. Je ne regrette jamais rien. J'ai eu quelquefois des doutes ; je me demandais pourquoi ne pas avoir un travail fixe avec un salaire fixe – parce qu'on a eu des difficultés, ça n'était pas facile tous les jours. Mais j'ai toujours travaillé avec mon mari. J'étais femme de tailleur, femme d'artisan.

NIKOS : Avec des moments où il y avait du boulot, d'autres où il n'y en avait pas. Il y a eu des moments difficiles…

HAROULA : Très difficiles. Il fallait entretenir nos parents – c'est la tradition en Grèce. Mon mari était le seul garçon de la famille et heureusement qu'on était là pour leur envoyer de l'argent. Je suis très fière de ça.

NIKOS : Modestes mais heureux !

HAROULA : Oui parce qu'on a donné du bonheur aux grands-parents, dix-neuf ans de bonheur.

NIKOS : Et puis je suis arrivé…

IL AVAIT DES TUYAUX PARTOUT. JE L'AI REGARDÉ ET IL M'A JETÉ UN DE CES REGARDS ! TU M'AS PROMIS BEAUCOUP DE CHOSES À CE MOMENT-LÀ…

HAROULA : Ça a été le moment le plus dur pour nous, les parents. J'ai eu mon bébé normalement, mais, en pleine nuit, à la clinique, je m'aperçois que Nikos n'était plus dans son petit lit. J'ai commencé à poser des questions aux infirmières… Pas de réponse. Je ne parlais pas français ; je disais tout le temps :

« *Why my baby ?* » [Pourquoi mon bébé ?] Un matin, je pose la question au pédiatre qui me répond : « Je voudrais voir votre mari. » Et là, je comprends qu'il y a un problème avec Nikos. Moi, je ne voyais pas le problème : c'était un beau bébé ; il buvait son lait comme tous les autres bébés ; il était magnifique… Pourquoi le docteur voulait-il voir mon mari ? On nous a annoncé que Nikos était né avec une malformation à l'estomac et qu'il fallait l'opérer d'urgence. Il avait neuf jours et ils l'ont emmené à l'Hôpital des enfants malades, l'hôpital Necker. J'étais confiante, mais je souffrais parce que je n'avais pas mon bébé.

Nikos : Imaginez les casseroles psychanalytiques – dans les deux sens d'ailleurs. L'abandon… la douleur…

Haroula : C'était très dur parce que je ne parlais pas français. J'étais seule avec mon mari, nous n'avions pas de famille en France et je n'ai rien dit à personne pour ne pas inquiéter mes parents. J'ai caché tout ça. On nous a dit : « Ne venez pas à l'hôpital, on vous appellera. » On était à la maison et je m'en souviens comme si c'était hier… On écoutait le disque de *Docteur Jivago* du matin au soir...

Nikos : Je vous laisse imaginer mon émotion le soir où, dans un bar d'hôtel, j'ai rencontré, Omar Sharif [acteur principal du film *Docteur Jivago*] !

Haroula : Le lendemain, nous sommes allés le voir. Il était en couveuse dans une chambre stérile vitrée. Papa entre le premier et il me dit : « Il dort, ne rentre pas. Tu n'es pas prête, et tu vas le réveiller. » Mais j'approche… et ça, je ne l'oublierai jamais ! Il avait des tuyaux partout… Il avait l'air de souffrir et pourtant je l'ai regardé, je l'ai observé, il a tourné sa petite tête et m'a jeté un coup d'œil… *(Silence.)* Il a toujours le même coup d'œil, il n'a pas changé !

Nikos : Le même regard ?

Haroula : Le même regard. Il m'a promis beaucoup de choses à ce moment-là. Je suis sûre qu'il m'a dit : « Maman, n'aie pas peur, tu vas voir… » J'ai vu beaucoup de choses de Nikos ce jour-là, beaucoup de bonheur.

Nikos : Tu es sûre que c'était moi ?

Haroula : Oui ! Les mêmes yeux parce que les yeux ne changent pas. On ne parle pas beaucoup avec Nikos, mais quand il me regarde, je sais ce qu'il veut !

Nikos : Avec ma mère, on communique en silence. Elle est bonne cliente, on fait le *show* tout le temps, mais il reste une pudeur entre nous. Cette pudeur est certainement liée à la souffrance – on va dire « collective » – qu'on a partagée : elle, en tant que mère ; moi, en tant que bébé. Beaucoup de choses sont suggérées d'un regard, que ce soit dans notre quotidien, nos histoires, nos boulots.

Haroula : On ne parle pas beaucoup.

Nikos : Je ne suis pas dans l'épanchement. Maman, je ne la touche jamais, par exemple. Ce n'est pas pour autant que nous ne sommes pas liés. Mais on nous a coupé le cordon ombilical d'une manière assez violente et j'ai retrouvé dans ma vie ce « trauma » : il est là, incontestable, dans mon rapport à la douleur, dans mon rapport aux enfants… En même temps, il y a toujours ce pacte inconscient, scellé avec ma mère, du genre : « On va se battre ! Tu vois, on s'en sortira toujours. » Et puis, quand j'étais petit, c'était une môme elle aussi.

Haroula : Oui, j'ai oublié de vous dire que je l'ai eu à vingt ans !

Nikos : C'était une gamine et je ne sais pas qui était le plus fort dans notre relation… ou qui a donné à l'autre. Mais la clé de notre relation, elle est là ! C'est ce moment-là, je crois.

Haroula : C'est vrai, d'ailleurs, tu disais tout le temps : « Tu vas voir, maman, quand je serai grand… »

Nikos : Je disais ça, moi ?

Haroula : Oui, à l'école, tu avais toujours besoin de tout réussir. Tu voulais me faire plaisir ! Le seul chagrin que tu as eu, c'est

que tu n'avais pas de frères et sœurs. Tout le monde à l'école en avait, sauf toi.
Nikos : Oui, j'étais seul et j'ai grandi sous la machine à coudre. On habitait dans un petit appartement modeste, on travaillait dans la même pièce et ma mère m'apprenait le grec tout en travaillant. Je suis resté chez mes parents jusqu'à dix ans puis je suis devenu pensionnaire chez les prêtres orthodoxes.
Haroula : Quand il a eu dix ans, j'ai beaucoup réfléchi et je me suis dit que peut-être à Paris je n'aurais pas la possibilité de faire les choses correctement. C'était petit à la maison, il fallait qu'on travaille très dur avec papa. Maria, elle, a vécu autre chose.
Nikos : Ma sœur Maria est arrivée quand j'avais dix ans. Je venais de partir au pensionnat à Châtenay-Malabry.

ON N'AVAIT PAS LA TÉLÉ MAIS TU FAISAIS TOUJOURS L'ANIMATION !

Nikos : J'étais plutôt un gamin réservé. Je ne parlais que quand on me « lâchait » dans la famille, il fallait que je comble. Sinon, j'étais souvent un gamin dans mon coin, je lisais, j'étais sage.
Haroula : Tu étais seul.
Nikos : Solitaire, plutôt. Je le suis encore. Mais quand il y avait du monde, je faisais le show.
Haroula : Ah ça, oui !
Nikos : J'écoutais ce que disaient les gens et je le répétais. J'étais un très bon *papagayo* [un perroquet].
Haroula : On n'a eu la télévision qu'en 1972.
Nikos : Tu te rends compte, on n'avait pas la télé !
Haroula : Non, tu faisais toujours l'animation…
Nikos : Je n'ai pas eu l'enfance d'une Cosette, j'étais heureux, mes parents m'aimaient, mais j'étais toujours mélancolique.
Haroula : D'abord, c'est à cause de ton opération. Il a beaucoup souffert après. L'opération avait réussi, il n'était plus malade mais, à cause de ça, il a eu du mal à marcher. Il a marché très tard. Ça a provoqué une certaine mélancolie…
Nikos : Je ne pouvais pas aller jouer avec les autres…
Haroula : Il a eu mal, il a eu très mal !
Nikos : La douleur, je m'en souviens. En fait, je m'en suis souvenu tard… Quand je suis devenu adolescent, ce qui m'a sauvé, c'est que je suis parti au pensionnat : j'existais par moi-même, j'avais coupé le lien avec les parents tout en étant là tous les week-ends, mais j'ai reconstruit ma vie, j'ai réinventé mes rêves. J'ai donc essayé d'omettre la douleur comme si elle n'avait jamais existé. Mais mon enfance, elle est douloureuse, mélancolique. Et je me souviens de ça. Plus tard, j'ai pu comprendre et décoder.
Haroula : On était peut-être aussi des parents un peu durs…
Nikos : Mon père était dur avec moi.
Haroula : Papa était dur, mais la vie aussi était dure !
Nikos : Je n'avais pas de chambre ! Il y avait une pièce où dormaient mes parents et une pièce où ils travaillaient avec la machine à coudre sous laquelle je dormais. Je ne la fais pas Cosette, mais c'est vrai…
Haroula : Au début. Après, petit à petit, ça s'est amélioré.
Nikos : Quand la haute couture est tombée à l'eau, vous vous êtes retrouvés dans le Sentier à faire de la confection.
Haroula : Quand le sur-mesure est tombé à l'eau et que le prêt-à-porter a commencé, nous sommes restés vraiment sans travail de 1968 jusqu'à 1975. Avant, on travaillait pour de grands couturiers. Mon mari faisait des vestes pour tous les acteurs de cinéma : on a habillé Delon pour le film *Borsalino* !
Nikos : Je le lui ai dit, d'ailleurs. Il était ému et m'a dit : « Appelle ton père ! »
Haroula : Andreas prenait une pièce de tissu

Ma photo préférée de Nikos.

et il faisait le vêtement d'alpha à oméga.
NIKOS : Je traduis : de A à Z. *(Rires.)*
HAROULA : Il faisait ça tout seul, et moi j'aidais mon mari, mais je ne savais pas coudre, j'ai appris avec lui ! Et le premier cadeau de mon mari…
NIKOS : … Un dé à coudre !
HAROULA : Oui, ce fut un dé à coudre !
NIKOS : Depuis, on lui offre tous des dés à coudre. À chaque fois que je suis quelque part dans le monde : « Vous avez des dés à coudre ? » *(Silence.)* Mais il est vrai que certains jours étaient difficiles à la maison. On n'arrivait pas à arrondir nos fins de mois : la moitié de la paye partait en Grèce. Moi, j'étais là comme un con, avec ma mère qui m'apprenait le grec parce que mes parents ont construit les dix premières années de leur vie en France avec le rêve de l'immigré qui se dit : « On va repartir, on n'est pas chez nous, on aime ce pays, on va s'intégrer autant qu'on peut, on va se faire un peu de sous, mais on repartira aider la famille en Grèce. » Ils ne sont jamais repartis. Et ça fait quarante ans – mon père est là depuis 1964. Du coup, moi, j'étais dans une sorte de précarité. J'avais le complexe de la chambre parce que je ne pouvais inviter personne. Tout ça fait qu'un jour, j'ai eu envie de prendre ma revanche, mais sans aucun esprit de vengeance sur la vie.
HAROULA : Oui, sans aucune aigreur.
NIKOS : Jamais ! Et ça, c'est toi qui me l'as appris. Tu m'as toujours mis un coup de pied au derrière et dit : « Fais ce que tu veux, va, vis et deviens », et en même temps : « Ne hais point. » Quand un type m'énerve, je me dis : « Non, ne rentre pas là-dedans parce que la haine que tu vas porter envers lui, tu l'auras en toi ! Tu ne pourras pas t'en débarrasser. » Tu me disais aussi : « Sois honnête dans ta démarche, ne sois pas dans un calcul, ne rentre pas là-dedans, vis tes passions, n'aie peur de rien. » Et ça, je dois le dire, tu n'as pas peur.

TU M'AS TRANSMIS DE NE PAS AVOIR PEUR PARCE QUE LA PEUR N'EXISTE PAS.

NIKOS : Je vais vous raconter une petite anecdote familiale – je crois que j'avais trois, quatre ans… Maman dit *(Il prend l'accent grec pour l'imiter.)* : « Nous allons aller aux États-Unis d'Amérique. » Elle avait lu dans un journal que le vice-président des États-Unis de l'époque était un type d'origine grecque ; elle était allée à la poste et elle avait dit au postier : « Je voudrais envoyer une lettre à la Maison Blanche. – *(Il imite le postier.)* Ouais, c'est ça, et moi je suis le pape ! »
HAROULA *(en riant)* **:** C'est vrai, en plus…
NIKOS : Dans ce courrier, elle demandait du boulot au vice-président des États-Unis d'Amérique ! Quelques jours après, elle

reçoit une lettre recommandée. Elle va revoir le postier et lui dit : « Je viens chercher ma lettre recommandée. » Il faut imaginer le type à la bonne vieille poste française des années 1970 : il prend la lettre et voit écrit « *White House* ». Et là, le type, il ne comprend plus. Elle l'ouvre devant lui… La lettre disait : « J'ai bien reçu votre lettre, etc. Si votre mari est un grand tailleur (à l'époque, mon père était tailleur pour Dior), veuillez écrire à mon ami, le gouverneur de Californie, Ronald Reagan. » Et ma mère a écrit à Ronald Reagan… *(Rires.)*

HAROULA : Il a répondu et m'a trouvé du travail !

NIKOS : Il a dit : « OK, venez quand vous voulez en Californie, à Sacramento » ! En fait, ils ne sont jamais partis…

HAROULA : Comme quoi, toute seule, je n'ai pas peur.

NIKOS : Non, tu n'as peur de rien.

HAROULA : Quand on veut être simple, vous comprenez… Il ne faut pas se casser la tête !

NIKOS : Tu nous as appris ça. Ça m'a été utile aussi dans mon métier. Moi, je n'avais aucun piston. Zéro de chez zéro. J'ai débarqué et j'ai dit : « J'ai envie de faire ça. » Et on m'a répondu : « Vas-y ! », et c'est venu… Ma sœur Maria est pareille. Tu m'as transmis de ne pas avoir peur parce que la peur n'existe pas, « c'est dans la tête ». Si tu me dis de ne pas avoir peur, c'est parce que tu m'as vu souffrir gamin et que j'ai frôlé la mort. Ça a été dur. D'où mon rapport à la souffrance quand je vois les mômes à l'hosto. Je sais ce qui se passe dans leur tête ; dans la tête des parents qui se sentent coupables et dans la tête du môme qui se sent aussi coupable de faire souffrir ses parents. C'est un cercle vicieux.

ON A UNE RELATION MENTALE TRÈS FORTE.

HAROULA : Je dirais de notre relation que c'est un amour tendre, réel. Il y a vraiment beaucoup d'amour.

NIKOS : On est dans une relation fusionnelle mais pas… comment dire ? Moi, je ne touche jamais ma mère.

HAROULA : Moi, je te touche !

NIKOS : Mais moi, je n'y arrive pas !

HAROULA : Je te touche, je touche tes petites oreilles… *(Rires.)*

NIKOS : En fait, on a une relation mentale très forte.

HAROULA : Mentale, voilà !

NIKOS : On va dire que c'est plus qu'une relation au quotidien. D'ailleurs, j'ai quitté la maison tôt, à onze ans, pour aller chez les prêtres orthodoxes. Les plus belles années de ma vie. C'était rock'n'roll : il y avait des filles au deuxième étage – c'était déjà mixte… J'allais toute la journée au lycée français de Châtenay-Malabry et, le soir, je revenais faire

NIKOS
ALIAGAS
INCONCERT

mes devoirs de français, plus des cours de grec et de grec ancien, jusqu'au bac. J'ai eu mon bac littéraire et je ne suis jamais revenu chez mes parents. Je vivais en autonomie totale avec ces gens qui sont devenus mes meilleurs amis d'enfance. Ces prêtres nous ont donné une dimension spirituelle en même temps qu'une dimension très terre-à-terre sur tout. Et puis, j'ai pris une chambre de bonne rue Lafayette, où il n'y avait pas d'eau, il n'y avait rien. Je payais quelque chose comme cinq cents francs par mois. Et là, j'ai trouvé un job à RFI parce qu'il fallait que je paye cette chambre de bonne. Je coupais des dépêches la nuit. C'est comme ça que j'ai commencé. Et je ne suis jamais revenu chez moi. Donc, je n'ai quasiment jamais vécu avec ma sœur. Maintenant on travaille ensemble. On a besoin d'être en famille, ensemble.

Haroula : Il n'a jamais arrêté de travailler, même en faisant ses études puisqu'il était à la Sorbonne. Il a fait ses études rien que pour son père, le pauvre. Il ne voulait pas les faire et il me disait : « Maman, tu vas voir, moi, j'aurai ma carte de presse dans deux ou trois mois. »

Nikos : C'est l'apprentissage de l'immigré : tu bosses, tu fermes ta gueule, tu ne te plains pas, tu avances. Mon père était dur avec moi, même le jour où j'ai eu ma carte de presse. Je l'ai eue à l'âge de vingt-deux ans. Mon père pensait que j'allais vendre des journaux...

Haroula : Moi, je sens les choses. Je sais quand Nikos va bien et je sais quand il va mal. Je sais tout. Lui croit que je ne sais rien du tout, mais je sais ! Avec la couleur de sa voix quand il me parle au téléphone, je sais s'il va bien ou mal. Et il sait ce qui me plaît ou ce qui ne me plaît pas.

Nikos : C'est vrai ! Ton avis compte. Beaucoup. Parce que tu as un sens très esthétique, très objectif, tu sais quand j'en fais trop, tu sais quand je suis faux. Tu exècres l'hypocrisie, quand ça se voit, que ce soit dans le travail ou ailleurs. Tu dis : « Ce n'est pas grave de ne pas être au top, mais sois honnête ! » Quand je t'appelle, par exemple : « Tu as vu l'émission ? – *(Il imite son accent.)* Oui, j'ai vu. – Tu as aimé ? – Pas mal. – Elle va marcher ? – Non ! » *(Rires.)*

Haroula : Je suis très dure avec ce métier ! Mais je ne te donne pas mon avis si tu ne me le demandes pas.

Nikos : En réalité, tu ne veux pas être partie prenante dans mon travail. C'est la première fois que tu en parles. Elle n'en parle jamais ! Jamais. Alors qu'elle connaît beaucoup de gens, même du milieu de la télé. Ils adoraient mes parents du temps où ils avaient leur boutique de retouches rue des Saints-Pères. Ma mère voyait beaucoup de monde : des artistes, des chanteurs, des producteurs... Avec le temps, ces gens-là, je les ai retrouvés.

Haroula : Ils veulent tous m'avoir comme maman.

Nikos : Tous mes potes, oui. Je leur dis : « Mais prenez-la, passez un week-end ensemble *(Éclat de rire général.)* : elle va vous pourrir le week-end ! Elle va parler tout le temps ! »

Haroula : Oui, je parle trop !

Nikos : Et elle se lève très très tôt...

Haroula : Oui, je me lève tôt et je n'aime pas quand les autres dorment !

Nikos : Elle déteste ça !

Haroula : Moi, à 6 h 30, je suis déjà dans ma cuisine et j'ai envie de tout faire le matin, de parler... Tous les matins, j'ai des projets !

Nikos : Oh là là ! Il ne faut pas décrocher le téléphone ! Je ne décroche jamais le matin, sinon, je suis mort ! *(Rires.)* Genre j'ai un avion à 8 heures, donc je me lève à 6 h 30, et elle m'appelle à 3 heures en me disant : « Il est 9 heures, tu as raté l'avion ! » Tu regardes ta montre : 3 h 10 ! *(Rires.)* Donc tu te rendors et elle te rappelle toutes les quarante-cinq minutes *(Il l'imite.)* : « Réveille-toi ! »

Haroula : Je parle beaucoup, c'est vrai. J'aime le dialogue, j'aime parler, je n'aime pas

quelqu'un qui fait la tête ! Je ne peux pas supporter l'indifférence, par exemple. Quelqu'un qui vous ignore au lieu de vous dire : « Tu m'as fait ça, tu m'as fait du mal. » On peut parler, on peut dialoguer. On peut, pourquoi pas, s'engueuler. Moi, je m'engueule tout le temps ! Avec mon mari, tout le temps ! Le jour où on ne s'engueule pas, c'est la mort ! C'est fini ! Le matin, je ne peux pas supporter ce silence à la maison, alors je vais réveiller ton père : « Allez, mon roi ! mon roi de France ! Allez, Napoléon ! Allez, réveille-toi ! » Je l'appelle par tous les noms, sauf Andréas, et ça le réveille. En fait, c'est toujours un petit peu l'animation à la maison.
Nikos : C'était notre façon de nous en sortir, je crois.

ON S'ÉMEUT BEAUCOUP TOUS LES DEUX. ON SENT LES CHOSES.

Nikos : On est tout le temps émus.
Haroula : On est sensibles.
Nikos : On est ultrasensibles, ma mère encore plus...
Haroula : Un peu paniqués...
Nikos : Moi pas. Je ne panique pas parce que mon métier m'a aidé à surmonter toutes mes peurs. Quand tu es à poil devant des millions de gens ou sur une scène, tu n'as plus le temps d'avoir peur.
Haroula : Quand on a eu la télévision à la maison, il n'aimait que le journal télévisé. Un matin, nous étions chez le pédiatre pour un petit souci. Il lui dit : « Alors, mon grand, comment ça va aujourd'hui ? » Et Nikos : « Pas bien, docteur. – Mais pourquoi, qu'est-ce qui t'arrive ? » Il avait peut-être cinq ans, mais il répond : « Pompidou est mort aujourd'hui. » *(Elle rit.)* Tu te rappelles ?
Nikos : Quelle conscience politique ! J'étais curieux. Je lisais beaucoup – ça, je continue. À la télé, il y avait le « JT » et Maritie et Gilbert Carpentier. Moi, les mecs qui m'ont fait rêver,

c'est Claude François – comme tout le monde – et Johnny. C'était ma fenêtre sur l'extérieur, le rêve. Je rêvais.
Haroula : Pour te faire manger, je disais : « Mange, Nikos, ce soir, il y a Claude François à la télé ! » Tu t'habillais toujours en Claude François. Tout petit, tu avais déjà le costume sur mesure que papa t'avait confectionné.
Nikos : Ah, ça, j'étais toujours en costume ! Je me faisais péter la gueule à l'école parce que j'étais toujours habillé en costard.
Haroula : Oui, j'ai d'ailleurs une photo de toi que j'aime beaucoup avec un costume velours bleu roi et la chemise en dentelle qui sort...
Nikos : Le jabot.
Haroula : Avec un micro, il faisait Claude François.
Nikos *(en riant)* **:** Je suis Claude François !
Haroula : Et après, il a eu son cadeau : Maria, sa sœur, a été un cadeau pour lui parce que je le voyais malheureux. D'un autre côté, on

a eu peur d'avoir un autre enfant avec tout ce qu'on avait vécu à la naissance de Nikos… On se disait : « Le deuxième aussi, il va être comme ça. »

CE QUE JE FAIS, CE N'EST MÊME PAS LE DIXIÈME DE CE QUE MA MÈRE SAIT FAIRE : ELLE A TOUT SACRIFIÉ PAR AMOUR.

Haroula : C'est un homme gentil, Nikos. Il a un fond très gentil. Très propre. Je veux dire sain. D'un autre côté, il est… comment je peux dire ça ?… dur, strict. Il est un petit peu comme son père, il a hérité de ses gènes, c'est-à-dire qu'il veut que tout soit parfait.

Nikos : Ma mère est une môme qui n'a pas grandi, à qui on a volé son enfance pendant sa petite jeunesse, je pense. Même si elle n'en parle pas. Ce n'est pas grave dans l'absolu, mais elle a dû être séparée de ses parents quelques années. En même temps, alors qu'elle avait ses propres blessures et son propre vécu, elle a réussi à partir en Angleterre. *(Il claque des doigts.)*

Haroula : Voilà, je voulais autre chose…

Nikos : Elle a des « coucougnettes », quoi ! Elle n'a peur de rien ! Elle est fière et j'aime ça ! En même temps, elle a sacrifié beaucoup de choses pour nous, on ne va pas se mentir. Ma mère a fait des études, elle était intelligente, elle parlait plusieurs langues. Elle a un don artistique, elle t'écoute, elle peut analyser, voir un tableau. Elle a un sens critique et un sens très pointu sur les choses, dont on a hérité. Ce que je fais, ce n'est même pas le dixième de ce qu'elle sait faire. C'est la vérité. C'est elle, le vrai show, c'est ma mère, de A à Z. Je suis sûr qu'elle a tout mis de côté pour son mari. Je pense que ça a dû lui coûter, mais elle ne nous l'a pas fait payer. En fait, tu aurais pu faire ce qu'on fait ! Quand Jenifer [Bartoli] a gagné la *Star Academy* – c'est un exemple –, elle a dit : « Je l'ai fait pour ma mère. » Moi, je n'ai pas fait ce métier pour ma mère, mais je l'ai fait pour que tout le monde soit content quand même… Mon père est parti, a immigré ; pour lui, c'était une transgression de partir sans rien. Mes parents ont eu un parcours personnel très « couillu » à l'époque. Moi, je l'ai fait à ma sauce ; Maria aussi. Chacun de nous a voulu leur montrer que nous pouvions avoir notre vie et en même temps faire aussi notre petite transgression. On peut se distinguer, réussir par rapport au regard des autres. Sauf que, eux, ils ne l'ont pas fait pour leurs parents. Eux, ils l'ont fait pour eux. Nous, on l'a fait un peu pour nos parents. Moi, j'avais un leitmotiv, je me disais : « Mes parents ont travaillé dur, on a manqué pendant longtemps, je dois leur rendre. » Parce que ma mère m'a donné une éducation, une façon de penser. Elle va vite, elle va très vite. C'est d'elle qu'on tient ce talent. Elle le sait d'ailleurs.

Haroula : Non…

Nikos : Mais si.

Haroula : Bien, je ferai de la télé alors ! *(Elle rit.)*

Nikos : Je pense qu'elle a tout sacrifié par amour, et non pas par dépit. Par amour, c'est différent.

Haroula : Un mot sur l'amour, un seul : c'est ça le plus fort de tout. Aimer quelque chose, aimer quelqu'un, ça gagne à tous les coups. L'amour sans contrepartie.

Nikos : Mais ça n'existe plus, ça, maman…

Haroula : Si, si, c'est ça qui gagne sur toutes les difficultés de la vie ! Ton père dit qu'on est un couple idéal, mais ça n'existe pas ! Il y a un autre amour beaucoup plus profond, beaucoup plus fort, qui efface tout !

JE PRÉFÈRE QUE TU SOIS SEUL ET BIEN.

NIKOS : Dans mes histoires d'amour, ma mère pèse beaucoup. Elle n'est pas Marthe Villalonga, une caricature de la mère grecque qui ressemble à la mère italienne ou à la mère juive... On n'est pas dans ce schéma, mais elle est là, présente. Voilà. Elle m'a mis la pression à un moment. Je me souviens. J'étais tout le temps amoureux ; je voulais me marier avec mon amour d'enfance. J'ai toujours eu des filles qui me les « cassaient » un peu, mais j'aimais bien ça. Au début, elle m'a mis la pression. Maintenant que le temps a passé, c'est la première à dire : « Mais reste comme tu es si tu es heureux. Je ne veux pas ce genre d'histoire où l'on se met en couple, on fait un môme et on divorce. Tout le monde se déchire, tout le monde se fait du mal. Eh bien, je préfère que tu sois bien et seul... » C'est d'une modernité, ça !

HAROULA : Je crois que je te mettais la pression parce que le matin tu étais amoureux d'une fille, à midi d'une autre, et le soir d'une troisième ! *(Elle rit.)*

NIKOS *(en riant)* **:** J'étais un peu polygame... Mais c'est à cause de papa, parce qu'un jour en revenant du lycée, je pleurais, j'étais en larmes, effondré – pourtant je ne pleure pas souvent. Je lui dis : « Papa, j'aime Lætitia et puis j'aime aussi celle-là. J'aime deux femmes et je les aime profondément. Et je ne veux pas me séparer de l'une ou de l'autre. – Si tu aimes deux femmes, j'ai une solution. » Je lui dis : « Vas-y, donne-la-moi, je souffre, je n'en peux plus. – Il faut que tu en trouves une troisième. » *(Éclat de rire général.)* En fait, ce qu'il me disait, c'était de ne choisir ni l'une ni l'autre ! C'est ce qu'il voulait dire. Ma mère, elle, ne s'immisçait jamais dans mes histoires.

HAROULA : Parce que mon père m'a appris ça aussi ! Par exemple, tout à l'heure, on parlait d'amour. J'ai reçu beaucoup d'amour de mon père. J'en ai tellement dans le réservoir de mon cœur que même s'il n'y avait plus d'amour sur Terre, moi, j'en aurais encore un peu. Pour les autres. Aimer. Aimons-nous. Ça, c'est très simple.

NIKOS : Oui, mon grand-père est exceptionnel. Tout est simple... quand on arrive à simplifier !

HAROULA : Bravo ! Voilà, c'est simple, mes enfants. Rien n'est grave. Sauf la santé.

NIKOS : Je sais que mes parents attendent des petits-enfants, mais ils ne disent rien. Ils l'auraient dit il y a quelques années, mais maintenant, ils ne disent plus rien...

HAROULA : Non, je pense qu'il ne faut pas faire des enfants pour nous faire plaisir ! Non, c'est une erreur, ça ! Quand je vois les grands-mères qui disent : « Ah, il faut qu'il fasse des enfants parce que qu'est-ce qu'on va faire, nous ? » Non, désolée, ce n'est pas à cause de nous qu'il faut qu'il fasse des enfants !

NIKOS : Mais je pense qu'aujourd'hui, si tu avais vécu en Grèce, tu serais comme les Grecques ! Et la France t'a aidée. Tu dis souvent : « Je suis chez moi, ici. »

HAROULA : Oui parce que la France nous a accueillis comme ses propres enfants ! Je n'ai jamais eu de problème à me sentir étrangère. Jamais. Je ne sais pas parler français comme il faut, mais ça ne m'a pas posé de problème ! C'était une des meilleures écoles de ma vie, la France, j'ai tout appris ici. Qu'est-ce que j'ai vécu en Grèce ? J'y ai fini mon lycée, c'est tout.

NIKOS : On va plusieurs fois par an en Grèce.

HAROULA : Nous y avons une petite maison. Pour se changer les idées, on va là-bas. Mais moi, au bout de quinze jours...

NIKOS *(l'imite)* **:** ... je m'ennuie.

HAROULA : Je m'ennuie ! Je veux partir. Bon, on va au village – mon mari, qui est un amoureux du village, adore sa maison paternelle. On arrive là-bas, on entend les oiseaux et on dit : « Oh, que c'est joli les oiseaux !

Oh, ici, c'est le paradis ! » Mais, au bout d'un moment, les oiseaux vous tapent sur le système nerveux… Et les cigales jusqu'à 10 heures du soir ! Je me dis : « Mais qu'est-ce qu'on fait là ? » *(Elle rit.)*

NIKOS : Moi, j'ai une drôle de relation avec cette île, une sorte de « je t'aime, moi non plus ». J'y vais très souvent, presque deux fois par mois, même plus parce que j'y bosse encore.

JE T'AI DÉBLOQUÉ SUR TON COMPLEXE DE DOUBLE CULTURE.

NIKOS : Je pense que tu m'as transmis l'honnêteté, la nécessité d'avoir une bonne conscience tout le temps : « Si tu as mauvaise conscience, ça ne va pas ; tu vas l'avoir toute ta vie. » Mes parents sont foncièrement honnêtes : « Ne fais pas ça, ne dis rien, paie tes impôts. » Maman me harcèle avec ça depuis mes dix-huit ans. *(Il l'imite.) :* « Tu dois être mensualisé ! Même quand tu n'as pas d'argent, tu as de l'argent ! Pourquoi ? Parce que tu ne dois rien aux impôts. » J'ai des personnes qui s'occupent de ça, mais ma mère passe derrière et elle « checke » tout. C'est une machine à calculer ! En même temps, c'est quelqu'un de généreux. Je me souviens, dès qu'elle voyait un pauvre, elle sortait lui donner quelque chose, même quand elle n'avait pas de quoi déjeuner, et mon père l'engueulait. Elle veut qu'on soit irréprochable dans notre vie d'homme ou de femme en société. Elle m'a aussi appris : pas de haine, pas d'histoires.

HAROULA : Ah non ! il n'y a pas ce mot dans le vocabulaire de la famille ! Haine : je déteste ce mot-là. Je le déteste et tu le sais ! Quelquefois tu t'énerves, mais quand on fait un métier où l'on est exposé, il faut savoir accepter que tout le monde ne nous aime pas. Alors accepte ça, c'est très important, sinon tu seras malheureux. On est malheureux quand on veut toujours recevoir des bravos.

NIKOS : En même temps, tu dis : « Vis tes rêves. Ne triche pas avec tes rêves. Fais ce que tu as envie de faire. Si tu veux un truc, vas-y, va le chercher quel que soit le prix. » À aucun moment : « Oh non ! ce n'est pas pour toi. » Tu dis : « Si tu as envie de le faire, fais-le ! » tout en étant très stricte sur plein de choses.

HAROULA : Je l'ai aussi débloqué sur ce complexe de double culture.

NIKOS : Ah oui, ça oui, bien sûr ! « Assume, assume ! »

HAROULA : Ça, c'est important. Assume d'être grec.

NIKOS : Quand j'avais quinze ans – je me souviens – je devais aller le jour de la fête nationale grecque, le 25 mars, porter une gerbe de fleurs sous l'Arc de Triomphe, habillé en costume traditionnel grec.

HAROULA : Il ne voulait pas y aller en métro !

NIKOS : Mon père me dit : « Tu prends le métro avec ta mère. » Donc, on a pris le métro avec un autre copain, et du haut de son mètre soixante, ma mère disait : « Avancez, vous

avez honte ? Avancez ! » Moi, je voulais me cacher, je baissais la tête, habillé en pompons, la totale ! Les gens passaient et demandaient : « C'est une secte ? » et elle répondait, fière : « Costume traditionnel grec ! » *(Éclat de rire général.)* J'avais quinze ans ! Après ça, tu peux tout assumer…

Haroula : Voilà. Parce que, moi, je n'avais jamais honte ! J'étais grecque et fière de l'être !

Nikos : Sans être non plus dans un nationalisme exacerbé ! « Si vous m'aimez, aimez-moi pour ce que je suis et non pas pour ce que vous voudriez que je sois. De toute façon, je n'arriverai jamais à le devenir. » Je vois qu'autour de moi tous les mecs ont changé leur nom. À la limite, je peux comprendre, l'époque n'était pas la même. Mais ça te rattrape, à un moment ou à un autre… Autant assumer tout de suite. C'est-à-dire que, moi, ma grécité n'était pas évidente dans mon métier au départ, parce que je n'étais pas grec au début. J'étais Nicolas Aliagas, je faisais le journal de Télé Monte-Carlo, j'étais à RFI et je n'étais pas Nikos.

Haroula : Mais oui, je savais qu'un jour, ça allait se réveiller en toi. Tu ne peux pas te cacher, c'est impossible.

Nikos : Dans ce pays, si on t'aime, on t'aimera pour ce que tu es et non pas pour ce que tu voudrais devenir. Mais rien ne t'empêche d'aimer la France et d'être aussi français. Parce que je suis aussi français.

Haroula : Pourquoi m'a-t-elle acceptée, la France ? Quand j'ai accouché de Nikos, à côté de moi il y avait une dame française. Le docteur m'a traitée de la même façon que la Française. Il ne m'a pas dit : « Vous, vous êtes grecque et on va vous traiter autrement. »

Nikos : Tu respectais aussi les règles. Et tu as aimé ce pays. Quand aujourd'hui je vais en Grèce, là-bas je suis le Français. Je suis entre deux cultures que j'ai assimilées. Il y a deux ans, j'ai fait une campagne nationale avec l'ambassade de France à Athènes pour enseigner le français à l'école.

Haroula : On vit bien les deux cultures. Je pense qu'on est heureux d'être en France et on est heureux d'être en Grèce. Ce sont deux choses qu'on vit en même temps. Et je pense que c'est un privilège pour les enfants que d'être entre deux cultures, deux langues.

C'ÉTAIT LEUR DÉCORATION, CE N'ÉTAIT PAS LA MIENNE. MOI, JE N'ÉTAIS QU'UN MÉDIUM, UN VECTEUR.

Nikos : La plus forte émotion que nous avons eue récemment ensemble, c'était au mois de mars l'année dernière. J'ai été décoré de l'ordre des Arts et des Lettres à l'ambassade de France, à Athènes. Le ministre français était là et m'a salué pour tout ce que je fais pour la francophonie en Grèce. Pour moi, dans l'absolu, je m'en fiche. Je n'ai jamais porté cette décoration et je ne sais même pas si je la mettrai. C'est presque antinomique avec ce que je fais à la télé, *a priori*, quand on ne me connaît pas. Mais c'était le plaisir de voir mes parents à l'ambassade de France, deux petits immigrés – à l'époque où ils ont débarqué, deux gamins –, qui sont là depuis quarante ans, leur émotion devant le type qui me décore au nom de la République française…

Haroula : Et ça, ça regroupe tout ce que l'on vient de dire : la reconnaissance.

Nikos : J'ai dit à mes parents : « C'est à vous parce que c'est vous qui m'avez inculqué tout ça. Ce pays, il vous a aimés comme ses enfants. Je suis votre gosse et je vous le rends aujourd'hui. » C'était super-important pour moi que mes parents soient là. Ce n'était pas de la fierté, c'était de l'amour, je pense. C'était l'émotion d'être là et c'était leur décoration, ce n'était pas la mienne. Moi, je n'étais qu'un médium, un vecteur. Et nous étions très émus, très émus.

Haroula : Et être « récompensé » par la France

à Athènes, c'est extraordinaire !

Nikos : L'identité joue un rôle important dans notre vie : qui tu es, d'où tu viens, qu'est-ce que tu veux, et où tu vas… Ce jour-là, c'était leur dire : « Vous n'avez pas perdu votre temps pendant quarante ans, votre vie avait un sens. » Et ce sens, vécu à travers ma propre expérience, c'est un relais que je passe. Ce qu'ils m'ont donné, je leur ai rendu. Je ne vous dois plus rien, maintenant ?

Haroula : Non.

Nikos *(rit et parle fort)* **:** Alors, maintenant, je vais partir aux Caraïbes vivre comme un nomade avec des femmes à n'en plus finir et faire des enfants au kilomètre dans une secte !

NIKOS ALIAGAS est né le 13 mai 1969 de parents immigrés grecs, tailleurs. Sa mère, **HAROULA,** a eu Nikos à 20 ans et sa sœur, Maria, dix ans plus tard.

- En 1988, il débute à la radio sur RFI, Radio France internationale.
- En 1993, il est journaliste sur Euronews, la chaîne européenne d'information.
- En 1999, il est chroniqueur représentant la Grèce dans l'émission *Union libre* de Christine Bravo sur France 2. Il est en même temps au JT de 20 heures à Athènes.
- Depuis 2001, il présente *Star Academy* sur TF1.
- En mars 2007, il est fait chevalier de l'ordre des Arts et des Lettres par le ministre de la Culture, Renaud Donnedieu de Vabres.

ARTHUR H.

& Nicole Courtois-Higelin

« Quand on est petit, partir à l'aventure avec sa mère, c'est un vrai cadeau. »

Il a la voix et le physique de son père, les mains fines et l'obstination de sa mère, mais un univers bien à lui. Arthur H, artiste hors norme, a mis du temps à trouver la relation idéale avec Nicole, sa mère. Fusionnels dans sa petite enfance, orageux à l'adolescence, puis professionnels à ses débuts dans la musique, leurs rapports sont aujourd'hui sereins, profonds et d'une simplicité réconfortante. Conversation sur l'essentiel, dans l'appartement de Nicole.

ARTHUR : J'ai tellement de souvenirs d'enfance que ça se télescope dans ma petite tête. Vas-y, commence toi !

NICOLE : Moi, je suis une vraie Parisienne, et Arthur est né à Paris dans un appartement où Jacques et moi venions d'emménager depuis juste un mois. On n'avait pas de meubles, il était plein de cartons *(Rires.)*, on n'avait rien ! C'était un rez-de-chaussée sur cour très sombre, mais il avait trois pièces, en face du théâtre de l'Empire, avenue de Wagram. C'était le paradis pour nous, et c'est là que je t'ai ramené à la maison. On y est restés deux ans. À cette époque, j'ai fait des petits boulots avant de commencer à travailler à l'ORTF. Arthur est né le jour de mes vingt-six ans, c'était mon cadeau d'anniversaire.

ARTHUR : On fêtait nos anniversaires ensemble.

NICOLE : Oui mais depuis ce jour-là, c'est beaucoup plus ton anniversaire que le mien.

(Rires.) Maintenant, je ne pense plus tellement au mien.

ARTHUR : Moi, j'ai quelques images de cet appartement. Notamment un stupide autobus mécanique qui tournait en rond, et je revois l'atmosphère de la pièce, c'était assez sombre. Je ne sais pourquoi, j'ai aussi un souvenir de moi courant dans le couloir avec un balai et accueilli très généreusement par le mur. *(Rires.)* Je me suis réveillé dans une immense chambre d'hôpital au fond d'un grand lit à l'ancienne…

NICOLE : C'est vrai !

ARTHUR : Avec des dizaines de pères Noël en train d'offrir plein de cadeaux parce que c'était Noël ! Ce sont mes deux souvenirs. Après, il y a ce que Jacques m'a raconté, qu'il allait souvent au café d'à côté, où il y avait des prostituées, et c'était très…

NICOLE : Je ne savais pas ça ! *(Rires.)*

ARTHUR : … à l'ancienne. Il y avait la vieille pute sympa qui s'extasiait sur le papa et son bébé !

NICOLE : C'est vrai, je me rappelle que tu jouais au cow-boy avec le balai entre les jambes et que tu es tombé ! Tu t'es évanoui, et moi j'avais dans la tête que les enfants qui s'évanouissent, c'est souvent à cause d'une fracture du crâne. Alors, je t'ai emmené à l'hosto. J'ai eu vraiment peur. Il était tout blanc, je me suis dit : « Il va mourir ! »

ARTHUR : Mais non !

NICOLE : Arthur était un petit garçon très doux et très introverti. Très intérieur. Je me rappelle que dans cet immeuble, il y avait une vieille dame qui était médecin. Un jour, Arthur la regarde et dit tout haut : « Elle doit être triste la dame tellement elle est moche ! » *(Rires.)* Il était très gentil, un enfant très facile. Il ne faisait jamais de caprice, idéal ! Pas très souriant au début. Attentif et très réfléchi. Ce n'était pas un enfant comme les autres, si je puis dire. Il se posait des questions tout le temps. Il était imaginatif, très très imaginatif. Il se racontait des histoires. Il était assez politisé aussi parce que c'était après 68. Il y avait des manifs pour le Viêtnam et donc il était très au courant. Il faut dire qu'on l'emmenait aux manifs. D'ailleurs, il y a une photo qui est parue. Tu te souviens de cette photo d'un grand photographe ? Tu étais dans un camion avec un drapeau, tu avais peut-être quatre ans. Et moi, j'étais gênée ! *(Rires.)* Parce que c'était une manif populaire et tout le monde avait mis les enfants dans un camion pour leur éviter de marcher. Ce n'était pas du tout pour les montrer ! Mais cette photo était vraiment belle.

ARTHUR : Avec le drapeau rouge !

NICOLE : Avec le drapeau et tes grosses joues, tout poupon ! *(Rires.)* C'est vrai qu'on était très politisé à l'époque. Avec le recul, c'est ridicule, mais en ce temps-là, on était très impliqué dans notre société en pleine mutation.

ARTHUR : J'ai un peu le souvenir des manifs. Mon père était relativement apolitique. Il était plutôt hippie, artiste libre. En revanche, mon beau-père était effectivement membre de la LCR, et quand j'ai vu *Mourir à 30 ans,* le film de Romain Goupil, j'ai été très étonné de voir tous les personnages de mon enfance qui, d'ailleurs, auraient pu basculer dans le terrorisme. À un moment, ils ont fait le choix de ne pas basculer dans la violence, mais ils auraient pu rentrer dans la clandestinité parce que c'était, je pense, des gens fondamentalement violents.

NICOLE : C'était un service d'ordre !

ARTHUR : Oui, mais les trotskistes, ce ne sont pas non plus des gens très sympathiques.

NICOLE : Ils voulaient tuer la peste brune dans l'œuf. À l'époque, dès qu'il y avait quelqu'un d'extrême droite, ils devaient lui casser la gueule ! C'était ça leurs principes !

ARTHUR : Ça m'a poursuivi jusqu'à l'âge de dix ans. Tu te rappelles, j'ai vraiment eu une passion pour la Commune de Paris. C'est vrai que ce n'est pas vraiment à cet âge-là qu'on

« Quand on est petit, partir à l'aventure avec sa mère, c'est un vrai cadeau. »

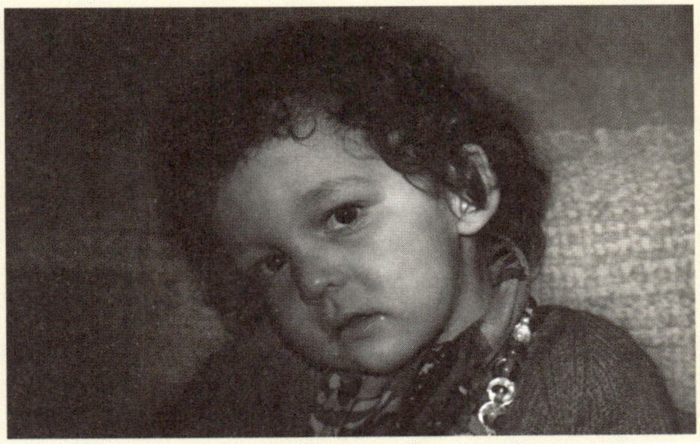

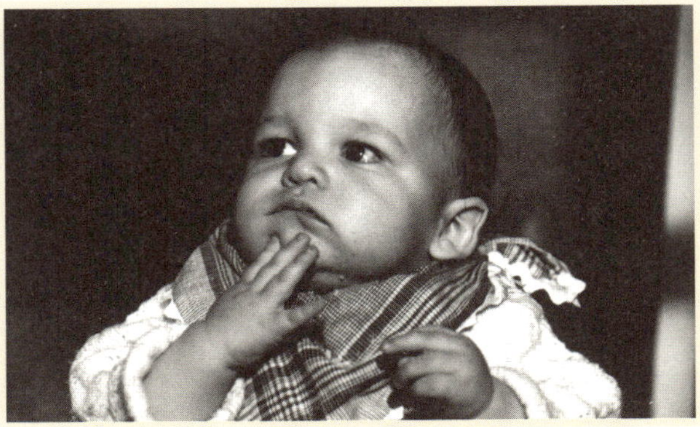

s'en préoccupe, mais j'étais assez précoce et j'ai lu de gros pavés, des trucs sérieux.

Nicole : Il allait en bibliothèque chercher des livres.

Arthur : Oui, j'étais ému par cette révolte populaire, ça me touchait vraiment. À tel point que j'allais au cimetière du Père-Lachaise nettoyer la tombe des Communards.

Nicole : Oui, il partait tout seul avec une pelle dans un sac plastique, et il allait nettoyer les tombes. *(Rires.)* Je ne l'ai pas su tout de suite.

Arthur : Je devais avoir onze ans.

Nicole : Tu étais en 6e. Et je l'ai su parce qu'un jour, tu es revenu avec un insigne. Il y avait une délégation de Vietnamiens qui était là-bas et qui rendait un hommage au mur des Fédérés, là où les gens étaient fusillés. Ils ont vu ce petit garçon nettoyer la tombe de Jean-Baptiste Clément. *(Elle rit.)* Ils avaient été étonnés et lui avaient remis un petit badge de la révolution vietnamienne.

Arthur : Un bon petit communiste ! *(Rires.)*

Nicole : Voilà, il avait ses occupations, mais pas du tout de son âge.

Arthur : Ça venait de l'esprit de révolte et d'indignation dans lequel je vivais. C'était le contexte, l'atmosphère d'être contre le système.

Nicole : Oui, de l'améliorer ! On pensait qu'on pouvait le rendre plus agréable pour tout le monde.

Arthur : Et puis, c'est vrai que lorsqu'on est adolescent, c'est séduisant de tout envoyer péter !

Nicole : Mais tu étais tout petit ! *(Rires.)* Arthur se concentrait toujours sur les choses. Par exemple, à un moment donné, il s'est passionné pour les Vikings. Mais alors, il a été très loin ! À l'époque, je rentrais dans toutes les librairies pour lui trouver des livres sur les Vikings et je ne trouvais rien.

Arthur : Si si, tu en trouvais !

Nicole : Mais tu ne sais pas le mal que je me

donnais ! On était allé voir ce film à Pigalle, tu te rappelles ? Il passait ce film sur les Vikings avec Kirk Douglas. C'était l'après-midi dans un vieux cinéma. Alors, je l'emmène sans lui dire ce que l'on va voir. On était pratiquement tout seuls dans le cinéma avec quelques vieux, et les vieux commençaient à m'approcher… alors on changeait de place ! *(Elle rit.)* Mais Arthur ne se rendait pas compte… Il disait : « Ah non ! Je ne veux pas changer de place ! » Et moi : « Si, viens, on change de place. »

ARTHUR : Elle me faisait des surprises complètement dingues ! Une fois, je devais avoir huit ou neuf ans, elle me dit : « Viens, on sort, on va quelque part ! » On prend le train et on va à Bayeux pour voir la Tapisserie dans la journée. *(Elle rit.)* C'était quand même extraordinaire pour moi ! Tu m'as fait des trucs comme ça deux ou trois fois, c'était génial ! Partir à l'aventure avec ta mère, comme ça, sans savoir où tu vas… C'était vraiment un beau cadeau.

TU M'AS DONNÉ UNE FORME DE STABILITÉ, LE SENS DE L'ORDRE.

ARTHUR *(long silence)* **:** Si je racontais l'histoire de ma mère, je dirais que c'est quelqu'un de très en avance sur son temps. C'est-à-dire qu'elle avait dix-huit ans en 1958, mais je pense qu'elle avait la vie de quelqu'un d'aujourd'hui. Sauf que c'était les années 1950, dans un milieu populaire, et ça demandait un vrai courage d'être, d'assumer qui l'on est et aussi d'assumer une forme de liberté qui, à l'époque, était quasiment interdite aux femmes. Donc, je dirais déjà qu'elle a une grande qualité : le courage. Moi, je t'ai connue comme « maman » mais je ne t'ai pas connue comme femme et ce que me disaient Piotr [son beau-père] et Jacques, c'est que tu étais quelqu'un de très très drôle avec un sens de l'humour un peu perturbant pour les types de l'époque.

NICOLE *(qui rit)* **:** Ça ne leur plaisait pas tellement !

ARTHUR : Ils étaient habitués à avoir une sorte de potiche à leur disposition *(Il rit.)* et là, ce n'était pas vraiment le cas !

NICOLE : Bon, ce n'était pas courant qu'une femme fasse rire les hommes.

ARTHUR : Et assume sa liberté ! Et puis après, la « personne » que j'ai connue, c'est plutôt quelqu'un qui a eu des histoires d'amour un peu difficiles, disons, et qui a vraiment tenu le cap pour ses enfants. En fait, tu n'as jamais dévié de ta route par amour pour tes enfants.

NICOLE : Oui, ça a toujours été ma priorité.

ARTHUR *(ému)* **:** Donc, moi, je t'en suis très reconnaissant parce que ça m'a donné une forme de stabilité, le sens de l'ordre que je n'aurais évidemment pas pu avoir par mon père qui était vraiment le contraire. Ça demande quand même un peu de don de soi ! Ce n'est pas juste un truc que tu peux donner comme ça, occasionnellement, c'est aussi un choix de vie. En fait, quand je pense à toi, il y a deux mots qui me viennent *(Il rit.)* : têtue, obstinée ! Tête dure quoi !

NICOLE : Pas autoritaire ?

ARTHUR : Autoritaire ? Pas trop, mais… Bélier quoi ! Bélier dans tous les sens du terme ! Mais pas non plus de manière névrotique.

NICOLE : Un peu comme toi…

ARTHUR : Oui ! Un côté obstiné, bien sûr. Disons que c'est une forme de détermination. C'est une détermination de paysan, tu ne lâches pas l'affaire. C'est plutôt une qualité. Alors, c'est vrai que parfois de l'extérieur, ça peut ressembler à de l'obscurantisme !

NICOLE : C'est vrai ! Ça peut faire peur parfois.

ARTHUR : Oui, mais il vaut mieux être comme ça que d'être trop fluctuant. Et puis, je dirais aussi que tu es généreuse. Tu es quelqu'un qui pense aux autres et qui n'hésite pas à mettre les autres avant soi.

NICOLE : Arthur, lui, je dirais que c'est un artiste. Il est très artiste. Depuis tout petit. Il a une sensibilité artistique très forte. Je savais qu'il était très gentil, très bon, mais il était très intériorisé, alors il fallait le connaître. Il était déjà très mystérieux comme enfant, alors comme ado, n'en parlons pas ! C'était un peu un cas quand même ! J'avais un enfant… spécial ! *(Ils rient.)* Il n'était dans aucune des normes des enfants à l'école. Il n'était pas du tout superficiel. Jamais… Il s'amusait beaucoup, mais par exemple, quand il jouait au cow-boy dans la maison, on était dans un vrai saloon ! Il était toujours très concentré, si bien qu'il est devenu assez cultivé très vite, sa curiosité faisait qu'il se rappelait de tout. C'était un enfant très intellectuel alors qu'on ne l'a pas poussé vers ça. On était d'un milieu un peu cultivé mais pas plus que ça. C'était vraiment sa nature d'être très cérébral et en même temps sensible. Donc un artiste, c'est ça que j'appelle un artiste. Mais en revanche, pas pour la musique. C'était un enfant qui chantait faux, je n'ai jamais vu ça !

Arthur : C'est vrai ?

Nicole : Mais écoute Arthur, c'était même impossible de te faire chanter *Au clair de la lune* ! C'était presque comique ! Je te faisais répéter des heures. Il ne se rappelait même pas les paroles ! Tu étais allergique à la chanson. Alors, en analysant, on peut dire que peut-être c'était à cause du père. On ne sait pas. Peut-être ou peut-être pas. Mais la lecture l'intéressait, tout l'intéressait en profondeur. Et du coup, j'avais confiance en son avenir à cause de ça. Je me disais : « Il va y arriver ! » Mais je ne pensais pas qu'il serait musicien. Jusqu'à l'âge de quinze, seize ans, je n'aurais jamais pensé à la musique.

Arthur : J'ai commencé la guitare à treize, quatorze ans. Chez Béatrice, la femme avec qui travaillait ma mère, il y avait un piano. Et à quinze ans j'ai posé mes mains sur le piano et là, j'ai eu vraiment un flash.

Nicole : Ah ! Moi, je n'ai pas le même souvenir que toi Arthur.

Arthur : Tu as quel souvenir ?

Nicole : J'ai le souvenir que tu t'es fait opérer du genou et que j'ai loué un piano – que j'ai mis dans ta chambre – pendant que tu étais à la clinique. Quand tu es revenu, tu boitais, tu ne pouvais pas poser ton pied.

Arthur : Oui, mais je pense que j'ai eu le flash avant.

Nicole : Je te vois toujours avec ce piano… Moi, on me met devant un piano, ça fait « boum, boum » ! Lui, il ne connaissait pas du tout le piano, et ça faisait déjà de jolis sons. C'est incroyable, je trouve. Vraiment un don ! Voilà, ce piano, tu t'es assis devant, dans ta chambre, et tu y es resté des années ! *(Elle rit.)*

Arthur : J'ai pris quelques cours et ça a été assez vite. À quinze ans j'ai fait une fugue, j'ai arrêté le lycée et je ne voulais vraiment pas y retourner ; donc, il fallait bien que je fasse quelque chose. Je n'étais doué pour rien à part la musique.

Nicole : Et moi, j'étais d'accord pour qu'il arrête l'école alors qu'on me disait : « Il faut au moins qu'il passe son bac, on verra après. » Tout le monde disait ça, mais moi je savais qu'il ne pouvait pas continuer d'aller à l'école. Ce n'était pas pour lui. Il s'embêtait, il était très isolé, très solitaire, et tous les profs me disaient la même chose : il était dans son monde à lui. Il n'y avait qu'en français qu'il faisait des rédactions absolument extraordinaires, de dix pages, complètement fantastiques, dans lesquelles il racontait des histoires phénoménales, complètement délirantes. Alors là, il était admiré de ses profs de français, mais tout le reste, ça ne marchait pas. Et puis, il n'avait pas de copains. C'est vrai, tu n'avais pas d'amis ?

Arthur : Si, mais ce n'est pas ça l'histoire. Au début, l'école j'adorais ça, et puis j'ai commencé à faire une espèce de dépression adolescente.

Nicole : Oui, c'est ça, c'est à l'adolescence.

Ma photo préférée d'Arthur.

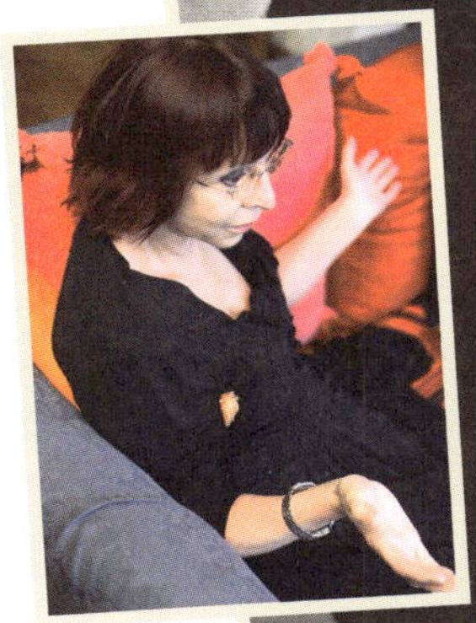

Ma photo préférée de Nicole.

ÇA ME GÊNAIT DE FAIRE SOUFFRIR MA MÈRE, MAIS JE NE POUVAIS PAS FAIRE AUTREMENT.

ARTHUR : Donc, j'ai commencé à perdre de l'intérêt pour les choses. C'était une époque très difficile aussi entre nous parce que j'ai arrêté de te parler...

NICOLE : On était comme fusionnels, on parlait de tout depuis la naissance. Et puis, du jour au lendemain, le mutisme le plus complet. Oh ! c'était pénible. C'était très dur pour moi.

ARTHUR : La crise d'adolescence dans toute sa beauté, dans toute sa splendeur !

NICOLE : Oui ! Il écoutait de la musique punk super fort ! Il ne s'est pas lavé les cheveux pendant des mois ! C'était dur à supporter, et puis je voyais bien qu'il était malheureux. Mais il n'y avait rien à faire. Il était fermé. Là, j'ai dégusté énormément parce qu'on se remet en question : qu'est-ce que j'ai fait de mal ? C'était long. Cette époque a été vraiment longue ! Mais bon.

ARTHUR : Ça a duré quelques années !

NICOLE : Oui, oui.

ARTHUR : Et puis après ça, on a mis du temps à se retrouver. C'était ma manière de réagir à toutes les tensions que j'avais accumulées ; on dit souvent qu'au début de l'adolescence, tu sors de manière inconsciente ce que tu as imprimé dans la petite enfance.

NICOLE : Oui, mais c'est vraiment injuste parce que c'est quand même moi qui ai subi.

ARTHUR : Ça m'a fait souffrir aussi quelque part... Ça me gênait de faire souffrir ma mère, mais je ne pouvais pas faire autrement.

NICOLE : Tu ne pouvais pas t'en empêcher. C'était un état.

ARTHUR : C'était plus fort que moi. Et puis c'est vrai que toute la mythologie, le punk et tout, ça te maintient dans le côté adolescent rebelle, désespéré.

NICOLE : Alors je me demandais parfois : « Comment va-t-il tourner ? » Tu te rappelles quand tu étais un peu mystique ? Il était là, déjà il dormait tout le temps *(Elle rit.)* – ce n'est pas marrant – mais en plus, il était en méditation pendant des heures et des heures : « Haomm, haomm ! » On se parlait encore un peu à cette époque. Enfin, moi je lui ai toujours parlé, mais lui il ne me répondait pas. Il avait trouvé ça, la méditation, à tel point que je me suis dit : « Peut-être qu'il a raison, c'est peut-être moi qui suis nulle, qui passe à côté de ça. » Et je suis allée m'inscrire *(Elle rit.)* : tu m'avais donné une adresse dans un « bouge » !

ARTHUR : « Un bouge » ! Tu exagères !

NICOLE : Oh ! Écoute vraiment ! Je me suis retrouvée à faire de la méditation dans un salon, on était une dizaine de personnes à faire « Haomm ». Je me disais *(Elle rit.)* : « Mais qu'est-ce que je fous là ? » Ce n'était pas du tout mon truc ! J'ai essayé quand même. J'ai été jusque-là pour te comprendre !

ARTHUR : Remarquable de ta part d'ailleurs !

NICOLE : J'y suis allée plusieurs fois !

ARTHUR : En fait, tu récites un mantra et tu fais vraiment le vide. Et ça fait du bien de faire le vide. Arrêter de penser, c'est quelque chose qui relaxe complètement. Je me rappelle que j'étais ressorti de ces méditations complètement apaisé et que ça tu l'avais vu.

NICOLE : Et quand il ne faisait pas le vide, il dormait. Donc entre les deux, il ne se passait rien ! Rien ! Il ne voyait personne, il était solitaire.

ARTHUR : J'avais des amis, mais pas beaucoup.

NICOLE : Non, pas beaucoup pour un garçon de ton âge. Tu étais quand même dans une grande solitude. Sombre.

ARTHUR : J'avais dix-sept ans.

NICOLE : Ça m'inquiétait. Je ne le sentais pas heureux. Mais bon, je ne sais pas, je n'ai jamais perdu confiance en lui. Mais je ne le comprenais pas. C'était quand même dur le manque de communication.

ARTHUR : Tu m'as dit un truc à l'époque qui m'a beaucoup choqué, que j'avais pris comme une insulte. Tu m'as dit : « Un jour, tu te rendras compte que ta vraie nature c'est d'être heureux ! Ta vraie personnalité c'est d'être heureux ! » *(Il rit.)* Et moi à l'époque, j'ai compris un truc du genre « casse-toi pauvre con » ! Je me disais : « Mais elle n'a rien compris, elle ne voit pas que je souffre ? » *(Il rit.)* « Elle ne voit pas que la vie n'est que drames et horreurs ? » Je lisais Baudelaire et tout ça ! Et en fait, c'est longtemps après que je me suis aperçu que tu avais raison. Effectivement, quand j'étais petit, j'avais aussi été très stressé par la relation entre mes parents, mais j'avais été aussi très heureux. C'est vrai que j'étais intérieur mais j'étais aussi super-joyeux. Et très joueur. Après, en ayant des enfants, j'ai retrouvé ce sentiment, cette légèreté.

NICOLE : Oui, le sens du bonheur.

ARTHUR : Et plus je vieillis, plus j'adore ça. Être tranquille et se sentir bien. Et de temps en temps, je repense à ces années.

NICOLE : Moi, je me sentais rejetée et je ne comprenais pas pourquoi. Mais je me disais : c'est la crise d'adolescence. Je me souvenais que j'avais fait presque pareil avec mes parents, je les avais vraiment fait souffrir.

ARTHUR : Et puis, c'est revenu au fur et à mesure, quand j'ai commencé la musique. En fait, on a travaillé ensemble, ma mère m'a beaucoup aidé.

MAINTENANT ON ARRIVE À PARLER, À SE DIRE QU'ON S'AIME.

NICOLE : C'est-à-dire que quand il a commencé à chanter, je trouvais ça formidable. Il avait un petit groupe, « Bizarre Bizarre », et ils jouaient dans sa chambre au fond de l'appartement. Je me disais : « Ça va être génial ! » À un moment, j'ai voulu les aider pour présenter une maquette à des gens du métier, parce que moi je naviguais là-dedans, j'étais attachée de presse. Mais ça n'intéressait personne. Et je trouvais ça tellement génial que je me suis demandé pourquoi je ne le produirais pas moi-même. C'est comme ça que c'est venu au début. J'ai loué une petite salle, un petit café théâtre, très petit, de cinquante places. Higelin, à ses débuts, était passé là. Avec Brigitte Fontaine et Rufus. Un petit restaurant, le patron nous aimait beaucoup.

ARTHUR : C'était la famille, quoi. Et en fait, tu m'as beaucoup soutenu parce que tu es devenue mon manager.

NICOLE : On se parlait professionnellement.

ARTHUR : Oui, c'était encore un peu tendu. Il se passait vraiment des belles choses, mais il y avait un rapport très ambigu parce que tu me disais que tu étais super-objective et que tu m'aidais en tant qu'artiste ; que ce n'était pas du tout la mère qui parlait, que c'était totalement séparé. Chose qui faisait beaucoup rire tout le monde.

NICOLE : Oui ! Sauf moi parce que c'était vrai ! *(Il rit.)* Personne ne m'a jamais crue !

ARTHUR : Quelque part c'était vrai, mais quelque part ce n'était pas vrai parce qu'on était aussi mère et fils, on ne peut pas faire l'impasse.

NICOLE : Mais quand je travaillais et que je parlais de toi aux gens, je ne parlais pas du tout de toi comme mon fils. Tu n'aurais pas été mon fils, j'aurais eu exactement la même attitude. Je me suis défoncée pour lui énormément. Mais je me suis aussi défoncée pour d'autres. Avec toi, ça se passait très bien professionnellement. En tout cas pour moi, j'adorais travailler avec toi parce que j'avais confiance en toi. Je savais que tu étais un artiste qui serait aimé et apprécié. Il avait vraiment un talent très original comme chanteur. Il était unique. Il n'était pas le clone de quelqu'un.

ARTHUR : C'est vrai que j'ai été salaud parce que pour moi, c'était génial de travailler avec toi. Travailler en famille, c'est la confiance absolue, mais c'était aussi hyper-énervant que ma mère veuille me protéger parce que, quelque part, ça m'empêchait d'être libre, de grandir normalement. Il y avait toujours cette tension-là.

Nicole : Il n'y aurait pas eu ça, on travaillerait encore ensemble.

Arthur : Au fur et à mesure, en fait, on a coupé les liens professionnels. Après, j'ai eu des enfants, et c'est ça qui a commencé à nous rapprocher. J'ai eu deux petites filles. Là, tu as super bien joué ton rôle de grand-mère. Tu as été super-présente et ça nous a vraiment reconnectés profondément.

Nicole : Oui, oui, parce que l'on n'avait plus le côté professionnel entre nous.

Arthur : Et puis après, on a recommencé à parler, on a crevé l'abcès. Ça a pris quelques années quand même pour se dire les choses. On s'est fait des dîners tous les deux, chacun a vidé son sac, de manière sérieuse et on a fait notre thérapie, sur quelques années.

Nicole : C'est vrai.

Arthur : Maintenant on arrive à parler. On arrive à s'expliquer, à s'écouter, à se dire qu'on s'aime et tout ça. Ça c'est cool ! *(Il rit.)*

Nicole : On a des rapports normaux quoi ! C'est vraiment bien !

Arthur : Mais ce n'est pas évident.

Nicole : Avec des gens comme toi, Arthur, ce n'est pas évident. Mais voilà.

JE N'AI JAMAIS MANQUÉ D'AMOUR. J'AI TOUJOURS SU QUE J'AVAIS ÉTÉ BEAUCOUP AIMÉ.

Nicole : D'Arthur, je dirais qu'il est têtu, obstiné. Je ne sais pas. Je trouve que je ne ressemble pas beaucoup à Arthur. Enfin, il ne me ressemble pas beaucoup je veux dire. Ça m'a toujours fait drôle. On ne se ressemble pas physiquement. Il ressemble beaucoup plus à son père. Et surtout, on dirait Dylan jeune. Sur le plan du caractère, je ne sais pas. Je sais tellement que c'est mon fils que… Qu'est-ce que l'on a en commun tous les deux ? Je ne sais pas, je suis beaucoup plus extravertie. C'est quand même une nature ça.

Arthur : On a la même passion pour la musique. On adore parler de ça.

Nicole : Oui ! On a les mêmes goûts en musique. En littérature, moins, parce que tu es très science-fiction et moi pas du tout. Mais en musique, oui, c'est vrai que ça nous a beaucoup rapprochés. Et d'ailleurs, tu n'aurais pas été musicien, tu aurais eu une vocation autre, je n'aurais pas travaillé avec toi. Moi, j'ai toujours adoré la musique. Et la chanson.

Arthur : Ce que je sens que j'ai vraiment en moi de toi – d'ailleurs pas seulement de toi mais aussi de tes parents – c'est une sorte de solidité qui n'a rien à voir avec le milieu artistique où il y a beaucoup d'excès à tous les niveaux, d'excès émotionnels. C'est un milieu qui, en général, est plutôt déséquilibré. Il n'y a pas beaucoup de repères, de stabilité, de rythme. C'est un milieu qui est très stimulant mais qui est très déstabilisant aussi quelque part. C'est difficile d'avoir une vie normale. Et moi, c'est vrai que j'ai toujours été marginal dans ma vie ; adolescent, je n'étais pas du tout dans les normes de la société, absolument pas. Maintenant j'y suis un peu plus mais pas vraiment. En revanche, j'ai quand même un truc, quelque part, qui m'a tenu droit. C'est-à-dire une espèce de filet, quelque chose de très sain. Par exemple, je ne bois pas, je ne fume pas, je ne me suis quasiment jamais drogué. Alors que j'aurais pu…

Nicole : Ah ! mais j'étais très stricte !

Arthur : J'étais dans le milieu pour le faire mais je ne l'ai jamais fait. Et ça je pense que cela tient à une espèce de simplicité de vie – que toi tu as, que tes parents avaient –, c'est vraiment quelque chose qui m'est précieux.

Nicole : On a de l'humour aussi. Moi, j'aime beaucoup l'humour d'Arthur et je le fais rire

« Quand on est petit, partir à l'aventure avec sa mère, c'est un vrai cadeau. »

aussi. On fonctionne beaucoup à l'humour. Et je suis contente aussi qu'Arthur ne soit pas frimeur. Parce que je déteste la frime, et beaucoup d'artistes ont un côté frimeur.

ARTHUR : Mais c'est marrant parce que c'est le genre de valeur, de normalité qui fait aussi que je n'ai pas la grosse tête. Je n'ai peut-être pas de raison de l'avoir. Quoique, quand tu n'es pas connu tu peux aussi avoir la grosse tête.

NICOLE : J'ai toujours aimé les artistes, j'ai toujours été amoureuse d'artistes, j'ai toujours été avec des artistes, en étant moi-même. Mais je leur plaisais quand même. J'ai répété les mêmes schémas et, en fin de compte, j'ai fait un fils artiste. On a de grandes différences de caractère. Mais c'est vrai que je t'ai apporté des bases solides. C'est sûr. Au niveau des sentiments aussi.

ARTHUR : Je me suis toujours senti beaucoup aimé. Je n'ai jamais manqué d'amour. Et ça, c'est très important dans l'équilibre. Je pense que c'est ce qui fait que, malgré tous les passages difficiles dans la vie, les douleurs et tout ça, quelque part au fond de toi, tu sais que tu vas t'en sortir parce que tu as eu cet amour primordial, basique. Je me souviens d'un moment où, justement, je considérais que ma vie était vraiment difficile parce que j'avais toutes sortes d'épreuves sentimentales. Je me suis baladé dans les quartiers de notre enfance, dans le 17e arrondissement, et j'ai vraiment eu des flashs. Tout à coup, je me suis souvenu de mes amis d'enfance et je me suis rappelé tous mes souvenirs ; tout d'un coup, j'ai eu la sensation d'une enfance merveilleuse en fait. Dans le sens vraiment premier du terme. Je me rappelle le côté merveilleux de mon enfance. C'est vrai que j'étais beaucoup dans l'imaginaire, donc j'étais vraiment dans les histoires magiques, que tu inventes, des mondes incroyables. Et tout d'un coup, j'avais l'impression d'un univers très chaud et très scintillant et je me suis dit : « Mais j'ai été super-heureux donc j'ai ça en moi ! » Ça fait vraiment partie de mon être ! J'ai deux petites filles de neuf et treize ans et un petit garçon de dix-sept mois, et un de mes souvenirs avec Jacques, et aussi avec toi, ce sont les histoires. Ils m'ont beaucoup raconté d'histoires. C'était totalement explosif pour moi ces histoires parce que comme effectivement j'étais très sensible, j'étais prêt à adhérer à 100 % ! Jacques m'inventait des histoires complètement dingues, d'extraterrestres, des histoires qui te font vraiment triper, et ma mère, pendant des années et des années…

NICOLE : Tous les soirs ! *(Elle rit.)*

ARTHUR : Tous les soirs, elle me lisait un chapitre d'un livre. *Trois hommes dans un bateau*, *Le Grand Meaulnes*, des livres comme ça… mais j'étais petit et ces histoires me faisaient voyager, passer des moments incroyables. C'est quelque chose que j'ai absolument voulu reproduire avec mes enfants. Surtout avec ma première fille. Mon fils est encore trop petit, mais je sais que je l'ai allumé ! Je lui ai inventé des histoires ! Je me rappelle, je vois encore les pupilles qui s'agrandissent... un enfant, tu peux lui faire croire n'importe quoi, c'est vraiment du pur émerveillement ! Je savais que je pouvais l'emmener loin et je l'ai fait. Disons par gratitude pour ce que m'avaient donné mes parents.

LES VALEURS QUE TRANSMETTENT LES PARENTS SE FONT PAR UNE IMPRÉGNATION ORGANIQUE.

NICOLE : Moi, je n'accepte pas le mensonge. Jamais. Même le mensonge intellectuel. C'est pour ça qu'on me considère souvent comme agressive… Je n'ai pas la langue de bois, disons. L'honnêteté intellectuelle, c'est une intransigeance avec son raisonnement et celui des autres. Je n'ai jamais dit à mon enfant « Ah, c'est formidable ce que tu dis » quand je ne le pensais pas. Pour moi, l'honnêteté intellectuelle, c'est la non-complaisance. Mais je n'ai pas eu trop à forcer avec Arthur parce qu'il était quand même très honnête. Dans son monde, mais pas frimeur justement, ou en représentation, ou futile. Il était très profond. Parfois, je le trouvais plus profond que moi. Mais l'honnêteté intellectuelle, c'est ne pas se laisser aller à la complaisance. Et dans le monde des artistes, franchement… on baigne dedans !

ARTHUR : Bien sûr ! Moi, je n'ai jamais été vexé par tes critiques. Vraiment, sincèrement, je m'en suis toujours servi de manière positive. Moi aussi parfois j'essaie de t'aider, et quand je te dis des trucs, tu m'écoutes. À ce niveau-là, on a un rapport qui est plutôt simple.

NICOLE : Oui, c'est vrai. Je tiens toujours compte de ce que tu me dis.

ARTHUR : Et moi, je crois que les valeurs que transmettent les parents elles se font vraiment comme ça, par une imprégnation très organique.

NICOLE : Oui, c'est vrai. Je vois des parents qui veulent que leurs enfants fassent des études par exemple, ils font des fixettes. Je n'ai jamais voulu… J'aurais bien aimé, mais…

ARTHUR : Ça, c'est un truc super-important que tu m'as transmis et que je vis aussi avec mes enfants. Je sais qu'il y a une partie de toi qui m'a toujours regardé comme ça : regarder quelqu'un dans son intégrité, en fait. Le laisser libre et le voir comme un être à part entière et non comme ton enfant, ta possession. Ne pas estimer que quelqu'un doit être comme ça ou comme ça. Éprouver un respect mental pour la personnalité de quelqu'un qui se trouve être encore un enfant. Moi, mes filles, je les ai toujours regardées comme ça, même avec les défauts que ça peut impliquer, comme ne pas être assez directif ou assez autoritaire. C'est non seulement une marque de respect, mais aussi d'amour. Tu aimes quelqu'un pour ce qu'il est et tu as vraiment une confiance fondamentale en lui, dans sa créativité. Et tu as eu ce regard-là pour moi.

NICOLE : C'était assez facile parce que tu as toujours été créatif et passionné. Quand tu es face à un enfant qui n'a pas de passion et qui s'ennuie ou qui traîne, ça doit être vraiment difficile. Moi, j'avais confiance en toi, je savais que tu allais avoir un avenir. Des amis me disaient que j'étais inconsciente de ne pas te forcer au moins à avoir le bac. Mais tu étais quand même tellement intense… Tu m'inspirais confiance pour ton avenir. Doué, passionné et capable de grande concentration. Tu en savais souvent plus que tes profs sur la littérature. Qu'est-ce que tu veux demander de plus à un enfant, à un jeune ? Finalement, je me rends compte que jusqu'à tes treize ans, notre relation a été idyllique, on était un vrai couple !

ARTHUR *(qui rit)* **:** C'est pour ça que j'ai dû prendre mon indépendance !

NICOLE : C'est vrai que l'on était un couple. Vraiment. On ne se croisait pas dans la maison sans s'envoyer un petit baiser dix fois par jour, on était très fusionnels. C'est vrai qu'à un moment donné, c'est naturel que…

ARTHUR : Moi en tant que préadolescent, j'avais l'impression que je n'arriverais pas à être un mec si je ne coupais pas le cordon. Il a fallu que je le coupe vraiment de manière un peu dure.

NICOLE : Et tu as bien réussi, mon cher fils ! *(Rires.)*

ON VA REVENIR À PLUS DE TENDRESSE PEUT-ÊTRE EN VIEILLISSANT.

NICOLE : Ma plus grande émotion avec Arthur c'est quand il a fait une fugue. Une émotion négative. Il était parti sans me dire où, et comme il était très sombre, je me suis dit qu'il s'était peut-être suicidé et que c'est pour ça qu'on ne le retrouvait pas. J'ai eu peur pendant plusieurs jours. Ça a été un cauchemar pour moi. Mais sinon, des émotions positives, j'en ai eu des centaines et des centaines, des milliers sûrement. La naissance de ses enfants, surtout du premier. Et pourtant, je ne me suis jamais vraiment sentie grand-mère, j'adore mes petites-filles mais je n'ai pas le truc de grand-mère, comme ça, à l'ancienne. En plus quand la première est née, j'ai connu mon dernier amoureux. J'avais les deux en même temps. Je devenais grand-mère et en même temps la plus grande amoureuse du monde ! *(Elle rit.)* Heureusement que vous ne m'avez pas beaucoup donné à garder les enfants parce que je n'étais pas libre !

ARTHUR : Moi, je n'ai pas vraiment eu de « grandes » émotions, c'était plutôt assez paisible justement quand j'y pense, de sentir que tu étais là, qu'il y avait une forme de stabilité, d'harmonie, avec les enfants. Aussi le fait que je pouvais compter sur toi. C'est une vraie émotion tu vois, c'est le genre d'émotion que je ressens avec toi, de gratitude, de se dire que ma mère est là, et il y a mes enfants. Comme si le côté paisible et joyeux de la vie était plus fort que les divorces, les clashs, les tensions, tout ce qui est difficile dans l'existence.

NICOLE : On va revenir à plus de tendresse peut-être en vieillissant. Grâce aux enfants. Ce n'est pas tellement facile de s'embrasser maintenant. On embrasse tellement un petit enfant, et quand il grandit, on n'en a plus le droit... Moi je suis assez frustrée de ça. J'aurais bien aimé un peu plus de… marques de tendresse. Bon, je ne t'en veux pas parce que c'est ton caractère, mais enfin, j'espère qu'on y viendra un peu plus.

ARTHUR : Oui.

NICOLE : Il faudrait que je fasse plus grand-mère ! *(Elle rit.)* Remarque, ça vient vite !

« Quand on est petit, partir à l'aventure avec sa mère, c'est un vrai cadeau. »

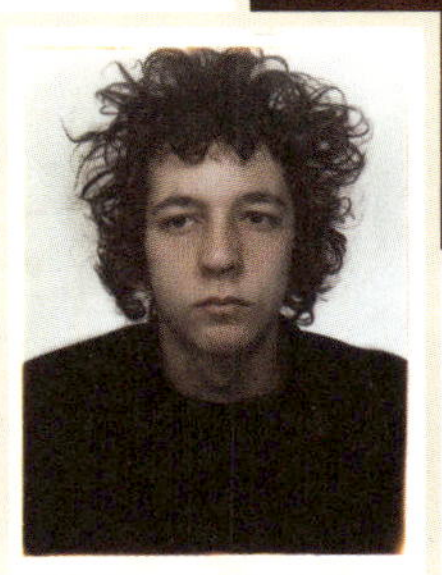

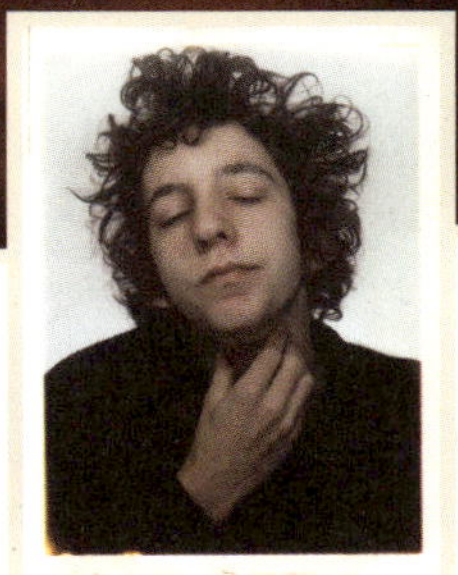

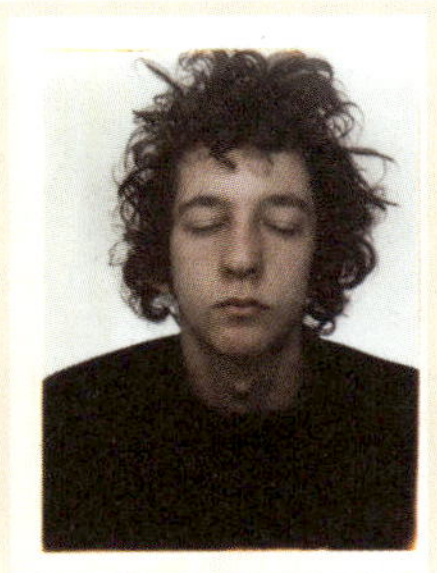

ARTHUR H, de son vrai nom Arthur Higelin, est né le 27 mars 1966 à Paris. Fils de Jacques Higelin et de **NICOLE COURTOIS,** il est le père de deux filles et d'un garçon.

- En 1982, départ aux États-Unis pour étudier la musique.
- En 1990, sortie de son premier disque *Arthur H.*
- En 1993, il est primé aux Victoires de la Musique.
- En 2008, sortie de son 7ᵉ album, *L'Homme du monde.*

NICOLE COURTOIS (également née un 27 mars) est attachée de presse, productrice et éditrice.
Elle a deux enfants : **ARTHUR H** et la chanteuse Maya Barsony.

- En 1990, elle produit le premier disque d'Arthur H.

BACHELOT

Roselyne *& Pierre*

« J'ai essayé de te donner un trousseau de clés pour la liberté. »

Un matin très tôt dans un appartement parisien baigné de soleil, des rires sonores et communicatifs traversent les murs. Roselyne Bachelot, ministre de la Santé, de la Jeunesse et des Sports, et son fils Pierre, qui est aussi son collaborateur, ont en commun cet humour et cette apparente bonhomie qui laissent rapidement place à une grande profondeur. Liberté, respect et engagement ne sont pas de vains mots dans cette relation empreinte d'admiration mutuelle.

Pierre : Les premiers souvenirs que j'ai de mon enfance, c'est l'appartement d'Angers. Je me souviens de la tapisserie à fleurs, de cette ambiance très lumineuse qui pouvait y régner. D'ailleurs, je ne sais pas si on a toujours cette photo : toi, tu as une espèce de robe blanche qui se faisait dans les années 1970, assez longue ; on est sur le canapé et tu me tiens dans tes bras. Est-ce que c'est une image directe ou un souvenir que j'ai réinterprété plus tard ? Mais c'est cette image que j'ai du début de ma vie. Quelque chose d'assez clair. On habitait un chouette appartement, illuminé de soleil, avec des amis qui habitaient dans ces ensembles d'immeubles, et leurs enfants étaient mes copains de jeux.

Roselyne : Quelque chose d'assez phalanstérien ? [Communauté de travailleurs qui ont les mêmes idées, les mêmes aspirations et qui vivent et travaillent ensemble.]

Pierre : Oh non ! Parce qu'au contraire, il y avait une grande liberté. Je crois justement que c'est la seconde chose qui me vient à l'esprit dans mon éducation. C'est cette liberté exigeante, si j'ose dire : on a le droit de tout faire à partir du moment où l'on a respecté un certain nombre de valeurs. Il faut être bien élevé. Tu n'étais pas tellement sévère, c'était plutôt papa – un peu comme dans toutes les familles – qui était le gardien de l'autorité, des « coups de pied au cul », quoique je n'en ai pas eu ; peut-être un ! Toi, tu étais moins là puisque c'est toi qui travaillais « pour gagner de l'argent ». Papa était encore étudiant à ce moment-là et tu étais visiteuse médicale, donc assez souvent absente.

Roselyne : J'étais dans le rôle masculin et ton père était à la maison. Parce qu'en fait, j'ai commencé mes études à trente ans. J'ai travaillé avant parce qu'à l'époque, on gagnait sa croûte, on n'était pas entretenu par ses parents. Quand on s'est mariés, c'était un pacte entre le papa de Pierre et moi : lui faisait ses études, et moi je les faisais après. C'est le genre de pacte qu'on passe entre un homme et une femme, sauf qu'en général la femme ne reprend pas ses études ! Quand on en a bavé pendant dix ans, on a envie, évidemment, de profiter de la vie. Moi, j'ai eu la chance de pouvoir les reprendre. Je suis devenue docteur en pharmacie en commençant mes études à trente ans.

Pierre : Il y avait aussi l'effet « grande famille ». D'un côté comme de l'autre, les familles étaient assez importantes et présentes, avec des grands-parents, des arrière-grands-parents, des cousins. Mon père a dix frères et sœurs. Même si je suis fils unique, j'ai l'impression d'avoir eu une fratrie.

Roselyne : On était très famille.

Pierre : Le dimanche midi, il y avait le gigot chez mamie. Ensuite, on débarrassait et on jouait aux cartes. Aux vacances intermédiaires, il y avait une sorte de rituel : on déjeunait, on faisait la sieste, on allait se promener et, ensuite, on faisait une recette de cuisine, des gâteaux ou quelque chose d'autre.

Roselyne : Elle t'a appris à faire la cuisine, ce qui fait que tu es un excellent cuisinier !

Pierre *(en riant)* **:** Ce n'est pas faux !

Roselyne : Mon premier souvenir de Pierre, c'est de l'avoir eu très jeune ! Quand je dis aujourd'hui à certaines personnes que j'ai été maman à vingt-deux ans, on me regarde d'un air absolument stupéfait ! C'est vrai que, maintenant, je le vois chez tes amies, on est maman à trente ans. Mon premier souvenir de toi, c'est d'abord tes petites mimines, tes petits petons comme des coquillages... Dans ton berceau *(Elle est émue.)*, tu étais mignon !

Pierre : J'adore cet emploi de l'imparfait qui marque les choses révolues !

Roselyne : Et puis tu es né un 1er juin, le jour de la fête des Mères. Ça, c'était vraiment formidable ! Ce qui était surprenant, c'était ta douceur. Il était vraiment adorable, c'était un enfant sans problème, très intelligent. Il a marché à onze mois, il parlait, il avait un vocabulaire... J'ai noté sur un livre tout ce qu'il disait. C'était vraiment remarquable. C'était quelqu'un de doux, de sensible, d'obéissant, c'était l'enfant parfait...

Pierre *(en riant)* **:** Ça s'est gâté par la suite !

ON VIT À L'ANGLAISE : TRÈS RESPECTUEUX DE LA *PRIVACY* DE L'UN ET DE L'AUTRE.

Pierre : Je crois que notre relation est une relation d'amour.

Roselyne : Oui, je suis issue d'une famille où l'*habeas corpus* n'est pas un vain mot. Je crois que nous avons un très grand respect de notre liberté mutuelle. Quand il était petit, je n'aurais pas imaginé lire une lettre qui lui était adressée ; je rentrais dans sa chambre, s'il y avait un papier par terre, je fermais les yeux pour le ramasser, pour ne pas risquer que mon œil tombe sur quelque chose qui ne m'était pas destiné. On a donc vraiment l'un et l'autre un respect absolu de l'intégrité, du fait qu'on a notre vie, c'est peut-être aussi ça la condition pour entretenir une relation durable et respectueuse. Le premier mot qui me vient à l'esprit, c'est « respect ». C'est quelque chose de très fort, le respect de la liberté individuelle. Je ne pense pas être une mère possessive.

Pierre : Ah non, c'est le moins que l'on puisse dire ! Il y a chez nous une sorte de leitmotiv, même si ça ne veut pas dire grand-chose, on dit souvent « vivre à l'anglaise ».

Roselyne : C'est ça. On vit à l'anglaise : très respectueux de la *privacy* de l'un et de l'autre. Il ne me viendrait pas à l'idée de lui poser une question sur sa vie personnelle, ni lui sur la mienne.

Pierre : En même temps, quand on dit « à l'anglaise », il peut y avoir un phénomène d'éloignement. Or, il n'y a pas d'éloignement entre nous. On a cette chance aussi d'avoir...

Roselyne : ... beaucoup de proximité.

Pierre : Oui.

Roselyne : Je vois, autour de moi, il y a soit des gens très possessifs, très envahissants dans la vie de tous les jours ; ou alors, il y a de l'éloignement. Chez nous, il n'y a ni éloignement ni envahissement.

JE FAIS TOTALEMENT LA DISTINCTION ENTRE MA MÈRE ET LA FEMME POLITIQUE.

Pierre : Et puis, il y a une autre dimension, pour moi, c'est l'admiration que j'ai pour toi. Souvent, on me dit : « Ça doit être spécial de travailler avec sa mère. » D'abord, pour moi, ce n'est pas spécial. Il y a des gens qui ont consacré leur vie ou une partie de leur vie à travailler avec ceux que l'on appelle de « grands hommes » – comme par exemple Jean Cau avec Jean-Paul Sartre. Eh bien, moi, j'ai l'impression de vivre exactement la même chose, d'avoir la chance immense de pouvoir côtoyer quelqu'un dont je suis fier. Non pas parce que c'est ma mère. J'en suis fier parce que je suis fier de sa pensée, de la liberté de sa pensée, du fait que, quand elle est lancée,

Ma photo préférée de Pierre et moi.

ce qu'elle dit sort des lieux communs, des bêtises qu'on a l'habitude d'entendre tous les jours. Je fais totalement la distinction entre ma mère et la femme politique.

Roselyne : Il m'appelle par mon prénom dans le travail.

Pierre : Et dès que la porte du ministère est refermée, je l'appelle plutôt Liline – Liline, c'est son surnom –, mais « maman » aussi. C'est amusant parce que depuis ton nouveau poste, il y a beaucoup de gens qui m'interpellent en disant « ta mère », « ta maman »... Je ne leur dis rien parce que je ne me sens pas de le faire, mais ce n'est pas ça. Dans le boulot, ce n'est pas ma mère, c'est la patronne. Même si c'est particulier parce que je la connais bien. En interne, par exemple, je pourrais passer au-dessus, sauter la tête du conseiller. Mais je ne joue jamais ce jeu.

Roselyne : Tu pourrais « shunter » les rapports hiérarchiques...

Pierre : Hors de question. D'abord, je perdrais toute crédibilité et puis ce n'est pas mon rôle. J'ai des chefs entre elle et moi.

QUAND VOTRE IMAGE EST SALIE, CEUX QUI VOUS AIMENT EN PRENNENT PLEIN LA FIGURE.

Pierre : Le seul moment où je vois plus « ma mère » que la femme politique, c'est quand elle passe à la télévision. J'ai énormément de mal à la regarder à la télévision ; ça m'angoisse. C'est difficile de la voir, je dirais, en représentation.

Roselyne : Exposée.

Pierre : Oui. Il y a une forme d'appréhension.

Roselyne : On a pu faire preuve de tellement de brutalité à mon égard que c'est sans doute ce qui te fait le plus peur, c'est tellement violent. C'est vrai qu'il est dans le lot d'un politique d'être terriblement exposé, et Dieu sait si j'ai été, si je suis encore exposée, et Dieu sait si j'ai été l'objet de *fatwas* d'une violence inouïe. Finalement, pour un homme ou une femme politique, tout ça, c'est un paquet, il y a du bon et du mauvais. Donc, je ne me plains pas. C'est pour ça que je réfute le terme de « victime » que j'ai malencontreusement utilisé. Mais le problème, pour les gens qui vous entourent et qui vous aiment, c'est que, dans le paquet, ils n'ont que le mauvais. Et ça, c'est dur. Quand votre image est salie, quand elle est déformée, quand elle est caricaturée, là, vraiment, ceux qui vous aiment en prennent plein la figure. Nous, on a les caricatures, mais aussi les réceptions où l'on va dire du bien de vous, où les gens vous acclament, alors on relativise, mais l'entourage ne peut pas relativiser.

Pierre : On n'a pas forcément vécu les moments difficiles au même instant. Nous, on est là pour la soutenir à fond dans ces moments-là et puis pour essayer de relativiser. Il faut qu'on se protège. *(Silence.)* Roselyne, il y a quelque chose qui est sa pierre d'angle, c'est son esprit, son intelligence, sa capacité à faire marcher son outil intellectuel. Et je crois que ce qui lui a fait le plus mal, c'est justement quand on l'a attaquée là-dessus. Les gens sont malins, ils vous attaquent sur vos points forts et quand vos points forts sont touchés, il ne reste pas grand-chose. Moi, ça ne m'a jamais atteint parce que j'ai toujours trouvé que c'était idiot, parce que justement je n'ai jamais remis en cause cet élément. Mais peut-être que c'est ce qui t'a le plus touché, ce procès en illégitimité pour ton premier poste de ministre.

Roselyne : Ce procès en bêtise. Sous ma marionnette des *Guignols*, il y avait écrit : « La ménagère de moins de 50 de QI ». J'ai un peu tourné la page, mais à un moment, je ne la tournais pas du tout. Ce procès en bêtise, c'était pour moi une crucifixion parce que j'ai toujours eu le complexe de la première de la classe, de la fille qui avait toujours le prix d'excellence. Je suis sortie major de ma promotion. Moi, ça ne m'intéressait pas de savoir si j'étais reçue, ce qui m'intéressait c'était de savoir si j'étais première. Et franchement, j'ai été horriblement blessée. Ça tournait à l'obsession, et toi, un jour, tu m'as dit : « C'est précisément parce que ces gens-là sont très intelligents qu'ils ont vu ce qui allait te faire du mal. La caractéristique des chansonniers et des caricaturistes, c'est qu'il y a du sadisme dans leur relation avec celui ou celle qui est sur le pavois. Ils l'ont vu. Ne va pas dans leur sens. En étant blessée, tu leur rends hommage, tu leur rends service. » Et c'est vrai. Le jour où il m'a dit ça, il m'a donné un code absolument capital et je l'ai intégré : on a essayé de me faire du mal et j'ai résisté, je suis toujours vivante. Finalement, ils m'ont rendu service.

JE RÉALISE QUE C'EST DUR D'ÊTRE MON FILS.

Roselyne : Pierre s'appelle Pierre Corentin Bachelot, Corentin étant aussi le nom de son petit garçon, mon petit-fils.

Pierre : Tradition familiale !

Roselyne : Oui. Moi, j'ai Corentine comme deuxième prénom et ma grand-mère s'appelait Corentine. Donc, il y a des Corentin et des Corentine qui parsèment la famille. C'est un nom breton, celui du saint patron de Quimper. S'il fallait parler de Pierre à quelqu'un qui ne le connaît pas, je dirais : Pierre Bachelot est quelqu'un de…

Pierre : C'est qui, ce type-là ? Je ne le connais pas… *(Elle rit.)*

Roselyne : … très intelligent, très sensible, très drôle *(Elle hésite.)*… fort et fragile. *(Silence.)* Il y a beaucoup de fragilité aussi chez toi parce que je t'ai beaucoup exposé. Je réalise que c'est dur, oui, c'est dur d'être mon fils. Donc, j'ai aussi de la culpabilité vis-à-vis de cet homme-là. Mais bon, comme disait Freud à qui une dame demandait comment élever son enfant : « Comme vous voudrez, madame, de toute façon, ce sera mal. » Donc voilà, fort et fragile. *(Silence.)*

Pierre : Tu ne m'as pas exposé, tu m'as demandé de te suivre et je t'ai demandé de venir travailler avec toi. J'ai le « cul bordé de nouilles » ! *(Rires.)* C'est exceptionnel ! Roselyne est fan de la série *À la Maison Blanche* (*The West Wing*). Il y a quelques semaines, on était en projet de loi à l'Assemblée ou au Sénat, je ne sais plus, et c'était difficile. La fatigue se faisait jour et à 2 heures du matin, autour d'un café, je lui ai dit : « Tu sais, on a de la chance. Il y a beaucoup de gens qui regardent *À la Maison Blanche*, nous, on la vit ! » Ce n'est pas exactement la Maison Blanche, mais il y a quelque chose de ça, c'est excitant, c'est bon ! Si vous aimez ça, c'est vraiment bon ! *(Elle rit.)*

Roselyne : C'est comme la coke !

Pierre : C'est même meilleur ! *(Rires.)* Quoique je n'en sache rien !

Roselyne : Oui, il vaut mieux préciser…

Pierre : Oui, comme tu dis, préciser… Vraiment, on a de la chance. Alors évidemment, ensuite on a sa personnalité, ses zones de force, ses zones de faiblesse, on est ce qu'on est. Tu sais, je pourrais te renvoyer le même genre d'analyse. Tu as cette force et aussi, parfois, cette fragilité. Mais au-delà de ça, tu as une immense générosité et tu aimes les gens ! Même si parfois tu es trop indulgente et bonne. Vraiment ! Au sens, j'allais dire, biblique du terme. Nous sommes dans une république laïque, mais tu es une bonne personne. Tu n'es pas mesquine, tu es attentive et douce… *(Silence.)* Sauf avec une catégorie : les prétentieux ! *(Elle rit.)*

Roselyne : Oui, ils sont nombreux ! Mon père disait de moi que face aux prétentieux, j'étais comme la poule birmane, je m'ébouriffais. J'ébouriffe un peu mes plumes. Mais quand on lui demandait de définir ma principale caractéristique, il disait « la bienveillance ». Oui, je pense être bienveillante. J'essaye aussi parce

que ma mère, qui était quelqu'un de très exigeant, m'a dit un jour une phrase terrible : « Je ne sais pas si l'extraordinaire tolérance dont tu fais preuve n'est pas que la forme la plus aiguisée du désintérêt que tu portes à autrui. » *(Il rit.)* Je pense que c'est faux, d'ailleurs. C'est faux, mais maman essayait toujours d'aller derrière les choses, de se poser des questions. C'était un être évidemment extrêmement intelligent, mais une intelligence gâchée par un pessimisme et un côté noir, presque dépressif, qui vous obligeait, justement par la négation, à réfléchir à un certain nombre de choses. Or je ne veux pas être quelqu'un de négatif. Mais c'est peut-être une construction par réaction.

CE QUE J'AIME, C'EST QUE NOUS N'AVONS PAS UNE RELATION À SENS UNIQUE : TU M'APPRENDS DES TAS DE CHOSES.

ROSELYNE : Nous avons la même façon de nous exprimer. Ça fait rire tout le monde ! Je pense que ce qui nous caractérise, c'est la dérision et l'humour.

PIERRE : C'est net, on aime bien se marrer !

ROSELYNE : Oui, on essaie de ne pas dramatiser. Les gens ont bien assez de leurs problèmes sans qu'on leur ajoute les nôtres. On est finalement, sous des dehors très expansifs, des gens secrets et pudiques. Ça ne me viendrait pas à l'idée de parler à qui que ce soit de ma vie privée, de mes problèmes personnels, il n'y a aucun exhibitionnisme.

PIERRE : Et puis on a ce même goût pour voir les défauts et les trucs marrants chez…

ROSELYNE : … chez les individus…

PIERRE : Les petits ridicules ! Tu m'as transmis aussi le goût des livres.

ROSELYNE : On est des dingues de lecture. Moi, je lis dans la rue en marchant. Ce que j'aime, c'est que nous n'avons pas une relation à sens unique, tu m'apprends des tas de choses.

Par exemple, tu m'as fait découvrir la science-fiction. Ça, c'est un point commun entre nous d'adorer ce genre de littérature. J'ai donné à ma jeune sœur un livre formidable qui s'appelle *Le Mur de verre* [de Robert Schindel]. Elle me dit : « On ne peut pas faire de plus beau cadeau à quelqu'un que de lui donner un livre inoubliable. » Ça, c'est la caractéristique de Pierre. Il m'a fait découvrir, grâce à la science-fiction, des livres totalement inoubliables et qui sont des pierres dans notre relation commune.

LA POLITIQUE, C'EST QUELQUE CHOSE QU'ON VIT EN FAMILLE, ON NE PEUT PAS LE FAIRE AUTREMENT.

Roselyne : La politique, je suis tombée dans le chaudron toute petite, à cause de mon père [le député gaulliste Jean Narquin] ou grâce à lui.

Pierre : J'ai fait ma première campagne électorale, je m'en souviens, en 1978, j'avais neuf ans. J'allais coller des affiches avec mes parents, mon grand-père. Les premiers souvenirs que j'ai, c'est la création du RPR, la porte de Versailles, la porte de Pantin, c'était génial. Il y a le car qui arrive rempli de militants, cette excitation, les banderoles, et puis on va marcher dans le froid, on mange de mauvais sandwichs ! Et on crie : « Chirac ! Chirac ! Chirac ! » *(Elle rit.)* C'est génial ! Quand on est enfant, c'est extra ! Il y a un côté très familial. On se retrouve, il y a le méchoui, le couscous machin, la galette bidule, et puis il y a les parents qui sont là, qui écoutent les discours et derrière, nous, les enfants, on s'amuse.

Roselyne : Il y a toujours les mêmes gens qui t'aiment, les militants qui sont contents de te voir.

Pierre : Et puis, ce sentiment aussi de vivre autre chose, de vivre avec des gens différents. Parce que j'ai été élevé dans une atmosphère que les autres, vue de dehors, peuvent qualifier de bourgeoise. Même si toi,

Ma photo préférée de maman, mon grand-père et moi.

tu n'es pas bourgeoise parce que tu es quelque part profondément anarchiste.
Roselyne : Oui, on est des anarchistes, je crois.
Pierre : En fait, nous sommes peut-être des bourgeois bohèmes avant l'heure, mais sans ce côté extrêmement parisien. Nous vivons en province, donc il y a quelque chose de profondément anticonventionnel.
Roselyne : C'est ça aussi ce que m'a légué la politique, cette absolue ignorance des classes sociales. Si on devait caractériser notre famille, ce serait ça. Je t'emmenais très souvent le week-end, certainement parce que, moi, je l'ai fait quand j'étais petite. Quand j'ai commencé à distribuer des tracts, j'étais même encore plus jeune que toi. J'ai toujours fait de la politique avec mon père. La saga familiale veut que je sois donc allée à neuf mois et demi à ma première conférence politique et que le général de Gaulle m'y ait embrassée sur la joue. Tout ça, c'est avec des tirets, je n'ai jamais pu vérifier, mais je crois que c'est vrai.
Pierre : En tout cas, c'est fort probable.
Roselyne : La politique, c'est d'abord quelque chose qu'on vit en famille, on ne peut pas le faire autrement. C'est aussi la politique qui crée cette espèce de maelström dans lequel, à un moment, chacun peut trouver sa place. Alors que si j'avais exercé mon métier de docteur en pharmacie, très probablement tu n'aurais jamais travaillé à la pharmacie avec moi. Parce que là, on est dans quelque chose de codifié. En politique, chacun peut trouver sa place parce qu'il va apporter quelque chose. On peut s'acculturer à la politique, à tout niveau. Et puis, ce qui en fait l'intérêt, c'est évidemment les connaissances théoriques, mais aussi des connaissances pratiques, et c'est cette espèce de « gnaque » qui fait que l'on est bon ou qu'on ne l'est pas. Moi, je connais des conseillers au ministère de la Santé, de la Jeunesse et des Sports très intelligents, mais qui n'ont aucun sens politique. Ils ont beau sortir de X, Mines, l'ENA, avoir des diplômes, ils n'ont pas de sens politique. Et ils mourront sans avoir jamais eu un gramme de sens politique. Eh bien, toi, tu l'as.

CE QUE JE VOULAIS TE TRANSMETTRE : LE RESPECT DE LA VIE PRIVÉE, LA PRIMAUTÉ DE L'INTELLECTUEL SUR LE MATÉRIEL, L'HUMOUR ET LA DÉRISION.

Roselyne : Ce que je pense t'avoir transmis, c'est d'abord l'*habeas corpus*. C'est-à-dire le droit irréfragable à son identité personnelle, au respect de ce qui fait votre intégrité. Le deuxième élément que je t'ai transmis *(Silence.)*... c'est de vivre dans une famille où ce qui compte le plus c'est l'intellectuel avant le matériel. On peut perdre une commode Louis XV, mais, au fond du trou, si on a quand même dans son cerveau quelque chose qui vous pousse, qui vous meuble, on ne peut jamais être malheureux. C'est la primauté de l'intellectuel et du spirituel au sens large. Le troisième élément, c'est l'humour et la dérision.
Ces trois valeurs, c'est quelque chose que je voulais profondément lui transmettre quand il est né, c'était très profond et très construit. Il est vrai aussi que j'ai été très seule dans mon enfance et j'ai eu la chance extraordinaire de vivre très séparée de mes parents. Je passais mes vacances sans eux, j'étais entourée par du personnel qui me prenait en charge ; et le personnel, ça vous laisse seule. J'ai été mise en pension à sept ans, à une époque où l'on ne sortait pas de la pension. On y était évidemment dans un état de profonde solitude. Mais j'avais du temps pour penser, du temps pour me construire, pour lire. Comment voulez-vous que j'aie pu faire, enfant, trois ou quatre heures de musique par jour ? Quand on vit dans une famille, ça embête tout le monde ! Ce qui fait que j'ai la réputation, auprès de mes amis, d'être une

encyclopédie musicale. *(Elle rit.)* Si j'avais été chez mes parents, je n'aurais jamais pu arriver à ce niveau de connaissances. Tout ça m'a donné le goût des choses intellectuelles, de me renfermer en moi-même. Et c'est très curieux parce que, finalement, les gens me voient comme quelqu'un de superficiel. Comment est-ce que je peux donner de moi une image aussi différente de ce que je suis, de ce que les gens qui m'approchent connaissent ? Je me dis que je suis profondément responsable. Je suis en fait une espèce de sanglier solitaire. D'ailleurs, la solitude ne m'est jamais pesante parce que quelqu'un qui vit seul depuis sa plus tendre enfance ne peut pas aimer autre chose que la solitude. La pension m'a armée. Inévitablement, la solitude est l'eau de toute vie humaine, il faut l'apprivoiser, il faut en faire une compagne, une amie, une force !

PIERRE : Il est évident que tu m'as transmis la primauté des choses intellectuelles et le respect de la vie privée. *(Silence.)* C'est un peu « liberté et érudition », et c'est ce qui a été la base de mon éducation. Il n'y avait pas un sujet dont on ne pouvait pas parler. De politique, de science, de morale, d'éthique, de livres, de musique… En revanche, pas des petites amies !

ROSELYNE : Ah non !

PIERRE : Ce n'est pas trop le style de la maison, même si quand Florence est arrivée dans ma vie, elle a été particulièrement bien accueillie par mes parents. Mais c'était autre chose.

Mes parents se sont séparés quand j'avais vingt ans. J'ai eu de la chance parce que la séparation n'est jamais un moment facile, mais ça s'est très bien passé. Je n'avais pas l'impression qu'il y eût une once de différence entre eux. Ils n'étaient pas pareils, évidemment, mais il y avait vraiment une unité, une complémentarité entre eux.

ROSELYNE : Ton père m'a sortie de ce côté très intériorisé.

PIERRE : Et toi, tu l'as fait entrer en lui-même et il a beaucoup changé. Je me souviens de discussions sur la peine de mort notamment…

ROSELYNE : Là, je l'ai convaincu quand même !

PIERRE *(en riant)* **:** Oui, ça a pris une petite dizaine d'années !

ROSELYNE : On arrive à tout !

PIERRE : Ce n'était pas sur le mode de l'invective, mais sur le mode de la réflexion profonde.

ROSELYNE : Oui, quand je repense à ça, je me dis que, finalement, il y a peu de familles comme la nôtre, comme les nôtres, où le goût des choses intellectuelles est aussi présent. Chez mes parents, c'était pareil, il n'y avait pas de choses médiocres.

Quand tu étais enfant, j'imaginais qu'adulte, tu serais comme ça, comme tu es. Mais ça, c'est un lieu commun. *(Elle réfléchit.)* Je pense que je n'ai jamais finalement essayé de t'imaginer plus tard. Le simple fait de t'imaginer t'aurait privé de ta liberté. Ça t'aurait construit une image sur mon monde fantasmatique à moi. Je préférais te regarder évoluer.

PIERRE : Il y a une phrase qui me revient souvent et ça étonne les gens parce que je n'étais pas très vieux. Je me souviens, c'était dans la maison de mon grand-père, des parents de Liline. On allait faire une petite marche à l'extérieur. Je ne sais pas pourquoi, enfin si, sans doute parce que j'arrivais à un moment où je n'étais plus un enfant au sens strict, Roselyne me dit : « Tu sais mon chéri, un jour, tu tomberas amoureux et je voulais te dire : que tu tombes amoureux d'une fille ou d'un garçon, pour ton papa et pour moi c'est exactement la même chose. » *(Silence. Pierre change de voix.)* La phrase est restée dans mon esprit et elle a diffusé au fur et à mesure des années. Et je n'ai jamais pris ça comme une question.

ROSELYNE : Oui, il faut donner des clés pour la liberté. Finalement, c'est ce que j'ai essayé de te donner : un trousseau de clés pour la liberté.

ROSELYNE BACHELOT-NARQUIN, docteur en pharmacie, est née le 24 décembre 1946 à Nevers. Elle est la fille du résistant et député gaulliste Jean Narquin. Son fils, **PIERRE,** est né en 1969.

• En 1982, elle rentre en politique et prend la succession de son père en tant que conseiller général du Maine-et-Loire.

• En 1988, elle est élue députée du Maine-et-Loire.

• En 1998, contre son camp, elle prononce un émouvant plaidoyer à l'Assemblée nationale en faveur du PACS.

• En 2002, elle devient le porte-parole de la campagne présidentielle de Jacques Chirac. Pendant deux ans, elle exerce la fonction de ministre de l'Écologie et du Développement durable.

• Depuis 2007, elle est ministre de la Santé, de la Jeunesse et des Sports.

WARHOL

CASTALDI

Benjamin *& Catherine Allégret*

« Notre relation ? Elle est passionnelle. »

Pour la première fois de sa vie, Benjamin Castaldi emménage seul, avec son chien Bunny, dans un nouvel appartement qu'il a refait comme un loft américain : parquet blanc, murs noir et blanc, et des portraits de Montand et Signoret qui attendent d'être accrochés. Pour la première fois aussi depuis de longues années, il a retrouvé une relation apaisée avec Catherine Allégret, sa maman : même humour, même appétit de la vie, mêmes regrets aussi des jours heureux à Auteuil et du clan Signoret.

BENJAMIN : Ma petite enfance, mes tout premiers souvenirs, c'est la rue Dauphine. C'était un petit appartement très sympa. Un entresol. J'avais quel âge ? Six, sept ans ?

CATHERINE : Montand détestait parce qu'il était tellement bas de plafond ! *(Elle rit.)*

BENJAMIN : Oui, lui, il touchait le plafond ! Mais moi, j'avais ma chambre avec une douche jaune. En plastique !

CATHERINE : Oui, c'était très bizarre. On aurait dû la garder, on l'aurait revendue une fortune !

BENJAMIN : L'école était à deux pas.

CATHERINE : Oui, juste la rue en face.

BENJAMIN : C'était quand même assez pratique. Il y avait surtout une boulangerie exceptionnelle où j'allais me taper des croissants et des pains au chocolat. Et des financiers, d'ailleurs.

CATHERINE : Je te ferai des financiers, mon chéri, quand tu viendras en vacances.

Benjamin : C'était l'époque où ma mère sortait pas mal, hein ? *(Elle rit.)* Je suis désolé de le dire, mais je me souviens que lorsque je rentrais de l'école, vers 11 heures et demie, généralement, tu dormais. Il faut le dire ! De temps en temps.

Catherine : Ça, c'est ton folklore personnel que tu t'es plu à raconter dans ton ouvrage !

Benjamin : Mais je comprends, maintenant que j'ai l'âge que tu avais à cette époque…

Catherine : Tu as dit ça et que je ne me levais pas pour ton petit-déj, espèce de menteur !

Benjamin : Si, il était prêt dans le frigo. Je mangeais des céréales : quand on met le lait, normalement ça gonfle, mais comme c'était fait la veille, c'était nettement moins bon. Je me souviens des croissants, quand tu revenais tard *(Elle rit.)* de tes différentes boîtes de nuit.

Catherine : Non, non, je ne sortais pas en boîte de nuit ! Je refaisais le monde au Sherwood essentiellement. C'était un restaurant de nuit et c'était la cantine des comédiens.

Benjamin : Il y avait Weber, toute une bande de comédiens. En revanche, tu étais souvent là quand je rentrais de l'école, vers 16 h 30. C'est la période où je me souviens de ma mère très active parce qu'elle bossait pas mal. Il fallait bien me nourrir, en même temps, c'était normal. Je sais que tu bossais beaucoup.

Catherine : Oui, je bossais pas mal alors que maintenant…

Benjamin : À l'époque, on était encore en célibataires, en petit couple.

Catherine : Il y avait beaucoup de passage…

Benjamin : Pas beaucoup, pas beaucoup ! À l'époque, il n'y avait pas encore Maurice, il n'y avait pas Hervé. On était un peu tous les deux, non ?

Catherine : Mais oui, mon chéri.

Benjamin : Enfin, c'était une période assez sympa, plutôt très heureuse. Ma grand-mère [Simone Signoret] était place Dauphine, on n'était pas très loin. C'était l'époque où Montand était à l'Olympia. Maman bossait avec Montand.

Catherine : Ça, c'était plus tard, mon amour, j'avais déjà Maurice dans ma vie. Non, la période où on était tous les deux en amoureux, on partait à Auteuil, en Normandie, chez maman et Montand.

Benjamin : Avec ta Golf. Oh là là ! J'ai de bons souvenirs de cette époque. Le traumatisme des *Dames de la côte* !

Catherine *(en riant)* **:** Ça y est, il va le dire…

Benjamin : Feuilleton de merde.

Catherine : Oh non ! c'était formidable, arrête !

Benjamin : Il fallait partir de la campagne à 15 heures pour être à 16 h 30 devant *Les Dames de la côte*. Ça te bousillait le week-end ! Le dimanche, on ne le voyait pas passer parce qu'il fallait voir ce feuilleton. Enfin… Donc, rue Dauphine, c'est dans cet appartement que je me suis pris la seule et unique claque de ma vie.

Catherine : Pas une claque. Je t'ai cassé la figure, tu veux dire.

Benjamin : Un soir, je suis resté jouer dans la cour de l'école. Je n'ai pas vu l'heure tourner. À 16 h 30, ma mère m'attendait, forcément. 17 heures : pas là. 18 heures : pas là. 19 heures : pas là. 19 h 15 : elle appelle sa mère.

Catherine : Non, c'est ma mère qui m'a appelée ! On s'appelait tout le temps. On s'est toujours appelées.

Benjamin : Elle avait déclenché le plan Orsec.

Catherine : J'ai commencé par lui mentir, en me disant : « Il va arriver. » C'était en hiver. Je me souviens, je suis partie à pied jusqu'au square du Vert-Galant et je suis descendue pour voir s'il n'y avait pas un petit corps qui flottait… Puis je suis rentrée.

Benjamin : Quand je suis rentré, j'ai pris très logiquement une énorme claque dans la

figure. Depuis ce jour-là, je n'ai plus jamais oublié de téléphoner, ce qui a dû éviter beaucoup de soucis dans mon adolescence quand je sortais pour de bon. Quoi qu'il arrive, je trouvais un téléphone, une cabine – il n'y avait pas de portables. Si je disais que je rentrais à minuit, et que je n'étais pas là à minuit deux, minuit trois, je passais un coup de fil pour dire : « Écoute, je serai là à minuit et demie ou à une heure. » Ça m'a vacciné à vie de ne pas dire : un, où j'étais ; et deux, à quelle heure je rentrais. Après, on a déménagé parc Montsouris, dans le 16e, à l'époque où maman était enceinte de ma sœur Clémentine. Elle m'a annoncé que j'allais avoir une sœur, mais d'une façon…

CATHERINE : Très violente, tu peux le dire.

BENJAMIN : Très violente. À l'époque, Auteuil était le pivot de la vie de tout le monde, c'était le point de ralliement de la troupe. Ce jour-là, il y avait un couple qui avait des enfants et je ne sais pas pourquoi je passais du temps avec eux. Il y avait un nouveau-né. Ma mère m'a dit : « De toute façon, ce n'est pas la peine d'aller tout le temps avec eux parce qu'ils ont un bébé, tu vas avoir une sœur. »

CATHERINE : Non, j'ai dit : « Un bébé, tu vas en avoir un chez toi. »

BENJAMIN : Voilà, prends ça dans la figure ! J'avais treize ans, j'ai appris que j'allais avoir une petite sœur et j'ai fondu en larmes. Mais de joie, en réalité. J'étais très content. Ce sont des souvenirs forts, ça.

CATHERINE : J'étais maladroite, très maladroite. J'ai eu Clémentine et, dix-huit mois plus tard, ma mère mourait. J'ai traversé alors toute une période où ma fille me servait de révélateur : je passais des jours et des jours, des nuits, des heures à m'interroger… Chaque fois que j'avais un geste vis-à-vis d'elle, que je lui mettais une robe ou que je la coiffais, que je lui faisais des nattes ou que je la lavais, j'avais un petit moi sur mon épaule qui me disait à l'oreille : « Dis-moi, est-ce que ta mère a jamais fait ça avec toi ? Elle ne t'a jamais fait de tresses, elle n'a jamais rigolé avec toi... » C'était un cauchemar, j'étais devenue en quelque sorte jalouse que ma fille ait la mère que je n'avais pas eue. C'était terrible parce que ça allait très loin. Je lui en voulais. Alors je suis allée très vite raconter ça à un psy. Au bout de trois séances, j'ai compris : je pleurais la mère que je n'avais jamais eue. J'ai payé et je me suis tirée. Après, ça s'est normalisé...

Benjamin : Dans cette maison, au parc Montsouris, ça a été le passage de mon enfance à mon adolescence, une période très heureuse de ma vie parce que je commençais à être un peu indépendant. J'avais tout le dernier étage sous les toits. C'était super-sympa.

Catherine : Un petit grenier.

Benjamin : Un grenier avec un petit défaut : le plancher était un peu bruyant ! Ça faisait un bruit d'enfer pour les gens qui étaient en dessous.

Catherine : Il faut dire que la démarche Castaldi n'est pas particulièrement légère... Les garçons Castaldi, c'est-à-dire son père et lui, marchent des talons, je ne sais pas comment expliquer ça...

Benjamin : ... très ancrés dans la terre.

Catherine : Ils marchent des talons. On pose le talon quand on marche, mais là, c'est marcher du talon...

Benjamin : Je crois que ma musculature légendaire vient de cette époque-là : comme je me faisais insulter parce que je faisais du bruit...

Catherine : Oh, arrête tes grands mots ! Tu ne te faisais pas insulter, Benjamin, on te demandait d'être un peu délicat pour ne pas réveiller le bébé qui nous avait ennuyés toute la nuit ! *(Elle rit.)*

Benjamin : Il y avait une poutre en acier. Pour ne pas faire de bruit, je traversais la pièce à la force des bras ! Au bout d'un an comme ça, j'étais...

Catherine : Benjamin Castaldi, ou la vie du Petit Chose !

DANS NOTRE RELATION, IL Y A EU UN AVANT ET UN APRÈS.

Benjamin : J'ai très mal travaillé en troisième. Finalement, on m'a dit d'aller voir ailleurs. Ça tombait bien parce qu'on est allés vivre à Vincennes où j'étais dans une très bonne école. C'est là que j'ai rencontré ma future première femme, d'ailleurs.

Catherine : Exact. Valérie.

Benjamin : Je devais avoir quinze, seize ans. C'est un peu à ce moment-là que tout est parti en quenouille...

Catherine : Enfant, Benjamin était absolument délicieux. C'était un petit garçon facile, gentil, sage et autonome ! C'est vrai, il avait une grande vie intérieure, il restait des heures à jouer dans son parc, il était merveilleux. Un bébé adorable. Non, vraiment, il était mignon.

Benjamin : Ça n'a pas changé, ça.

Catherine : Mais il a fait une crise d'adolescence à vingt ans. Des crises d'adolescence chez des individus qui ont quand même des armes d'adulte – parce qu'on est grand à vingt ans –, c'est épouvantable ! Ça a été épouvantable ! Mais alors, les vingt premières années, rien. Pas de problème. Il était facile, gentil, aimant, câlin... rien à dire. Ce n'est pas vrai ? Enfin, ce n'est pas à toi de le dire, non plus. Après, il a eu quelque part une lumière qui s'est allumée. C'est peut-être ça. Tu vas nous le dire parce que je n'ai pas encore compris. Je crois qu'il y a eu deux choses. Il y a eu le fait qu'il avait sans doute quelques problèmes avec son père qu'il n'osait pas régler, parce qu'il avait un peu peur de son père, non ? Tu m'arrêtes, Benjamin, si je dis des bêtises...

Benjamin : On n'est pas chez le psy, là...

Catherine : Non, mais ce n'est pas la question. Il faut, à un moment donné, qu'il y ait une opposition. Comme il ne pouvait pas s'opposer à son père étant donné qu'il n'était pas avec nous et que Momo – Maurice, mon mari – était plutôt mignon avec lui, le père en fait, c'était moi ! J'étais père et mère. Parce que Maurice n'a jamais voulu empiéter sur le rôle d'un père qui n'était ni mort ni au Guatemala. Il aurait dû aussi prendre sa place à l'époque, ce qu'il n'a pas fait tout le temps, il faut bien le dire. Bon.

Benjamin : Je n'ai jamais vécu avec mon père. Il n'était pas souvent là.

Catherine : Sauf en vacances !

Benjamin : Oui, c'était un rituel. Pendant neuf ans, je suis allé un mois par an en Corse, avec mon père, dès l'âge de sept, huit ans. Mais ce qui était bien dans le divorce de mes parents, c'était qu'Auteuil, la maison de ma grand-mère et de Montand, était l'endroit où tout le monde venait, y compris mon père avec sa ou ses fiancée(s), maman avec Maurice. Il y avait toute la famille tous les week-ends. Et il y avait des traditions : on faisait Noël toujours ensemble.

Catherine : C'était formidable parce que si Benjamin n'a pas vécu avec son père, il a vécu quand même pas très loin de lui.

Benjamin : Presque tous les week-ends, on était tous à la campagne : mon beau-père, tous les copains de mon père ou de maman venaient. On jouait au tennis et c'était vachement sympa.

Catherine : Oui, ça c'était très bien. Jean-Pierre et moi avons très bien réussi notre divorce, franchement.

Benjamin : Quelquefois, du bout de la table, tu te demandais s'ils n'étaient pas encore mariés, ces deux-là. Ce n'était d'ailleurs pas toujours facile pour les conjoints ! *(Il rit.)*

Catherine : Oui, c'était un peu compliqué pour les « compagnons » et les « compagnonnes » parce qu'on était quand même très liés…

Benjamin : Il y avait une vraie relation. Pour moi, c'était très stabilisant. J'étais enfant de divorcés, mais il n'y avait pas de frictions.

Catherine : On n'était plus mariés, mais on s'aimait toujours. Pas d'amour, mais on s'aimait. On s'aime. Pour en revenir à nous deux : il y a eu un avant et un après. Il y a eu un hiatus quand même important dans notre relation.

LA CLÉ DE VOÛTE DU SYSTÈME, C'ÉTAIT MA GRAND-MÈRE. ET C'ÉTAIT AUTEUIL.

Benjamin : Il y a eu, je pense – pour l'avoir analysée –, une vraie rupture qui était due au décès de ma grand-mère et à un éclatement. Quand ma grand-mère est morte, Auteuil, qui était un point de ralliement, ne l'a plus été.

Catherine *(dans un murmure)* **:** Certes…

Benjamin : La clé de voûte du système, c'était certainement ma grand-mère, puisque ma mère avait fini par régler tous ses problèmes avec elle et qu'il y avait une vraie relation entre elles…

Catherine : Fabuleuse !

Benjamin : Oui, magnifique. Mamie, donc, était la clé de voûte. Alors, quand elle est morte, tout est parti en vrille, il n'y a plus eu de réunions de famille. J'avais quinze ans à l'époque. On est passés d'une famille très unie, avec le père, le beau-père, la belle-mère, les copains… à plus rien ! Tout ça a fait que les chemins des uns et des autres se sont séparés. Mon père a été moins présent. Maman est allée vivre à la campagne, donc loin ; moi, à dix-huit ans, je me suis retrouvé seul…

Catherine : Tu n'as pas voulu venir.

Benjamin : Si tu étais restée à Paris, j'en suis sûr, non seulement je serais resté…

Catherine : Tu aurais fait un peu ton Tanguy…

Benjamin : … Mais, en plus, je ne me serais pas marié si jeune. Ma vie aurait été très différente, j'en suis certain.

WARHOL
AVIATION
MUSSO

CATHERINE : En fait, tu me remercies aujourd'hui.

BENJAMIN : On était une famille extrêmement unie, moi très présent à la maison, très heureux parce que tout allait bien, je bossais bien à l'école, tout allait bien, et puis... plus rien ! J'ai arrêté mes études. Forcément, comme je n'étais plus chez ma mère, mine de rien, je n'avais plus de contraintes. Tu ne vas plus à la fac. Tu n'as plus le repère de la maison de campagne. Ta mère vit loin. Enfin, ce n'était pas si loin que ça, mais bon. Ça a eu des conséquences qui ont amené cette fameuse crise d'adolescence où j'ai fini par être certainement très malheureux, un peu paumé. Ma mère n'était pas bien non plus parce que je pense que cette explosion, elle l'a vécue pareil, forcément....

CATHERINE : Moi, là *(Elle souffle.)*, c'est le point de départ de...

BENJAMIN : ... dix ans d'une relation merdique... On est passés d'une famille fabuleuse, ça, je peux le dire, dans un équilibre parfait, avec une famille recomposée, moi,

une petite sœur, des études qui vont bien, une maman heureuse dans sa vie – c'est vrai ! – à un truc complètement merdique ! Un truc merdique. C'est-à-dire que rien n'allait ! On essayait de créer en permanence des maisons de substitution. Il n'y avait plus Auteuil, si bien que maman a essayé pendant très longtemps de reconstruire un truc qui ne s'est jamais reconstruit. On a eu des maisons à gauche, à droite... C'est marrant, hein, parce qu'on peut dater ça à partir de la mort de ma grand-mère.

CATHERINE : Il faut dire aussi à ta décharge – et à la mienne d'ailleurs – que toutes ces personnes qui « squattaient » Auteuil du vivant de ma mère se sont cru obligées, quand Montand a refait sa vie, de prendre parti, d'intégrer un autre clan. C'est eux qui, dans leur attitude, ont fait bloc autour de Montand et de sa nouvelle cellule familiale, et qui, de fait, instantanément, ont totalement rompu avec nous. Eux, ils ne voulaient surtout pas perdre les avantages, la lumière. Un papillon de nuit, ça va vers les lumières. Je pense qu'au bout du compte, ils étaient quand même un peu des parasites. C'est comme ça que je l'ai vécu. À partir du moment où ils se sont cru autorisés à décider qu'il fallait absolument protéger une ambiance, ils ont opté pour un clan duquel nous étions fatalement bannis. Je me suis fait plus ou moins pousser hors de chez moi, enfin de chez eux, enfin, de chez ma mère et Montand. J'avais eu tellement de mal à me construire un petit peu, à trouver mes repères dans toute cette merde familiale, ma petite enfance, le boulot, la passion maman-Montand, etc., que ce n'était pas du tout le moment où il fallait que je perde ma mère ! Ce n'est jamais le moment, mais là, ce n'était surtout pas le moment... Benjamin et Clémentine perdaient leur grand-mère, moi, ma mère, et en plus on avait le sentiment d'être niés : négation de son existence, de son appartenance à une famille, du droit du sang. Bon. Tout ça a fait que je n'étais jamais qu'une pièce rapportée qui avait été drôlement impliquée dans la vie de ces deux-là pendant quarante ans et qui, tout d'un coup, devenait gênante... Tout le monde était malheureux.

BENJAMIN : Après, avec ma mère, on s'est

évidemment écharpés, ça a été épouvantable, parce que je pense qu'elle était très malheureuse. Je n'étais pas heureux non plus. Je sais que ces relations familiales et cette relation avec ma mère que j'avais perdues, je suis allé les rechercher avec des femmes, enfin, avec une femme en l'occurrence, et avec une famille, la sienne. De substitution.

Catherine : Italienne, comme par hasard.

Benjamin : Italienne, comme par hasard. D'ailleurs, j'y ai été très heureux parce qu'ils se sont bien occupés de moi. Mais je suis allé le chercher, ça ! Je suis devenu père à vingt-trois ans. À vingt-trois ans, ce n'est pas ce que tu vas chercher ! Logiquement, tu ne penses pas à ça, ce n'est pas vrai. Moi, je n'ai jamais vécu seul. Jamais. Intéressant, hein ? Je n'ai jamais vécu seul ! *(Silence.)*

Catherine : Mais ne me regarde pas, ce n'est pas ma faute !

Benjamin : C'est ta faute ! Quand tu es partie vivre à la campagne, j'étais déjà avec ma première femme. Toi et moi, on ne s'est pas franchement engueulés, mais j'ai dû te reprocher d'avoir quitté Vincennes qui était pour moi la maison des jours heureux. C'était vraiment génial parce que tout allait bien. Parce qu'on allait effectivement à Auteuil, parce que moi je passais le bac, j'étais bien élevé…

Catherine : Mais je ne pouvais pas savoir tout ça, à ce moment-là.

Benjamin : Je m'étais enfin épanoui à l'école. Après avoir été un élève médiocre, je suis devenu un très bon élève. Je suis passé de 10 à 16. C'est tout con, mais quand on est enfin bon élève, tout va bien, tout est facile, on est fier de soi, les parents sont fiers. Je commençais à très bien jouer au tennis, à faire plein de trucs, et puis, tout d'un coup, je ne fais plus rien. Rien ne va plus ! Et puis j'ai pris vingt kilos au passage – c'est vrai, je faisais 105 kilos. Tu n'as plus de reconnaissance quand tu ne travailles plus, que tu es un raté, que tu arrêtes la fac, que tu es livreur de pizza.

Catherine : Les pizzas, c'était après la mort de Montand !

Benjamin : Il est mort pendant ! Il est mort pendant, en 1991 !

Catherine : Benjamin est devenu fou à la mort de son grand-père ! Il est devenu complètement fou. Il a pété un câble…

Benjamin : J'étais malheureux. Mais bon, tu n'as pas été très fine non plus. Quand je t'ai annoncé que je me remariais, tu m'as dit : « Tu ne vas quand même pas te marier le même jour qu'avec ta première femme ? »

Parfois, elle ne fait pas dans la dentelle non plus… Un vrai petit côté Rambo des sentiments ! Maintenant, je m'en remets toujours.

CATHERINE : Et c'est moi qui morfle…

BENJAMIN : Je m'étais donc précipité dans des relations, des familles de substitution. Finalement, tu recherches des points d'ancrage puisque tu n'as plus le tien !

CATHERINE : Du coup, je me suis fâchée avec mes copains qui venaient m'expliquer que Benjamin était un type formidable. *(Il rit.)* Je leur disais : « Non, mais attendez, vous croyez que je ne sais pas que mon fils est formidable ? J'ai besoin que vous m'expliquiez ? » Et lui, comme il a toujours su ménager la chèvre et le chou…

BENJAMIN : Oui, c'est vrai, j'ai toujours été très caméléon.

CATHERINE : Oui, très malin, on va dire. Il se faisait prendre en charge, il se plaignait beaucoup, et moi, j'étais la marâtre.

BENJAMIN : La mauvaise mère !

CATHERINE : La mauvaise mère. Je me faisais remonter les bretelles par les copains qui disaient : « Quand même, heureusement qu'on est là. Il est venu, il avait faim, on lui a acheté un steak… » Mais tu sais que ça rend fou ! On s'appelait quand même. On n'était pas fâchés, on se voyait de temps en temps. C'était *statu quo*.

BENJAMIN : J'ai toujours été un peu lâche ! J'étais très content d'aller les week-ends chez ma mère. J'allais aussi en vacances chez ma mère, je n'avais pas de ronds pour aller ailleurs ! *(Il rit.)* Enfin, bref, voilà. La relation que j'ai pu avoir avec ma mère, petit, et le fait qu'elle ait explosé, a eu des conséquences dramatiques. Enfin… des conséquences dramatiques… parfois, et parfois pas. Mais des vraies conséquences de vie, de choix de vie.

TU ES UNE DES PERSONNES AVEC QUI JE RIS LE PLUS.

Catherine : Notre relation aujourd'hui, pour ce qui me concerne, est, je dirais, passionnelle. Parce qu'il ne faut pas oublier que je suis quand même une mère juive avec des côtés casse-pieds.

Benjamin : Non, tu exagères… Maintenant, je me surprends à t'appeler quasiment tous les jours, ce qui n'arrivait plus. Maintenant, j'appelle mon père et ma mère. Je les appelle de nouveau, un jour sur deux. Parfois, je l'appelle trois jours de suite et elle me dit : « C'est bon, tu vas me lâcher un peu. » Je rappelle, même pour rien ! « Ça va ? – Ça va. » Comme j'ai vu ma mère – et mon père d'ailleurs – le faire avec leur propre mère. À plus de quarante ans, effectivement, on appelle ses parents tous les jours, bizarrement. Beaucoup plus à quarante qu'à vingt-cinq ou trente.

Catherine : Oui, parce qu'à vingt ans, on veut « couper le cordon ». Alors qu'à quarante, on a besoin de reconstruire.

Benjamin : Très certainement. Là, comme je reconstruis tout, finalement, ça tombe bien ! Et puis, on s'est détendus. Moi, je suis sûrement moins rugueux et maman est aussi moins pénible. Parce qu'elle peut être casse-bonbons !

Catherine : Oui, mais enfin, il y avait aussi beaucoup de dommages collatéraux. Je ne me cherche pas d'excuses pour avoir été « criseuse » et complètement à fleur de peau, parce que, d'abord, c'est dans ma nature, mais il faut dire qu'en même temps il fallait « gérer », comme dirait un mauvais journaliste sportif. Il fallait gérer tout ce qu'il y avait à côté…

Benjamin : Maintenant je la fais marrer, par exemple lorsqu'elle s'énerve à table. Je suis un grand garçon, je n'ai plus « peur » de ma mère. Si elle m'engueule parce que j'ai renversé du vin sur la nappe, je vais désamorcer en la faisant rire.

Catherine : Il m'a tué une belle nappe blanche, avec un bon vin et tout sur la nappe ! Il y a eu ça !

Benjamin *(en riant)* **:** Oui, il y a eu ça ! Non, mais maintenant, j'arrive à la faire marrer !

Catherine : Tu m'as toujours fait beaucoup rire. Tu es une des personnes avec qui je ris le plus.

NOUS AVONS UNE GÉNÉROSITÉ QUI PEUT PARFOIS CONFINER À LA BÊTISE.

Benjamin : Notre grand point commun, c'est d'avoir une générosité qui est d'ailleurs trop importante, je pense…

Catherine : Qui confine à la bêtise, à certains égards, il faudrait dire. Mais je me suis calmée.

Benjamin : Une générosité sans bornes. Quand on aime…

Catherine *(en riant)* **:** … on ne compte pas !

Benjamin : On ne compte pas, non, on ne compte pas ! C'est certain ! *(Il rit à son tour.)* En réalité, on se fait avoir. Tu peux déjeuner avec ma mère et lui dire : « Je n'ai jamais vu New York », elle pourrait répondre « Je t'emmène », comme ça ! Je suis pareil. Ce n'est pas seulement financier, mais ça passe aussi par l'argent.

Catherine : C'est quand même le nerf de la guerre.

Benjamin : C'est quand même le nerf de la guerre. Ma mère a toujours été comme ça. Elle en a souffert aussi – parce que parfois tu finissais par te demander pourquoi tu n'avais rien en retour. Mais quand on va mal, ma mère est toujours là, vingt-quatre heures sur vingt-quatre. Je suis comme elle.

ON POURRAIT TUER PÈRE ET MÈRE POUR FAIRE UN BON MOT !

Benjamin : Et on aime bien « kiffer », profiter de la vie !

Catherine : C'est vrai, quoique moi j'avais perdu un peu ça. Ces derniers temps, je ne savais plus trop comment faire… Ce que l'on a en commun, c'est le mot, aussi. La vivacité d'esprit.

Benjamin : L'humour, parfois la méchanceté…

Catherine : La méchanceté, non ! Mais on pourrait tuer père et mère pour faire un bon mot !

Benjamin : Oui ! *(Il rit.)*

Catherine : Ce n'est pas de la méchanceté. Il faut juste que les gens soient prévenus que c'est facilement « radio Cobra. »

Benjamin : Oui, ça c'est bien.

Catherine : Mais ça ne prête pas à conséquence. C'est juste pour faire rire.

Benjamin : Et on a une sensibilité…

Catherine : La sensibilité à fleur de peau.

Benjamin : Alors moi, de moins en moins !

Catherine : Oh si, quand même ! Il y a des choses qui te peinent quand même.

Benjamin : J'ai un meilleur caractère que toi, en revanche.

Catherine : Oui, mais tu n'as pas vécu les mêmes choses. On aime bien aussi le jeu.

Benjamin : Ah, le jeu ! Ma mère est moins joueuse mais, moi, j'ai été très joueur ! Comme moi, elle déteste perdre.

Catherine : Ah non ! je ne suis pas du tout mauvaise perdante, Benjamin ! Pas du tout, pas du tout !

Benjamin : Bon. Je suis un joueur et je pense que cela doit venir de toi ! J'étais joueur, mais maintenant plus du tout ! C'est marrant, hein ?

Catherine : Tu ferais volontiers un petit poker entre amis à la maison quand même…

Benjamin : Oh, même plus…

Catherine : Même pas un tarot ?

Benjamin : Oui, plus un tarot, d'ailleurs.

Catherine : Le tarot, même si on joue sans fric, on ne s'ennuie jamais. Mais le poker, si on n'a pas quelque chose à prendre à la table, on s'ennuie, sincèrement. La beauté du jeu ? Tintin !

ON A EN COMMUN UNE CERTAINE PARESSE INTELLECTUELLE.

Catherine : Benjamin, je dirais que c'est un garçon extrêmement brillant qui a cédé parfois à la facilité.

Benjamin : Ça veut dire quoi ?

Catherine : Tu sais très bien ce que ça veut dire, Benjamin.

Benjamin : Quoi ? Qu'est-ce que tu veux que je te dise ?

Catherine : Je dirais qu'avec tes capacités… Tiens, voilà un point commun : la paresse intellectuelle. Vrai ou faux ?

Benjamin : Ça, c'est vrai !

Catherine : Moi, j'ai essayé de m'arranger, mais sur le tard. Ce n'est peut-être pas trop tard pour lui. La paresse intellectuelle, ça veut dire avoir vraiment des capacités pour aller plus haut, plus loin, plus fort, mais jouer beaucoup sur ses acquis, manquer un tout petit peu de courage intellectuel, de curiosité. Je dois dire que je n'aurais pas rencontré Maurice, je serais restée limitée intellectuellement parlant, s'agissant de la curiosité des livres, des gens, des choses. Les gens, non, j'ai toujours été très curieuse des gens… Maintenant, je passe des heures à lire des bouquins, ce que je ne faisais pas autrefois parce que maman m'a tellement saoulée avec ça. Je venais d'avoir Benjamin, je venais d'avoir le ventre cousu, on tirait le diable par la queue, Casta [Jean-Pierre Castaldi, le père de Benjamin] était au chômage, et ma mère me disait : « Alors, ma chérie, qu'est-ce que tu as lu ? » « Maman, je vais t'expliquer ma journée : je me réveille vers 6 heures moins le quart, 5 heures et demie, selon l'heure à laquelle Benjamin pleure, je le nourris, je le change, je le couche. Généralement, il ne se rendort pas et il est déjà 8 heures et demi du matin, donc je le lève. Je vais faire les courses, je lave le linge du petit, à la main, parce que mes parents m'ayant coupé les vivres, c'était très dur durant cette période. Et puis la matinée passe comme ça : un biberon, une couche, un lavage, un machin, une course, un dîner. Arrive le soir. Dis donc, 9 heures et demie ! J'ai une attaque de paupières et je ne sais même pas comment je vais faire pour tenir jusqu'au biberon de 10 heures… Et tu me demandes ce que j'ai lu ? Rien ! » Ben non, rien, je ne lisais rien ! D'abord, parce qu'elle me saoulait pour que je lise et surtout parce que je n'avais même plus l'énergie. On ne peut pas tout faire, quoi ! Je dirais donc qu'on a en commun une certaine paresse intellectuelle…

Benjamin : Attends, quand j'étais sur Europe 1, je lisais sept bouquins par semaine !

Catherine : Avec les yeux de qui ?

Benjamin : Avec les miens !

MA MÈRE EST UN ÊTRE ENTIER. ELLE NE PEUT PAS S'EMPÊCHER DE DIRE CE QU'ELLE PENSE.

Benjamin : Ma mère n'est pas définissable parce que…

Catherine : Tu veux que j'aille faire pipi ?

Benjamin : Non, non.

Catherine : Je te gêne ?

Benjamin : Je ne sais pas si on peut définir sa mère. Je crois que c'est totalement impossible. Ça dépend tellement des périodes, des moments. Non, je ne pourrais pas définir ma mère. Quand on me dit : « Ta mère, elle est comment ? » je réponds : « Ça dépend des jours. » Ma mère est formidable, ma mère est chiante.

Catherine : Non, mais tu ne peux pas trouver un adjectif ? Un truc, je ne sais pas…

Benjamin : Je dirais que ce qui définit le plus ma mère, c'est la tendresse. Mais même mon père, je ne peux pas le définir.

Catherine : J'attends.

Benjamin : J'ai trouvé un mot : « entière ». Ma mère est un être entier, mais ça, c'est de famille. Elle m'a appris à refuser catégoriquement le compromis. Pas de compromis. Dans le métier que je fais, il en faut un peu, sinon je ne serais plus là, mais j'ai beaucoup de mal.

Catherine : Ah, oui, c'est certain !

Benjamin : Tu ne peux pas t'empêcher de dire ce que tu penses. Si tu n'aimes pas ou si ça ne te plaît pas, tu es totalement incapable de faire un compromis. C'est-à-dire que serrer la main à quelqu'un que tu ne peux pas saquer, c'est impossible.

CATHERINE : Toi, tu peux !

BENJAMIN : C'est ce que j'expliquais. Mon métier fait que je suis parfois obligé de faire des compromis. Mais au moment où je les fais, je me dégoûte moi-même.

CATHERINE : Une des choses que j'admire le plus chez toi, qui me fascine, c'est ton cynisme. Je ne sais pas comment il faut faire pour attraper ça ! Tu ne veux pas me donner des cours ? Ça t'a sauvé la vie ! Parce que le cynisme, c'est quand même la première chose que l'on doit avoir… Bien pratiquer le cynisme, c'est avoir une grande lucidité. Or Benjamin, il sait. C'est-à-dire qu'il y a un moment où, si ça va trop loin, il fait tomber le couperet. Ça tombe, là, comme ça. C'est terrible ! Moi, je l'ai vu faire, je l'ai entendu dire, et le cynisme qu'il a même vis-à-vis de lui, le regard, la lucidité et le recul qu'il a sur lui, c'est quelque chose d'admirable. Vraiment, je pèse mes mots parce que c'est sa planche de salut. C'est-à-dire qu'il est capable de dire : « Je vais faire une énorme daube. C'est nul, mais j'ai pris du blé, je sais que je vais dans telle direction, que je serai ça… » Alors, est-ce que c'est grâce à la façon dont il a été élevé qu'il est structuré ? Parce que Benjamin est très structuré. Ce n'est pas le grand ado débridé de trente-huit ans. Il fait la cuisine, il s'organise, il s'occupe merveilleusement de son fils, le petit dernier, un vrai papa poule. C'est quelque chose de génétique probablement, quelque chose d'imitatif, mais ça peut aussi être dans sa nature, ce qui revient à dire la même chose. C'est-à-dire que comme il est gentil, attentionné, qu'il a ses propres souvenirs d'enfance, qu'il a bien remis les bonnes choses dans les bonnes cases et qu'il doit savoir quelque part de quoi il a pu manquer et ce qui l'a comblé, c'est un père formidable. Il a une patience d'ange avec ses trois fils. La façon dont il s'occupe d'Enzo est absolument épatante.

BENJAMIN : D'ailleurs, j'ai une relation de mère avec mon fils. Je veux dire une relation parfois très charnelle, qu'un père n'a pas.

CATHERINE : Maternisant.

BENJAMIN : Il me dit trois fois par jour « je t'aime », il m'embrasse à pleine bouche… Mais ça, c'est de famille, on s'est toujours embrassés sur la bouche !

CATHERINE : C'est ma mère qui m'embrassait sur la bouche.

BENJAMIN : J'embrassais d'ailleurs ma grand-mère sur la bouche aussi.

CATHERINE : Vraiment, tu me bluffes. Parfois, j'aurais envie de te donner des coups sur la tête, mais bon… très peu. Très peu souvent. Je m'en suis beaucoup occupée, mais je n'étais pas une mère… Je n'ai pas le sentiment d'avoir été une mère… D'abord, il n'y a pas eu de jeunes filles au pair qui m'ait plu pour s'occuper de lui, à part Suzanne, qui était tout à fait mignonne.

La transmission, c'est quelque chose qui se

fait, comme je l'ai dit, par filiation, par imitation, par contact. La transmission, ça se fait quand on forme le goût de quelqu'un par rapport aux choses qu'on a vécues, aux choses que l'on a entendues. Montand t'a transmis le goût du luxe et du jeu, on va dire ça comme ça, à l'emporte-pièce…

Benjamin : Non, Montand m'a transmis un art de vivre. Je vis avec un modèle permanent qui est Montand. Ça en est… psychiatrique ! Je mets des gants en cuir pour conduire, j'ai des voitures…

Catherine : Moi, je voulais qu'il soit honnête. Il est honnête. C'est important, l'honnêteté intellectuelle. Parce que le cynisme, ce n'est pas de la malhonnêteté intellectuelle, c'est de la lucidité. Je suis très envieuse de son cynisme. Je t'en parle tout le temps, je te le dis tout le temps, hein ? Je ne te le reproche pas, en même temps.

Benjamin : Non.

NOS GRANDES ÉMOTIONS ENSEMBLE.

Benjamin : Moi, c'est un voyage à New York.

Catherine : C'est le décollage du Concorde.

Benjamin : Oui, parce que Montand, dans la transmission du luxe, il était champion ! Il faut savoir qu'à sept ans, je prenais le Concorde quand même ! Le jour où j'ai repris l'avion quelques années plus tard, je cherchais la première classe ! Quand j'ai vu la classe économique, j'ai eu un grand choc : petit fauteuil, petit plateau… avec deux cacahuètes…

Catherine : … ou pas.

Benjamin : Ou pas, d'ailleurs ! Ma volonté de réussir vient aussi certainement de ce voyage. Parce que c'était un tel choc ! À sept ans, on te dit que tu vas visiter le Concorde et, d'ailleurs, le Concorde est partout ici dans mon appartement. Le Concorde est dans mon mental !

Catherine : Montand avait décidé de faire un voyage aux États-Unis, de s'offrir des vacances, et de nous emmener Benjamin et moi avec une copine pour que je ne m'ennuie pas. On est partis longtemps, sept semaines, on a fait un grand périple. On avait monté un coup : on a fait les valises en douce, on a descendu les bagages nuitamment au rez-de-chaussée. Maman, bien évidemment, n'avait pas voulu venir. On a dit à Benjamin que Montand partait pour faire un grand voyage et qu'on allait l'accompagner à l'aéroport. Il a gobé. Comme il allait prendre le Concorde, on a dit à Benjamin qu'il avait le droit de visiter l'avion avant qu'il ne décolle. Toutes les hôtesses étaient dans la confidence. On est arrivés, Montand s'est installé, Benjamin s'est assis à côté de lui. Moi, j'étais de l'autre côté avec ma copine, et nous n'étions pas attachées. Tout à coup, l'hôtesse a dit : « Il faudrait vous attacher parce que l'on va décoller. » Benjamin a regardé Montand qui lui a dit *(Elle imite la voix de Montand.)* : « Mon petit, c'est trop tard ! Allez, attache-toi ! » Il t'a mis sa grande main, comme ça, là, sur la poitrine, il t'a attaché, et on est partis. Benjamin a dit : « Mais, maman ? » – *(Elle imite à nouveau Montand.)* – Mais ne t'inquiète pas, elle vient aussi, et Marie aussi, on y va tous… On s'en va, allez hop ! On part en voyage ! » Et on est tous partis ! Benjamin a eu un tel choc qu'il s'est endormi instantanément ! Il a fait une narcolepsie instantanée et il s'est réveillé à New York !

Mais moi, ma plus grande émotion avec Benjamin, ce n'est pas le départ en Concorde. Je crois que c'était un 31 décembre, à Montsouris. Comme tous les 31 décembre, vous ne veniez pas, vous faisiez ça entre copains. J'étais de dos, face à la cheminée, dans le canapé, et j'étais en train de faire je ne sais quoi, et tout à coup j'ai entendu : « Bonne année, maman ! » Tu t'es pointé et j'ai fondu en larmes.

BENJAMIN *(en se moquant un peu)* **:** Oh !

CATHERINE : J'adore les surprises. C'est le roi des surprises, Benjamin. Tu m'as fait ça aussi à Honfleur… Les gens qui se cachent, qui sortent de dessous les tables, j'adore ! J'adore les surprises !

BENJAMIN : Aujourd'hui, on n'a plus de rituels. Ils ne sont pas revenus. On va faire plus d'anniversaires ensemble, c'est probable. On a déjà commencé.

CATHERINE : Oui, on a déjà commencé…

BENJAMIN CASTALDI est né le 28 mars 1970, à Boulogne-Billancourt. Il est le fils des comédiens Jean-Pierre Castaldi et **CATHERINE ALLÉGRET,** et le petit-fils de Simone Signoret. Premier mariage à 22 ans. Il a trois enfants : Julien, Simon et Enzo.

- En 1994, il débute comme chroniqueur cinéma à *Studio Gabriel* sur France2.
- En 2001, il présente la première émission de télé-réalité en France : *Loft Story*. Après cet énorme succès, il enchaîne avec *Nouvelle Star* sur M6.
- En 2004, il publie *Maintenant il faudra tout se dire.*
- En 2006, départ de M6 pour TF1.

CATHERINE ALLÉGRET, comédienne, est née le 16 avril 1946 à Neuilly-sur-Seine. Fille de l'actrice Simone Signoret et du réalisateur Yves Allégret, elle fut élevée par son beau-père Yves Montand.

- En 1969, elle épouse Jean-Pierre Castaldi dont elle se sépare en 1974 et divorce en 1977.

CÉLARIÉ

Clémentine & *Abraham*

« Mes enfants me donnent plus confiance en moi que n'importe qui. »

Des cartons entreposés un peu partout, des déménageurs qui font la navette… Clémentine Célarié et ses fils quittent le Sud pour emménager à Paris ! Un appartement chaleureux, coloré, qui rappelle l'Afrique, la musique et les souvenirs de famille, à l'image de Clémentine, généreuse et extravertie, tandis qu'Abraham, son fils aîné, grand et beau métis, est calme, posé et protecteur. Une conversation à bâtons rompus sur le respect mutuel, les valeurs essentielles et ce besoin de vivre en autarcie.

Clémentine : D'abord, je voudrais dire que je viens d'avoir cinquante ans. Je le dis parce que c'est tellement génial ! Sincèrement, en dehors du fait que je suis quelquefois plus fatiguée, ça m'a fait un effet… chouette… J'ai l'impression d'avoir gagné quelque chose, d'avoir gagné au loto. Comme si j'avais tout d'un coup un permis. Dans une conversation je peux dire : « Écoutez, j'ai cinquante ans, je ne vous permets pas. » C'est marrant.

Abraham : Les premiers souvenirs de mon enfance, c'était à Nîmes. Je me souviens de l'appartement, du fait qu'il y avait toujours de la musique. J'ai des souvenirs de mon père qui faisait de la musique – il est bassiste. J'ai beaucoup de souvenirs avec maman à Nîmes. Une fois, à l'école, je me souviens que j'étais déguisé en clown alors que ce n'était pas Mardi gras….

Clémentine *(en riant)* **:** Je m'étais trompée de jour… Je t'avais ramené à la maison, quand même.

ABRAHAM : Maman était un peu maman poule sans l'être vraiment. Elle était très présente, mais il y avait des périodes où l'on ne se voyait pas beaucoup. On peut dire que ça m'a un peu gêné, son absence. J'avais peut-être un petit manque, mais d'un autre côté j'en profitais. C'était un peu à double tranchant.

CLÉMENTINE : Alors que, moi, évidemment, j'ai l'impression d'avoir été toujours là. Je me souviens de ces époques de tournage, de départ. C'était toujours très douloureux pour moi de partir, mais j'avais vingt-sept ans et je découvrais ce que c'était que d'avoir un enfant. Je découvrais beaucoup de choses et des choses que je ne referais jamais. Évidemment, Abraham a sûrement essuyé les plâtres.

J'étais en attente perpétuelle et j'attendais beaucoup de mes enfants. C'était essentiel pour moi. Je n'imaginais pas la vie sans enfants. Vivre, c'était avoir des enfants. Psychologiquement, c'est un petit peu grave, mais tant pis : pour moi, mes fils, ce sont trois amis maintenant. En fait, je me suis « construit des amis », ceux du monde dans lequel je voulais vivre, auquel je rêvais. *(Grand éclat de rire.)* Et quand je vois quelquefois les réactions d'Abraham, de Gustave et de Balthazar sur certaines choses, je me dis oui, effectivement, je me suis construit des amis…

ABRAHAM : Nous sommes bloqués dans ce monde à jamais !

CLÉMENTINE : Maintenant, Abraham, c'est comme un pote. On a une relation franche et claire. Je n'ai jamais douté de lui une seule fois. Pour moi, c'est impossible de douter de mes enfants. Ça n'existe pas. D'instinct, j'avais une certaine sévérité, des valeurs, pas des conventions, mais des valeurs essentielles, humaines. Pour moi, un enfant doit simplement se comporter avec respect vis-à-vis des gens. J'engueulais, et puis très vite après, j'allais consoler. La nounou d'Abraham me disait : « Laisse-le, il faut qu'il comprenne »,

Ma photo préférée de nous deux.

mais j'avais du mal… C'est comme le truc de laisser pleurer. Je ne crois qu'à l'instinct dans ces cas-là. Maintenant, on est abreuvés de journaux, de magazines, de bouquins qui nous disent « faites ci, faites ça ». On a fait au mieux avec amour. Quand je me suis séparée de ton père, ça t'a marqué. Tu étais tout bébé, tout petit, six mois, un an, et ensuite tu as vécu la rencontre avec un homme qui était le père de Gustave et Balthazar. C'est sûr, cette période n'était pas forcément facile. Ni pour toi ni pour moi, d'ailleurs. J'ai fait un petit bout de chemin comme ça. Le temps d'avoir une expérience, comment on dit, de couple, qui n'a duré que quatre ans, et je suis partie… Je crois que j'ai voulu des enfants avant de vouloir un homme ! Maintenant, je ne veux pas que mes fils s'inquiètent pour moi parce que je n'ai pas une vie « traditionnelle ».

Abraham : Oui, mais au bout d'un moment, un fils porte une certaine attention à sa mère, surtout quand il vit seul avec elle. Surtout comme on vit, nous, avec cette complicité assez forte, cette notion de respect dans les deux sens. Je veux dire que les gens ne respectent pas toujours les enfants, alors que j'ai vraiment eu l'impression d'être respecté. Quand tu dis que tu avais une attente vis-à-vis de nous, je l'ai ressentie, même inconsciemment. Du coup, j'ai eu envie de prendre les choses en main. Étant l'aîné, ça m'a beaucoup forgé. Maintenant, j'ai envie de m'occuper de mes frères, d'aider ma mère dans plein de choses. Si j'avais vécu différemment, je n'aurais peut-être pas été comme ça. Je serais parti de la maison, j'aurais fait mon chemin.

Évidemment, il faut à un moment se dire : « Bon, maintenant je veux faire les choses que je dois faire, pour moi », et donc sortir, aller en dehors du clan. Je n'aime pas trop quand on me parle de « Clémentine et sa tribu »... C'est difficile à comprendre pour les gens de l'extérieur, mais c'est quelque chose de précieux.

Clémentine : Il faut aussi que vous sentiez que j'ai construit ce bien-être de mon côté pour que vous vous sentiez libres. Toutes ces choses qu'on a faites ensemble, cet album, cette mise en scène... tout ça, c'est de l'amour et du partage, mais à un moment donné ça peut vous manger. Toi, tu es grand, mais Gus et Baltha... Enfin, eux sont maintenant très méfiants vis-à-vis des personnes qui m'entourent !

Abraham : Il y a beaucoup de parasites quand même dans ce milieu, dans ce genre de métier, et on s'est un peu forgé un « pif » : je vois tout de suite quand les gens sont là pour profiter, ou pour ne rien t'apporter de bien. C'est vrai que ça m'embête.

Clémentine : Moi, je ne vois rien...

Abraham : Non, toi, quelquefois, tu ne vois rien ! *(Il rit.)*

ABRAHAM A UNE SAGESSE TRÈS ÉTRANGE, UNE PROFONDEUR, UNE INTÉGRITÉ ABSOLUE.

Clémentine : Je définirais Abraham comme quelqu'un d'une grande maturité. Ce n'est pas forcément une qualité parce que c'est bien aussi d'être complètement insouciant, mais tu as une maturité très impressionnante, au-delà de quelque chose de rationnel. Abraham a une espèce de sagesse qui est très étrange, une profondeur, une vérité, une intégrité absolue. Cela se traduit par une exigence quelquefois trop forte – on en parle à chaque fois ensemble – concernant certains amis... En même temps, il est d'une constance, d'une fidélité, d'une clairvoyance incroyables. C'est aussi quelqu'un de très solitaire. Bon, Abraham n'a pas son bac mais je m'en fiche royalement. Je ne pense pas que l'Éducation nationale soit le meilleur baromètre pour juger si un enfant va bien ou pas. Enfin... à partir du moment, évidemment, où l'on a envie de faire travailler son enfant et de lui donner le sens de l'effort, du travail et de la réflexion... À un moment donné, je lui ai dit : « Écoute, tu as dix-huit ans, tu es majeur maintenant. C'est toi qui décides. » Il faisait de la musique comme un fou. Je sentais que l'école le freinait. Mais j'ai ajouté : « Par contre, si tu glandes, là, ça n'ira pas du tout ! » Maintenant tu t'es construit.

Abraham : Moi, je dirais que tu es quelqu'un de très franc, plein de vérité, ce qui est quelque chose d'indispensable dans le domaine artistique. Vouloir donner de soi comme tu le fais, c'est formidable, mais dans le monde dans lequel on vit, c'est quelquefois dangereux, et j'ai vu maman se faire escroquer au bout du compte ! Je dirais que tu es quelqu'un plein de qualités « vraies », pas abstraites. Quelqu'un de vrai, de très généreux aussi. Pas assez méfiante, avec l'envie de faire confiance, de croire en de belles choses tout le temps.

ON SE PARLE BEAUCOUP. DANS NOTRE FAMILLE, C'EST UNE DES BASES.

Abraham : On est très proches de manière générale, même si on n'est pas toujours ensemble physiquement.

Clémentine : Il faut dire que tu m'aides beaucoup. L'année dernière, par exemple, quand j'étais en tournée toute seule pour mon spectacle que tu as mis en scène; tu gardais Baltha... Il y a une solidarité énorme et précieuse entre nous, très précieuse pour moi parce que j'ai une confiance absolue. Avant, on habitait dans le Midi et on avait

OUAIH! SUPER MAN.
JE N'EN CROIS PAS MES YEUX!
FOOD
RESTAURANT
WAH! REGARDEZ C'EST SUPER MAN!
ENTRÉE

cet endroit à Paris, qui était un point de chute pour le théâtre quand j'y étais, ou pour Abraham. On était entre les deux.
Maintenant, on est ici avec mes deux autres enfants. Gustave n'est pas là cette année parce qu'il est avec son papa, mais Baltha est là. On s'organise pour que chacun ait vraiment son petit coin.

Abraham : Oui et puis comme on grandit tous…

Clémentine *(en riant)* **:** « On grandit tous »…

Abraham : Je parle de moi et des petits ! C'est vrai qu'il n'y a plus beaucoup de ces moments précieux où l'on est vraiment tous les quatre ensemble.

Clémentine : C'est vrai qu'il y en a moins… Mais on a quelques rituels. Par exemple, on fait à manger et puis on se met en brochette devant un bon film et on s'éclate ! Ça, on l'a fait souvent ! Quand on était petits, enfin, quand vous étiez petits *(Il rit.)*, on se faisait un genre de menu – on adore en plus faire la cuisine – et on se regardait un bon kung-fu, un bon gros film…

Abraham : On parle beaucoup. Dans notre famille, c'est une des bases, comme ça devrait l'être, je pense, dans toutes les familles. Maman avec nous, moi avec mes frères… On ne parle pas juste de musique ou de jeux vidéo, on se parle de beaucoup de choses et c'est une des bases… C'est souvent maman qui pose les questions, quand même, au départ *(Elle rit.)*, parce que, moi, je suis quelqu'un de plus…

Clémentine : Ça l'emmerde de parler…

Abraham : Ça m'emmerde de parler, dans une certaine mesure. J'ai l'impression que ce n'est pas vraiment nécessaire alors qu'en fait, souvent, ça l'est. Quand un de mes petits frères, par exemple, ne va pas bien, elle va le chercher, voir ce qui ne va pas. Alors que moi, j'aurais plus tendance à le laisser un peu tranquille.

Clémentine : Effectivement, dès qu'il y en a un qui a quelque chose, je vais le chercher jusqu'à ce qu'il crache le morceau. Parler, pour moi, c'est un truc de base, c'est comme respirer. Quand on ne va pas bien, si on respire juste dix fois profondément, déjà ça va mieux. Et si on parle, ça va encore mieux. Il y a des moments où ça me gêne d'être comme ça aussi avec eux…
C'est difficile quelquefois. Quand les enfants grandissent, on ne sait pas dans quelle mesure il faut les laisser, mais quand même être là pour qu'ils sachent… Et aussi ne pas leur dire des choses parce que de toute façon, ils le sentent, quand on ne va pas bien. Ils sentent tout, ils sentent quand je suis amoureuse. *(Elle rit.)* Ils sentent tout ! Le père de Gus et de Baltha dit qu'on vit trop en autarcie, par exemple. On est tout le temps tous les quatre quand on est en vacances. On ne va jamais dans des clubs ou des trucs comme ça. Et mon métier joue aussi là-dedans.

Abraham : Il y a ça aussi… Les gens viennent me dire : « Oh, j'ai vu ta mère ci, j'ai vu ta mère là. » Parfois, c'est un peu pénible. Après, on apprend à gérer. Je crois aussi que cette histoire d'autarcie, il faut la prendre en compte. C'est quelque chose de particulier, que tout le monde ne vit pas et qui est parfois un peu bizarre.

Clémentine : On a oublié un de nos rituels *(Elle rit.)*, qui est essentiel : c'est la musique ! Il y a Gus qui prend sa guitare, Abraham qui nous fait écouter ses instru, ses sons, sachant qu'il prépare en ce moment son album, et puis Gus joue.

Abraham : On fait de la musique ensemble avec Gus…

Clémentine : C'est d'ailleurs notre rituel *number one* ! Pour moi, c'est le bonheur absolu. C'est-à-dire que je suis un petit peu obsédée par l'activité…

Abraham : … par la créativité, je dirais.

Clémentine : Oui, par la créativité. Je les ai vraiment gonflés avec ça, mes enfants. J'ai du mal à être oisive ; pour moi, c'est comme de la paresse.

Abraham : Il y a des choses chez moi qui sont gravées *(Elle rit.)*, mais c'est bien. Quand je ne fais rien dans une journée, je stresse. Ouh là là ! vite, il faut que je fasse quelque chose ! De toute façon, c'est mieux d'être comme ça que de laisser filer les journées. Surtout quand on ne travaille pas dans un cadre fixe, qu'on est loin des horaires de bureau. Il faut se structurer un minimum. Le fait que tu nous dises ça, je pense que ça nous aide.

Clémentine : J'adore écouter ce qu'ils font. J'adore écouter ce que Gus fait, ce qu'Abraham fait. Baltha, c'est différent, comme il veut être footballeur professionnel, il n'arrête pas de jongler dans la maison. *(Elle rit.)* Il a toujours un ballon au pied ! Enfin bon, c'est autre chose… La musique, c'est toi qui a beaucoup fait pour ça. En voiture, dès qu'on bougeait, Abraham faisait le DJ devant.

Abraham : J'ai toujours aimé faire découvrir des choses, même des petits trucs tout bêtes.

IL N'Y A PAS CE FOSSÉ QUI EXISTE QUELQUEFOIS DANS LES FAMILLES.

Abraham : Les valeurs que tu nous as inculquées sont importantes, comme le respect des anciens, dans le sens noble du terme. Et ne pas perdre une journée, créer. C'est quelque chose qui peut paraître un peu « cucu », mais quand on y pense, c'est important. Tout ça est lié.

Clémentine : Mes parents ont quatre-vingt-cinq et soixante-seize ans. Ils ont de l'élégance, de la classe. Quand j'étais petite, je ne me retrouvais pas dans la relation des autres avec leurs parents. Maintenant, j'ai une relation fusionnelle avec eux, très forte, d'autant que chaque jour, je goûte le plaisir de savoir qu'ils sont là, c'est précieux. En plus, ce que j'adore, c'est que mes enfants les respectent. Chez nous, on respecte les anciens, les personnes âgées, enfin les personnes qui ont de l'âge.

Abraham : C'est vrai que dans ma famille, je trouve cela très précieux. Mais chez d'autres jeunes de mon âge, je vois qu'il y a parfois un fossé entre les générations. J'ai perdu mon grand-père du côté de mon père et c'est quelque chose qui m'a marqué. Je trouve que c'est important de partager avec ses grands-parents, ça me semble évident.

Clémentine : Il y a un autre rituel chez nous, c'est de dire de grosses bêtises. Et le grand rituel des garçons, c'est de me couper la parole sans arrêt et de se moquer de moi dès que je dis un truc un peu profond. *(Rires.)* On a des codes, en fait, vraiment des codes de communication et, ça, c'est génial !

Abraham : C'est vrai que l'on a un humour décalé dans la famille. Quand tu dis qu'on te coupe la parole, eh bien, moi, c'est quelque chose qu'avec le recul je prends justement comme une marque de respect. Si on fait ça avec maman, c'est qu'on la considère, qu'il n'y a pas ce fossé qui existe quelquefois dans les familles… Entre des parents et des enfants qui ne rient pas vraiment ensemble. Nous, on parle pratiquement de tout. Parfois, je suis un peu plus discret sur mes relations amoureuses…

Clémentine : C'est vrai, on ne sait rien… *(Elle rit.)*

Abraham : Je suis un peu plus discret. Je ne sais pas, c'est quelque chose… je pense que c'est de la pudeur. Par contre *(Il rit.)* je suis assez au courant des histoires de ma mère. C'est assez difficile pour elle de…

Clémentine : C'est horrible ! *(Elle rit.)* C'est abominable !

Abraham : C'est assez compliqué parce que je la lis un peu comme un livre.

Clémentine : La vie personnelle, je trouve que c'est comme tout, c'est une histoire de sensibilité et d'instinct. On cache pour protéger ses enfants quand ils sont petits. En même temps, il m'est arrivé d'être heureuse de quelque chose et j'avais envie de le leur dire, même si quelque temps après ça se… *(Rires d'Abraham puis de Clémentine.)* Mais ce bonheur d'un instant est quelque chose que je voulais partager…

Abraham *(il se moque)* **:** Le bonheur d'un instant…

Clémentine *(en riant)* **:** Arrête, arrête… Du haut de mes cinquante ans, je pense à un truc tout bête, c'est que l'amour que j'ai pour mes enfants est limpide, pur. Donc, à partir de ce moment-là, je pense qu'il n'y a rien qui peut être moche. L'amour vis-à-vis d'un homme, c'est autre chose… Tu peux faire des maladresses – j'ai fait des maladresses. J'ai eu des moments, quand Abraham était petit, où je suis partie une semaine rejoindre un homme et j'ai confié Abraham à une tante : tu ne te souviens pas ? Bref. Mais ils sont toujours passés avant. C'est pour ça que quand je rencontrais quelqu'un, j'étais contente et que naturellement je voulais leur en parler. Pas tout le temps, mais enfin…

ON NE PEUT PAS ÊTRE SUR UN PIED D'ÉGALITÉ AVEC SON PÈRE OU SA MÈRE.

Clémentine : Je fais souvent le lapsus de dire « mes frères » pour mes fils. C'est un lapsus que je fais naturellement. Ils sont un peu comme des frères, plus que des frères, parce que je sais que je peux compter sur eux. Et puis ils peuvent compter sur moi. Il y a un échange. Donc, c'est plus que mère-copine. Ce sont de vrais partenaires, un genre nouveau…

Abraham : On va lancer un concept !

Clémentine *(en riant)* **:** C'est ça, on va lancer un concept.

Abraham : C'est difficile à définir parce que c'est plusieurs choses ensemble. C'est quelque chose de fort qui n'est pas facile à définir. Il y a quand même ce petit décalage. Les parents et les enfants ne sont pas sur le même mode, sur le même niveau.

Clémentine : Ça m'intéresse ! Est-ce que tu te sens sur un pied d'égalité ou, malgré tout, le fait que je sois ta mère…

Abraham : Sur un pied d'égalité, je ne peux pas dire ça. On ne peut pas dire ça, je pense, avec son père ou sa mère. De toute façon, le respect est tel qu'on ne peut pas dire qu'on

est sur un pied d'égalité avec sa mère. Par contre, il y a des choses qu'on vit, des choses qu'on partage qui font que, parfois, c'est un peu brouillé. Enfin, je ne sais pas trop comment dire. Même si je te donne des conseils et même si j'ai l'impression parfois de pouvoir t'apporter des choses, il y a de toute façon un petit décalage. Parce que, malgré tout, tu es ma mère. C'est toi qui m'as élevé et je ne serais pas qui je suis maintenant si tu ne m'avais pas élevé comme tu l'as fait. De toute façon, il y a cette valeur-là qui ne peut pas changer, peu importe par quoi on passe.

Clémentine : Moi, je pense que c'est au-delà de la définition… La relation est au-delà de la définition de mère-fils. Je pensais tout à l'heure au mot « spirituelle », dans le vrai sens du terme, dans le sens d'« esprit ». Inconsciemment, il y a des choses que j'ai voulu transmettre à mes enfants, et je leur ai transmis certaines choses. Eux, ils sont venus avec leur « être » et m'ont retransmis des choses. Moi, je me sens dans un rapport d'égalité, bizarrement. Et je sens, dans l'esprit, qu'Abraham est plus en avance que moi, qu'il sait des choses que moi je découvre. Il y a aussi une grande pudeur. Je ne vais pas poser de questions à Abraham. Et puis maintenant, je n'ai plus du tout d'accès d'autorité sur toi, pratiquement plus. J'ai souvent dit que toutes les femmes ne sont pas comme moi. Quelquefois, il m'est arrivé de dire à Abraham : « Sois plus léger, n'attends pas forcément d'une fille qu'elle soit tout de suite comme tu veux. »

Abraham : C'était à un moment où maman me voyait être un peu…

Clémentine : … solitaire.

Abraham : Oui, solitaire, ou très exigeant avec les copines que j'ai pu avoir… Elle me disait : « Allez, lâche toi ! Sois… » Comment tu as dit ?

Clémentine : Insouciant ?

Abraham : Voilà, un peu insouciant. Mais je ne t'ai pas trop écoutée…

Clémentine : En même temps, si je peux me permettre, quand j'ai vu l'attitude d'Abraham vis-à-vis des femmes, ça m'a donné l'image d'un homme très chouette, ça m'a redonné confiance par rapport à une image que m'avait donnée mon papa – il me pardonnera. Mon père m'avait dit : « Tu sais, l'amour, on croise des gens… » Parce que tu as une attitude vis-à-vis des femmes qui est extrêmement respectueuse. Moi, à chaque fois que je rencontre quelqu'un, je me dis : « Est-ce qu'il va plaire à mes enfants ? » Chose contre laquelle je lutte évidemment, parce que ce n'est pas bien, du moins tout de suite. J'espère que ce n'est pas ton cas.

Abraham : Ben si, un peu, forcément… Comme on est très proches, on a envie de partager une petite partie de ça.

Clémentine : Si j'avais eu une fille, je pense que ça aurait été un problème. *A priori*, je lui aurais donné plus d'armes. Je ne lui aurais pas dit ce qu'on m'a dit sur l'amour, j'aurais dit : « Te donner à quelqu'un, c'est quelque chose d'important. Tu n'es pas un homme. ». Moi, je vis un peu comme un homme quelquefois. Il m'est arrivé de ne pas accorder d'importance au fait de s'offrir à un homme. Je n'avais pas cette notion. Le problème que j'ai eu, c'est de vouloir rester seule. Pour mes parents, il y a dix ans, c'était vraiment un souci. Il fallait vraiment que je leur dise d'arrêter de se faire du souci pour moi. Je leur disais : « Regardez mes enfants. Arrêtez de vous faire du souci parce que je ne me pose pas à côté d'un homme ou que je ne me marie pas. Ce n'est pas un gage de bonne santé ! »

JE VOULAIS LEUR TRANSMETTRE UNE FORME DE FOI, UNE CROYANCE EN L'HOMME.

Clémentine : Je voulais te transmettre une foi, en fait, une forme de foi ni chrétienne, ni musulmane, ni juive, ni protestante, ni bouddhiste : une foi, une croyance en l'être, en l'homme, voilà. Mais souvent, ça me pose des problèmes parce que je vis très isolée quand même, je ne suis pas tellement sociable. En plus, quand on est comédien et qu'on est connu, c'est encore moins évident d'avoir un rapport franc, simple. Alors, je vais chercher ça ailleurs. L'autre jour, j'étais à une soirée avec des handicapés, c'était fantastique ; parce que le rapport est direct, il est obligatoirement clair et vrai. Ça devrait être normal.

Abraham : C'est vrai qu'en vivant un peu en « tribu », on attend beaucoup des autres en dehors. On est très exigeants, on a envie de retrouver quelque chose de vrai, de franc, un rapport humain… Franchement, moi, je suis assez souvent déçu. Mais maintenant, j'ai un peu tourné la chose dans un autre sens : je ne me livre pas beaucoup sur ce que j'ai vécu. J'attends des autres, mais je ne me livre pas. Ça donne des relations un peu compliquées ! *(Rires.)* À certains moments, il faut se dire : « Bon, voilà, on ne retrouvera pas partout ce genre de rapports vrais et francs, beaux, enfin chouettes, quoi ! » Ça, c'est sûr. Je vois que Balthazar, mon petit frère, découvre ça en ce moment lui aussi. Il y a une petite déception quelquefois du monde extérieur. Ça arrive…

Clémentine : Ça, c'est ennuyeux, c'est compliqué. Mais tu l'as moins eu, ce truc-là, je ne sais pas pourquoi d'ailleurs. Gus a eu ça et Baltha va l'avoir.

Abraham : Mais c'est aussi une force parce qu'on détecte plus facilement les gens qui sont intègres. J'ai l'impression, en tout cas. Peut-être que je me trompe, je verrai bien…

Clémentine : Souvent je leur dis : « Allez, souriez, ce n'est pas grave, il faut être ouvert, indulgent… »

Abraham : Il y a beaucoup de méfiance, c'est sûr, par rapport à la notoriété de ma mère qui fausse les rapports. Pourquoi, par exemple, un artiste ou quelqu'un pour qui j'ai du respect me prend un peu de haut ? Je sens un truc du genre : « Mais qu'est-ce qu'il croit, machin ? » Bref, c'est un peu compliqué avec les gens d'une manière générale.

QUAND J'ÉTAIS PETITE, JE VOULAIS DES ENFANTS DE TOUTES LES COULEURS.

CLÉMENTINE : Il n'y a aucune différence entre Abraham et ses deux frères. Exactement le même rapport, sauf qu'il est l'aîné, que Gustave est le deuxième, et que Balthazar est le troisième ! *(Elle rit.)* Et, en plus, ils sont tous noirs, mes enfants ! Gus et Baltha sont aussi métis. *(Rires.)* J'ai vécu en Afrique jusqu'à quatorze ans. À Dakar, au Cameroun, au Zaïre, puis au Gabon. D'ailleurs, je voulais avoir un enfant métis. Comme si j'avais voulu garder une part d'Afrique. Quand j'étais petite, je voulais des enfants de toutes les couleurs. C'est très con, mais en Afrique, il y a quelque chose de chaleureux, de simple. Il y a un tel respect, une telle évidence…
ABRAHAM : Moi, quand j'étais petit, je suis allé dans une école où il n'y avait pas beaucoup de…
CLÉMENTINE : … Noirs…
ABRAHAM : … De blacks, de métis, de « rebeu » ou quoi que ce soit. J'en ai des souvenirs assez durs, des réflexions du genre : « Trempe-toi dans la farine. » C'est quand même le Moyen Âge…
CLÉMENTINE : Oui, une copine d'Abraham qui s'appelait Aurore, mais qu'il appelait « Horreur »… disait : « Je t'aimerai quand tu seras plus blanc. » Je suis allée voir la maîtresse, et alors là…

NOS RESSEMBLANCES, NOS DIFFÉRENCES.

CLÉMENTINE : Nous, on a un mauvais caractère. *(Elle rit.)* Et puis, on est un peu autoritaires, non ? Qu'est-ce que tu en penses ?
ABRAHAM : Oui, ça, c'est le fait d'être un peu casanier aussi, non ?
CLÉMENTINE : Tu es très vrai, tu disais ça de moi, mais toi aussi tu es très vrai, très franc… On a beaucoup de différences aussi !
ABRAHAM : Moi, je suis presque un peu maniaque. Presque ! *(Il rit.)* D'ailleurs, je suis le seul dans cette maison, je tiens à le préciser ! Il suffit de regarder ma chambre qui se trouve là-bas ! *(Rires.)*
CLÉMENTINE : Et puis d'une grande pudeur. Il est plutôt introverti.
ABRAHAM : Je suis plus organisé. Mais toi, tu as le côté opposé qui est bien aussi.
CLÉMENTINE : Le côté impulsif, tu veux dire ?
ABRAHAM : Oui, peut-être, je ne sais pas…
CLÉMENTINE : C'est Abraham qui a organisé mon spectacle quand même ! C'est bête, mais Abraham, Gus et Baltha, à leur âge, me donnent plus confiance en moi que n'importe qui. Un jour, Abraham et moi avons fait ensemble un petit film sur le « baiser » du Sidaction. Il m'a aidée. On s'est heurtés à des gens qui voulaient savoir qui il y aurait, s'il y aurait de jolies gonzesses pour leur rouler une pelle… C'était très difficile, vraiment. Je me souviens du moment où ça s'est fini. Je me suis effondrée en larmes dans ses bras. Si je ne t'avais pas eu, je n'aurais pu faire ce truc-là, c'était impossible. Voilà, je me souviens de ça : un vrai partenariat, une vraie équipe pour croire en quelque chose qui est hyper-idéologique.
ABRAHAM : Il y a un truc qui est marrant juste parce qu'il est rare qu'un fils puisse ressentir ça, à mon avis. Je me souviens de ce que j'ai ressenti la première fois que tu es montée sur scène…

CLÉMENTINE : Ah oui ?
ABRAHAM : Oui, pour le spectacle qu'on a fait ensemble. C'est un souvenir vraiment chouette, de te voir faire le spectacle sur lequel on avait travaillé ensemble ! *(Il rit.)* J'étais spectateur de notre boulot, de quelque chose sur quoi maman avait bossé longtemps, et là, enfin, elle le mettait au jour… J'étais fier de ça.

CLÉMENTINE CÉLARIÉ, comédienne, est née le 12 octobre 1957 à Dakar (Sénégal).
Son père est le journaliste André Célarié. Elle a trois fils : **ABRAHAM** (21 ans), Gustave (16 ans) et Balthazar (14 ans).

- En 1983, elle débute au cinéma dans *Garçon !* de Claude Sautet, avec Yves Montand et Nicole Garcia.
- En 1986 et 1989, elle est nominée aux Césars dans la catégorie « meilleur second rôle » pour *37°2 le matin* et *Nocturne Indien*.
- En 1994, lors du premier Sidaction, elle marque les esprits en embrassant à pleine bouche un jeune homme séropositif « histoire de prouver qu'un baiser ne comporte aucun risque ».
- En 2001, elle est *Madame Sans Gêne* : la pièce obtient 7 nominations aux Molières.
- En 2006, elle fait son premier one woman show, *Madame sans chaînes*, mis en scène par son fils Abraham.

ABRAHAM DIALLO (nom d'artiste Tsime) est né en 1987.
Compositeur et rappeur, il a réalisé aux côtés d'Éric Serra l'album *Family Groove*, dans lequel Clémentine chante avec ses trois fils.

CHANDERNAGOR

Françoise & *Tristan Jurgensen*

« En me donnant la vie,
tu as fait un heureux. »

Elle porte un nom qui inspire le voyageur et son curriculum vitae suscite l'admiration : Françoise Chandernagor, première femme major de l'ENA à vingt-trois ans, historienne, écrivain et membre de l'Académie Goncourt, est aussi mère de trois garçons, dont l'aîné, Tristan, fête son anniversaire le jour de notre rendez-vous. Femme de savoir et de combat, elle a pu mener de front ses multiples vies en s'appuyant sur la joie de vivre et le sens des responsabilités de son fils aîné qui a su néanmoins éviter l'écueil de la comparaison. Échange sur des valeurs fondamentales autour d'une tarte au chocolat…

FRANÇOISE : Je ne suis pas d'une famille de filles, mais j'ai une mère. Pour ta naissance, quand j'ai senti les premières douleurs, j'ai appelé ma mère et je lui ai dit : « Maman, qu'est-ce que je fais ? » Elle m'a répondu : « Là, ma fille, je ne peux rien pour toi, tu vas à la maternité. » C'est curieux, j'ai d'abord appelé ma mère. Pour moi, l'expérience de la maternité a été très importante. C'est quand même le premier enfant qui vous apprend ça, qui vous rend mère. Il y a un homme qui vous rend femme, mais il y en a un – là il se trouve que c'était un homme aussi – qui vous rend mère. C'est aussi le premier enfant qui essuie les plâtres, dans l'apprentissage de la maternité.

TRISTAN : Au sens propre et au sens figuré : raconte !

FRANÇOISE : Ah oui, je me suis cassé le bras, j'avais oublié ! Je suis retournée chez maman à ce moment-là parce que je me suis cassé le bras droit, avec un bébé de quinze jours !

Je suis tombée de toute ma hauteur : c'était déjà la mode des semelles compensées. *(Elle rit.)* Je mettais un coussin sur mon bras et je te donnais le biberon de la main gauche.

TRISTAN : Moi, mes premiers souvenirs de toi – ça ne va pas être très original –, c'était dans le salon de notre appartement du 12e arrondissement de Paris. Je me souviens que je dansais pendant des heures dans tes bras. On écoutait énormément de musique, aussi je me souviens d'avoir été bercé dans cet univers musical, constamment : le week-end, le soir…

FRANÇOISE : Je l'ai fait danser bébé avant même qu'il ne sache marcher. J'aimais beaucoup danser et j'aimais beaucoup la musique de variété. Il avait un petit mange-disque : il se mettait des disques tout seul.

TRISTAN : C'est terrible, il ne faut pas dire que j'écoutais Dave *(Il rit.)*, surtout que ce n'était même pas un de ses tubes ! C'était *Oh, Lola, mon cœur est malade*. Tu te souviens ? C'était une chanson que je chantais tout le temps. Visiblement, j'ai su me servir d'un mange-disque très tôt…

FRANÇOISE : Ah oui, à un an ! Tout le monde me disait : « Oh là là ! ça doit être un génie ! » Après, j'ai été un peu déçue, mais bon… *(Rires.)*

TRISTAN *(en riant)* **:** Sympa…

FRANÇOISE : Comme quoi, même les énarques, ça peut produire des gens « non formatés », il n'y a pas de fatalité. À ce moment-là, je travaillais au Conseil d'État.

TRISTAN : Oui, il y avait Dave le soir et l'austérité la journée !

FRANÇOISE : En même temps j'écrivais. Quand j'ai publié *L'Allée du Roi* – c'était mon premier livre – Tristan devait avoir… je ne sais pas… sept, six ans ?

TRISTAN : Huit ans. En 1981.

FRANÇOISE : Huit ans, oui. J'ai mis quatre ans pour l'écrire.

TRISTAN : C'était pour ça que tu étais souvent à la maison.

FRANÇOISE : Tu me voyais beaucoup parce qu'au Conseil d'État on n'a pas de bureau. On travaille les dossiers chez soi. On y va juste pour les jugements. J'écrivais et il fallait que je surveille mes dossiers parce que je travaillais dans la salle à manger.

TRISTAN : Oui, comme tu étais écrivain, on pouvait être dans tes pattes tout le temps… Ma mère était assez « statique » à ce moment-là. Pour les enfants, c'était super, on jouait autour… Je ne sais pas comment tu faisais.

FRANÇOISE : C'était difficile. En plus, ils étaient un peu jaloux. Quand ils rentraient de l'école, ils me racontaient leur journée. J'écoutais, bien sûr, mais par moments je revenais à la scène à laquelle je pensais avant, au truc que j'écrivais, et alors là ils étaient impitoyables : « Tu ne m'écoutes plus ! Tu penses à ton livre ! » Et, à chaque fois, c'était vrai… Les enfants n'aiment pas ça, on doit être tout à eux ! Je ne laissais pas mon travail quand j'étais avec eux, mais je ne les laissais pas, eux, quand j'étais avec mon travail. Des deux côtés, ce n'était pas idéal…

TRISTAN : Pour rebondir sur ce que tu dis, moi je n'ai pas eu la sensation de n'avoir pas de temps avec toi ; je ne me rappelle pas non plus un sentiment de jalousie. Mais c'est peut-être aussi le fait d'être l'aîné. J'ai le souvenir de pas mal de moments passés avec toi, notamment quand on discutait le soir…

FRANÇOISE : Ah oui !

TRISTAN : Je m'asseyais au bord du lit… On parlait beaucoup. Même à l'adolescence, je continuais à venir parler avec vous, et même quand tu étais seule le soir – parce que papa voyageait quand même pas mal, donc on était souvent seuls avec toi.

FRANÇOISE : D'ailleurs, dans la grande tradition freudienne, comme à l'époque mon mari voyageait énormément, les garçons faisaient des tentatives : « Maman, on peut dormir dans ton lit ? » Et je leur répondais : « Ah non, c'est la place de papa ! Il n'est pas là, mais c'est sa

Ma photo préférée de maman.

place. » Ils avaient quand même le droit de venir s'asseoir sur le lit et de parler. Je me souviens qu'une fois j'avais pris des somnifères alors qu'on était à l'hôtel : le lendemain, mon troisième fils m'a dit que je lui avais chanté à tue-tête toutes les chansons des années soixante ! *(Éclat de rire général.)* Après, je me suis rendu compte que le Stilnox® que je prenais a un effet d'amnésie rétrograde, c'est-à-dire que ça efface de la mémoire les derniers trucs qu'on a vécus. Les garçons avaient compris qu'il fallait venir me réclamer de l'argent de poche : comme je ne me rappelais pas leur en avoir donné, le lendemain matin ils pouvaient m'en redemander ! Le médecin m'a dit : « Écoutez, quand vous avez pris votre somnifère, vous leur dites que c'est terminé et vous fermez votre porte ! » Mais c'est vrai qu'on parlait beaucoup. Tristan a compris assez vite que j'écrivais parce qu'il était un petit peu plus vieux que les autres, il avait huit ans. Il a connu assez vite mes éditeurs.

TRISTAN : Je pense qu'ils me détestaient.

FRANÇOISE : Oui, je crois ! Tu donnais ton avis…

TRISTAN : On va dire que c'étaient chez moi les prémices du marketing – parce que maintenant je fais du marketing en radio. J'étais déjà extrêmement intéressé par tout ce qui touchait à l'édition, le commercial. Je ne m'intéressais pas tellement à la qualité de l'œuvre en tant que telle, c'était plus…

FRANÇOISE : … l'objet.

TRISTAN : La quatrième de couverture, le titre… Je disais aux éditeurs : « Il faut prendre des pages de pub. »

FRANÇOISE : Ils étaient un peu agacés parce que je te laissais parler, contester.

TRISTAN : Mais ce n'était pas totalement faux ce que je disais. Ton éditeur était très traditionnel, il te lisait très bien, mais pour ce qui était du soutien du livre au moment de la sortie, il était quand même beaucoup moins présent. Moi, c'était surtout ça qui m'intéressait.

Je lui proposais plein de trucs !

Françoise : Cela dit, je continue maintenant à te consulter sur la quatrième de couverture. Peut-être pas sur la jaquette…

Tristan : Pour les titres aussi, tu me demandes.

Françoise : Les titres aussi.

Tristan : Et je fais partie du comité de lecteurs quand même ! Mais je représente la catégorie « populaire, petits lecteurs », on va dire *(Elle rit.)*… C'est très utile ! Je te fais des remarques grand public ! Je te dis parfois que c'est trop compliqué, trop technique, qu'il faut que tu simplifies un peu.

Françoise : Oui, par exemple pour *L'Enfant des Lumières*, tu m'avais fait des remarques utiles et j'avais simplifié des choses.

Tristan : Tu nous a fait lire des livres très tôt ! J'ai quand même lu tous les *Oui-Oui*, la « Bibliothèque rose »… Évidemment, j'étais abonné à *J'aime lire* et tous ces trucs-là, mais surtout tu faisais partie d'un jury de livres pour enfants et tu me demandais de voter, enfin… de faire mon hit-parade des livres que j'avais préférés !

Françoise : Oui, parce que j'étais vice-présidente de la Fondation de France, à un moment donné, et je présidais à ce titre un jury de livres pour enfants. Il y avait d'ailleurs des jurés tout à fait bien : Dolto, des gens comme ça… C'était chouette, ce jury. On donnait un prix chaque année. Ça, c'était avant le prix Goncourt *(Elle glousse.)*… C'est vrai qu'il y avait beaucoup de livres pour enfants à la maison.

Tristan : C'était génial ! On en recevait plein, toutes les semaines.

Françoise : Oui, au fond, il est vrai qu'à ce moment-là les enfants ont lu. Ils aimaient bien l'idée de juger les livres. Alors là, ils étaient motivés !

Tristan : Il y avait un but !

Françoise : Après j'ai quitté la Fondation. C'est dommage ! *(Elle rit.)*

Tristan : Du jour où elle l'a quittée, on n'a plus touché un livre ! *(Éclat de rire général.)* Je plaisante, mais c'est vrai que j'ai beaucoup moins lu après… Les lectures obligatoires, oui, mais ça ne compte pas. Jusqu'à quinze, seize ans, j'ai lu, puis après beaucoup moins.

Françoise : Lorsqu'il était adolescent, j'ai dû lui faire des reproches, lui dire qu'il ne lisait pas assez. Il m'a dit : « Ça me rend triste, ça me déprime quand je lis. »

Tristan : Je ne m'en souviens pas…

Françoise : Je n'ai jamais fait ce que j'ai vu faire par mon père avec mon petit frère : lui imposer des lectures. Mon frère ne lisait pas non plus et mon père avait décidé de lui faire lire *L'Île au trésor*. Pendant les vacances, il devait lire un demi-chapitre par jour et faire un résumé… Ça a été des vacances chemin de croix ! Alors ça, je savais que ce n'était pas du tout ce qu'il fallait faire. Et donc Tristan me disait : « Ça me déprime, ça me déprime quand je lis. » Un jour, je vais dans sa chambre et je regarde ce qu'il était en train de lire : *Moi, Christiane F., 13 ans, droguée, prostituée…* Il ne commandait que des trucs comme ça à France Loisirs ! *(Elle rit.)* C'était terrible.

Tristan : Oui, mais j'aimais bien les témoignages déjà. J'avais un côté un peu journaliste. D'abord, je lisais souvent la presse ; très vite pour moi la presse a concurrencé les livres. Effectivement, j'aimais bien tout ce qui était témoignage, les premiers cas de sida aussi. Ce n'étaient pas des sujets très légers…

Françoise : « La lecture me déprime »… oui, ça dépend de ce qu'on lit, effectivement !

J'AI TOUJOURS PENSÉ QUE MES FILS, J'ALLAIS LES PERDRE, QUE JE LES ÉLEVAIS POUR UNE AUTRE FEMME…

TRISTAN : Nous sommes très proches. Tellement proches que nous habitons la même rue. Ça me plaisait de n'être pas loin de toi. Papa est dans le quartier aussi.
FRANÇOISE : Toi, tu trouves ça commode pour l'instant parce que tu m'amènes ton fils le cas échéant ! *(Elle rit.)*
TRISTAN : La proximité permet quand même beaucoup de choses. Ça a un côté pratique, on peut se voir plus parce que tu es quand même dans la Creuse très souvent.
FRANÇOISE : Oui, je vis au moins à mi-temps à la campagne parce que j'y travaille plus tranquillement.
TRISTAN : C'est un vrai plus d'être dans la même rue. Moi, je trouve que ce n'est pas envahissant, enfin… il faudrait demander à ta belle-fille. Avec ma femme, ça aurait pu être un problème, mais ça se passe très bien. C'est une chance parce que tu pourrais être présente en étant un peu écrasante, à la fois proche de tes fils et en même temps impressionnante. Tes belles-filles pourraient être impressionnées. Elles auraient pu l'être. J'ai eu à une époque des petites amies qui avaient peur de maman et qui ne voulaient pas la rencontrer : « Je ne vais pas savoir quoi lui dire… »
FRANÇOISE : Ma belle-fille Sybille ne lit pas beaucoup. C'est toi-même qui me dis : « Comme ça, elle n'est pas impressionnée par les écrivains. » Et puis je ne suis pas impressionnante comme maîtresse de maison, donc je ne la culpabilise pas. Et elle a la gentillesse de me dire que je ne suis pas envahissante.
TRISTAN : Du coup, on débarque les uns chez les autres très facilement. Pratiquement sans s'appeler, je dirais.
FRANÇOISE : Si, on s'appelle quand même…
TRISTAN : Oh, pas forcément ! Je me sens très libre de sonner ou d'arriver avec ma clé. J'ai la clé d'ici. Quand tu es à Paris, on se voit toutes les semaines, voire deux fois par semaine. Et tu dînes avec nous.
FRANÇOISE : Ou je fais un saut pour voir mon petit-fils.
TRISTAN : Et tu restes dîner. On aime bien faire comme ça, sans rien planifier, parce qu'on est nuls en cuisine. Tous. Donc je sais que je peux lui faire un truc pas bon.
FRANÇOISE : Oui, je ne suis pas bonne en cuisine, ma belle-fille non plus, donc on s'en fiche. On peut se recevoir à la fortune du pot ! *(Elle rit.)* De toute façon, on n'a aucun rituel. Le rituel, je l'ai supporté dans ma famille et ma belle-famille et je détestais ça. Je m'y suis pliée, mais je n'aimais pas du tout. Le truc du dimanche, ah non ! pas du tout…
TRISTAN : Sauf quand nous étions petits : le fameux dîner familial…
FRANÇOISE : Oui, mais c'était un ratage total ! Comme mon mari était souvent en déplacement

et que je dînais parfois plus tard que les enfants, une psychologue nous avait conseillé de réunir tout le monde autour de la table de la salle à manger une fois par semaine. Nous nous sommes mis à le faire, le mardi soir. C'était une catastrophe, ce dîner familial, parce qu'assez vite, même si on ne le voulait pas, on finissait par demander les notes !

TRISTAN : Les enfants n'ont pas assez de sujets de conversation, donc ça tombe forcément sur la scolarité !

FRANÇOISE : C'est artificiel, ce truc ! On se parlait beaucoup mieux ailleurs qu'autour de la table. Sinon, ça tournait mal et il y en avait toujours un qui quittait la table ! Ah si ! on a un rituel particulier : les élections !

TRISTAN : Oui, tes belles-filles te disent à chaque fois : « C'est complètement dément la place que prennent chez vous les élections. »

FRANÇOISE : Parce qu'on vote tous dans la Creuse. Mon père y était député pendant trente-cinq ans, mon frère est maire. On vote toujours là-bas, mais pas vos femmes.

TRISTAN : Dans une commune de six cents habitants avec une seule liste, il n'y a pas trop le choix ! *(Elle éclate de rire.)*

FRANÇOISE : Alors là, on se retrouve tous en famille. On déjeune dans le même restaurant, après avoir tous voté le matin, et chacun reprend son chemin le dimanche après-midi.

TRISTAN : C'est une grande fête familiale. C'est vrai que c'est marrant.

FRANÇOISE : C'est un curieux rituel qui ne doit pas exister dans les autres familles et cela vient certainement du fait que l'on était une famille très politique. On ne parle pas forcément politique, c'est le prétexte.

TU M'AS TOUJOURS LAISSÉ LIBRE DE MES CHOIX. TU DONNAIS UN ÉCLAIRAGE, COMME UN PSY.

TRISTAN : On est très complices. C'est vraiment ça parce que l'on s'appelle très souvent. Même quand on ne se voit pas, quand tu es dans la Creuse, il ne se passe pas une semaine sans que l'on se parle au téléphone. Un peu moins maintenant depuis que je suis marié et que j'ai moi-même un enfant : il y a quand même une page qui se tourne – je pense d'ailleurs que c'est très sain et très bien. Et puis tu t'es remariée et donc… Ton divorce a fait qu'il y a eu un moment où j'ai eu le sentiment de devoir intervenir entre mes deux parents, car c'était un divorce un peu conflictuel.

FRANÇOISE : Oui, c'est assez lourd pour un jeune adulte…

TRISTAN : J'aime bien la diplomatie. Je suis assez tourné vers les autres d'une manière générale. J'avais l'impression d'être utile et ça me plaisait. Quand il s'agit de ses parents, on a envie d'intervenir. J'avais le sentiment qu'il fallait que je protège ma mère. C'était dur pour papa parce qu'il n'y avait pas de raisons particulières de ne pas être proche de lui aussi, mais… il fallait que je protège ma mère davantage. Je pense que si j'avais été une fille, ça aurait été différent, mais je me suis tourné vers toi dans un sens protecteur. C'est à ce moment-là d'ailleurs qu'on a passé le plus de temps à parler, à échanger.

FRANÇOISE : Oui, parce que tu étais encore à la maison à ce moment-là.

TRISTAN : J'étais un peu le chef de famille. Tu vas redire que c'est freudien…

FRANÇOISE : Non, non, objectivement tu étais l'aîné et tu as assumé peut-être plus que les autres. Les avocats n'étaient pas très pressés et c'était assez conflictuel. Par ailleurs, comme ton père était parti pour une personne qu'il a épousée très vite, tu te disais : « Il ne faut pas que maman reste toute seule. »

TRISTAN : Papa avait quelqu'un et toi tu n'avais personne : je crois que c'était ça la différence. Donc, tu avais tes fils.

FRANÇOISE : Après, j'ai refait ma vie, ce qui était bien. Je le souhaitais, même pour vous, c'était bien. Avec mon second mari, maintenant, nous gérons six enfants. Lui a trois filles qui sont un tout petit peu plus jeunes que mes fils. C'est très sympa. J'ai deux fils mariés et lui a deux filles mariées : deux sur trois de chaque côté, ça évolue en parallèle…

TRISTAN : On s'est déjà fait des dîners tous ensemble. On a à peu près le même âge et ça fonctionne très bien. Bon, on ne se voit pas hyper souvent parce que chacun fait sa vie, mais c'est assez sympa. Aujourd'hui, tu es remariée, moi je suis marié. On se confiait davantage quand tu n'avais personne et moi non plus.

FRANÇOISE : Oui, mais on vivait dans la même maison. Maintenant, on a des vies différentes.

TRISTAN : Il n'y a jamais eu d'impudeur entre nous. Je suis toujours frappé par ça, pourtant on discute librement de tout, y compris de choses intimes, et y compris, quand on était jeunes, d'éducation sexuelle. On était capables d'en parler.

FRANÇOISE : Ah oui ! Vous me posiez parfois des questions auxquelles je répondais : « Écoute, ou tu demandes à ton père, ou tu vas voir un urologue, parce que moi… » *(Elle éclate de rire.)* C'était incroyable les questions qu'ils me posaient. Je suis tout à fait ouverte à la discussion, mais je ne suis pas un homme !

TRISTAN : On te racontait nos histoires sentimentales, mais sexuelles, non ! Tu n'as jamais eu les détails…

FRANÇOISE : Non, même les histoires sentimentales. Je n'ai jamais donné mon avis sur des petites copines.

TRISTAN : Non, mais certains parents et enfants, sous prétexte qu'il n'y a pas de tabous entre eux, en arrivent à un degré d'impudeur où il n'y a plus du tout de jardin secret. J'ai eu mon jardin secret en tout cas. Tant mieux. Et toi aussi. Je n'avais pas de détails. Je n'aurais pas aimé. Je trouve que c'étaient de bonnes limites.

FRANÇOISE : Quand même, on ne va pas se raconter des détails sur notre vie sexuelle ! Même sur les histoires sentimentales. Quand tu t'es fiancé une première fois et qu'après ça ne s'est pas fait, je n'ai jamais donné un avis.

TRISTAN : Non, tu m'as toujours laissé libre – c'était très important –, libre de mes choix. Tu pouvais donner un conseil ou un éclairage sur quelque chose, un peu comme les psy, tu nous renvoyais à nous-même en disant : « Tu sais, tu m'as dit ça l'autre jour. » En fait, tu donnais des petits coups de projecteur, mais indirects. Quand je me suis séparé de ma fiancée de l'époque, je suis revenu chez toi.

FRANÇOISE : Et ton frère Cédric aussi.

TRISTAN : Cédric aussi, après une rupture. Si on ne s'entendait pas bien, on ne le ferait pas.

FRANÇOISE : Les filles se rapprochent de leur mère quand elles ont des enfants. Moi, j'ai toujours pensé que mes fils, j'allais les perdre, que j'élevais mes fils pour une autre femme… Cela dit, je ne les ai pas perdus et je m'entends bien avec mes belles-filles ! Mais quand même, quand je pense à l'intensité des moments où l'on était ensemble… Et encore, avec toi, on s'appelle toutes les semaines. Mais ce qui compte, c'est la femme avec qui ils vivent, donc on doit perdre ses garçons. C'est dur, ça, mais normal.

SOUVENT JE PUISE DE L'ÉNERGIE DANS LE PARCOURS QUE TU AS EU.

TRISTAN : Je dirais que maman est pugnace. C'est marrant, c'est le premier mot qui me vient, tu es extrêmement combative. Tu aimes bien dire : « Je me bats avec l'énergie du désespoir. » Tu te bats sur plein de trucs, plein de sujets différents. Ça va de l'écologie… à l'histoire évidemment – l'écologie, on t'attend moins sur ce terrain-là… Et tu t'es toujours battue avec beaucoup de courage, beaucoup de ferveur. C'est un bon exemple, je trouve. J'ai été marqué par ça, parce que du coup on est courageux, on n'a pas peur. On se lance dans des combats. Si quelque chose nous touche, nous émeut, on va se lancer à corps perdu sans toujours bien en mesurer les conséquences *(Elle rit et elle approuve.)*, sans d'ailleurs se rendre toujours très populaires : lorsqu'on livre des combats, on se forge de solides inimitiés aussi… Toi plus que moi. J'ai un peu plus le sens de la diplomatie que toi.

FRANÇOISE : Tu es beaucoup plus diplomate que moi, oui.

TRISTAN : Cultivée, c'est le deuxième qualificatif qui me vient. Je ne sais pas si c'est un phénomène de génération ou si c'est vraiment parce que j'ai effectivement très peu lu, mais je sais qu'il ne faut surtout pas jouer au « Trivial Poursuit » avec toi. *(Éclat de rire général.)* C'est dramatique. Quand elle a les dés, elle fait les six camemberts entiers !

FRANÇOISE : Ce n'est pas vrai parce que le sport…

TRISTAN : Quoique maintenant, ils ont sorti de nouvelles versions avec les séries télé, sinon ce n'est pas jouable ! Je suis quand même très impressionné par ça. J'en plaisante, mais maman est incollable sur presque tous les sujets, sauf le sport. Tout le reste, même le cinéma, l'actualité en général. Toutes les chansons actuelles, même les trucs que l'on joue sur RTL2, Fun, elle les connaît, c'est impressionnant ! Même des trucs très modernes…

FRANÇOISE : Je commence à décrocher maintenant…

TRISTAN : Oui, je confirme que tu n'es pas très *dancefloor* ! *(Ils rient.)* Mais pugnace, cultivée, oui. À la fois combative et avec le sens des responsabilités. Tu as toujours mené de front plein de choses, même avec tes trois enfants. Papa voyageait beaucoup. On s'entendait très bien, mais il était moins là. On a été élevés beaucoup plus par toi alors que parallèlement tu menais ta carrière au Conseil d'État, tu devais travailler à tes livres… Je trouve que c'est un exemple pour nous. Souvent je puise de l'énergie dans le parcours que tu as eu.

FRANÇOISE : C'est gentil.

TRISTAN : Oui, mais c'est un exemple qui écrase un peu aussi… On sait que l'on ne pourra pas faire aussi bien. C'est ce que l'on ressent vraiment et, du coup, on prend un peu la tangente, on part sur tout à fait autre chose. Tu as essayé de me faire faire du droit, Sciences Po, et j'ai abandonné. Je pense qu'il y avait une partie de moi qui refusait d'aller dans cette direction. Ça n'a pas été le cas de mes frères. Moi, je trouve ça difficile d'être constamment comparé. C'était d'abord inconscient, puis c'est devenu très conscient et assumé : je veux me démarquer complètement. À RTL, pendant longtemps, personne ne savait que tu étais ma mère, et je ne veux pas l'afficher parce que je me dis qu'il faut réussir par soi-même. En plus, je n'ai pas envie d'entendre : « Oh, le fils, il a quand même un peu moins bien réussi que les parents. » J'ai envie de faire mon truc dans mon univers à moi et pas d'être comparé. Sinon, les gens me

Ma photo préférée de nous deux.

poseraient plein de questions, pensant que je sais tout, comme toi. Souvent, les journalistes de RTL – enfin, les deux, trois qui le savent – me parlent du Goncourt, pas pour me tirer les vers du nez du tout, mais ils pensent que je connais tout de l'actualité littéraire, que j'ai lu toutes les dernières nouveautés. J'arrive vaguement à donner le change, mais bon…

électoraux. Je demandais à maman un petit budget pour faire des cadeaux…

Françoise : La première fois qu'il m'a dit ça, à huit ans, il était nouveau dans l'école. Il s'est présenté et il n'a obtenu qu'une voix : la sienne ! *(Elle rit.)* Il m'a dit : « Bon, maman, est-ce que tu pourrais m'augmenter un petit peu mon argent de poche parce que, comme ça, je pourrai faire des cadeaux. Il y a d'autres élections. »

TRISTAN EST DOUÉ POUR LE BONHEUR DES AUTRES.

Françoise : Tristan, c'est quelqu'un qui est extraordinairement tourné vers les autres. Il faudrait d'ailleurs qu'il apprenne à se protéger, mais il a une empathie, une capacité à percevoir les choses chez les autres. Il aurait pu être psychologue. Sauf quand il était jeune, avec ses profs, parce qu'il arrivait à chaque début d'année scolaire en me disant : « Oh ! j'ai un prof d'histoire, j'ai un prof de math qui a beaucoup d'humour ! » Je me disais : « Ça y est, on est parti pour les problèmes. »

Tristan : J'étais quand même élu délégué de classe à chaque fois ! Je ne plaisais pas aux profs, mais je plaisais aux élèves.

Françoise : Dès l'école primaire.

Tristan : J'ai très vite compris les systèmes

Tristan : Celle que tu cites est la seule élection que j'ai perdue parce qu'après je me suis présenté très souvent, et quand je me présentais, c'était pour gagner – j'ai toujours gagné – sinon je ne me présentais pas.

Françoise : Oui, et alors après ça n'arrangeait pas ses affaires parce que le délégué de classe doit défendre les autres et c'est vrai qu'il ne se fait pas toujours bien voir des profs. Ce n'est pas toujours facile. Mais bon, ce qui me frappe, c'est quand même que, déjà tout petit, je l'ai mis dans un rôle parfois trop lourd. Je t'ai peut-être aussi dit des choses trop tôt…

Tristan : Plusieurs fois je t'ai consolée quand tu étais triste.

Françoise : C'est vrai.

Tristan : La différence entre nous, c'est que tu as quand même une sorte de pessimisme global, tu es assez anxieuse. Alors que j'ai une vision plus optimiste de la vie.

FRANÇOISE : Oui.

TRISTAN : Donc j'arrive à te consoler. Mais ça s'est un peu estompé quand même, c'est-à-dire qu'avec les années je suis devenu un peu plus sombre que je ne l'étais à douze, treize ans.

FRANÇOISE : Je me souviens que j'ai essayé de le faire entrer dans une école de bon niveau dirigée par des jésuites. Son carnet scolaire était très moyen. Le directeur me dit : « Finalement, il est doué pour quoi, cet enfant ? » Alors je lui dis : « Il est doué pour le bonheur. » Ça n'a pas eu l'air de l'intéresser. Mais c'était vrai, il était extraordinairement joyeux, enfant, malgré tout le poids que je mettais sur ses épaules. Il rayonnait, et j'aurais dû dire, d'ailleurs, à ce Père Supérieur : « Il est doué pour le bonheur des autres. » Ça, c'est vraiment une dimension fondamentale chez lui. Ce n'est pas un bonheur égoïste, je trouve ça rare. Mais il ne faut pas qu'il en prenne trop sur le dos parce que c'est dur par moments !

TRISTAN : Toi, tu te posais des questions existentielles : « Est-ce que j'ai bien fait de faire des enfants dans ce monde si cruel ? » Tu disais toujours ça.

FRANÇOISE : Ah oui ! Il avait quatorze ans à peu près quand il est allé à une boum. Je lui dis : « Tu seras rentré à 11 heures ce soir ! – Oui, oui. » Et je continue : « Mais je veux un “oui” sérieux, parce que je te connais ! » Et il me répond : « Ah oui, c'est toi qui m'a fait ! » Alors, je lui dis en plaisantant : « Oui, et je ne sais pas si j'ai bien fait. » Et il me dit, avec un sourire extraordinaire : « Tu as fait un heureux. » À l'adolescence, alors que les enfants passent leur temps à vous dire : « Je n'ai pas demandé à venir au monde, tu m'as infligé la vie », je me suis dit : « Mais quelle merveille ! » C'est merveilleux d'entendre ça : « Tu as fait un heureux. » Ça rachète tous les problèmes qu'il posait par ailleurs, parce qu'il n'avait pas un sens aigu de la morale quand il était petit. Alors que maintenant c'est quelqu'un de très moral.

TRISTAN : Ce n'était pas une absence de morale, j'étais juste débrouillard. Je ne faisais pas de grosses bêtises, mais simplement je trouvais que l'on pouvait « acheter » un certain nombre de choses… J'appelais ça une petite « croquerie » quand j'étais petit.

FRANÇOISE : Il taxait ses frères pour des tas de trucs ! *(Elle rit.)*

TRISTAN : C'est-à-dire que quand mes parents n'étaient pas là, ils venaient dormir dans ma chambre et je leur disais : « Tu me donnes 1 franc parce que je te fais un lit super-luxe. » C'était « luxe », « demi-luxe », « super-luxe » *(Il rit.)*, selon le nombre d'oreillers, de couettes, l'inclinaison ou pas. C'était mon sens du commerce. Bon, ce n'était pas méchant…

Tu m'as transmis le sens des responsabilités, le sens du collectif, de l'associatif. Le sens du combat. Et une certaine idée de l'éducation. Tu disais souvent : « Les parents ne sont pas là pour être aimés. » Tant mieux si on est aimé après. Tu as fait plein de trucs qui pouvaient déplaire et, finalement, tu es très aimée.

FRANÇOISE : Oui, mais j'étais obligée. Quand on est seule pour élever trois garçons, « force doit rester à la loi ». J'ai même voulu, à un moment donné, un martinet ! Mon mari m'en a interdit l'usage. J'ai été élevée avec ça et je n'en suis pas morte. J'ai été élevée de façon très sévère, avec un père qui me

terrifiait. Moi, j'ai beaucoup parlé avec mes enfants, mais on ne parlait pas comme ça avec nos parents. Et puis mes parents ne se remettaient pas du tout en question. Ce n'était pas la même époque…

Tristan : De toute façon, le martinet n'a pas fait long feu parce qu'on avait coupé les liens. Mais on a eu des coups de tuteur de rosier !

Françoise : Mais ce n'était pas grave ! Sur les mollets, ce n'est pas grave. Je leur courais derrière ! Quand je prenais certaines décisions, tu me disais : « Ah, mais on ne t'aimera plus ! Toute la famille va te désapprouver. » Alors il m'arrivait de dire : « Oui, mais être mère, ce n'est pas une fonction élective. Pas de chance pour vous, je ne cherche pas à vous plaire, je ne suis pas chargée de vous plaire, je suis chargée de vous élever. »

Tristan : Tu as raison. Même si j'aime le sens du contact avec les autres, il ne faut pas avoir peur de déplaire. Il faut accepter l'idée – avec ses enfants aussi – de ne pas toujours être le plus populaire. Parce que ça ne fonctionne pas comme ça. Si on veut tout le temps être le plus populaire, on n'arrive pas à faire d'aussi grandes choses que si l'on mène le combat. Il y a un côté un peu militant, mais pas spécialement politique.

Françoise : Alors que moi, j'étais la fille d'un homme politique. Ça a peut-être joué, mais je n'ai jamais voulu faire de la politique. Enfin, je veux dire, comme citoyen, c'est une chose ; autrement, non. J'ai vite préféré l'associatif aux histoires de partis. Et puis on faisait aussi, assez tôt, les campagnes électorales de notre père, on était habitués à coller les affiches. Après, j'étais toujours assesseur dans les bureaux de vote. Je vous y avais emmenés, tu ne t'en souviens pas ? Ça vous plaisait. Je vous avais montré comment on pouvait être assesseur, ou scrutateur.

NOS PLUS GRANDES ÉMOTIONS.

TRISTAN : Les plus grandes émotions que j'ai pu avoir avec toi, c'est à travers la musique. Non seulement tu dansais avec nous, mais tu essayais de nous faire ressentir la musique. Tu nous sensibilisais aux paroles, à tous les textes des chansons. Tu nous as beaucoup sensibilisés à ça, aux mélodies. J'ai vraiment eu l'impression d'avoir une initiation artistique musicale avec toi.

FRANÇOISE : Je ne m'en rendais pas compte, je ne faisais pas exprès *(Elle rit.)*, j'aurais dû faire ça en littérature avec toi ! Mais ça continue, car je le fais avec ton fils quand il vient. Par exemple, j'ai bien aimé le dernier disque d'Yves Simon, c'est peut-être moins à la mode, mais c'est un chanteur que j'aime beaucoup. Alors on se passe Yves Simon, et je l'ai dans les bras, comme ça, pour lui faire sentir l'émotion de certaines choses.

TRISTAN : Je pense à ça parce que souvent, aujourd'hui, quand j'écoute un titre, ça me refait penser à des moments partagés ensemble. Je visualise précisément des scènes de famille à partir de musiques. Et les émotions les plus fortes que j'ai ressenties se traduisent par la musique.

C'étaient souvent des chansons tristes parce que les émotions que tu ressentais c'étaient souvent des trucs à pleurer un peu... Daniel Lavoie, c'était ça ?

FRANÇOISE : Ah oui : *Ils s'aiment* !

TRISTAN : Tu l'écoutais en boucle !

FRANÇOISE : C'est beau, ça.

TRISTAN : Il y en a plein. J'aurais pu te citer *Les Fontaines du casino* [Yves Simon] ou du Brassens. Quand j'entends certains trucs, je me dis : « Ah, tiens ! » Ce sont les flashs d'une odyssée musicale ensemble. Et puis, il y a aussi un parfum : Jean-Marie Farina. Quand on partait en colo, tu m'imbibais un petit mouchoir dans une petite boîte et tu me disais : « Quand tu respireras ça, tu penseras à moi. » Ça oui, je suis très sensible aux parfums, je sais reconnaître les parfums de maman – tu n'es pas fidèle à un seul parfum. Ça pose un problème quand ma femme porte les mêmes ! Il est arrivé que Sybille en porte un. J'étais très perturbé. Il y a des limites à ce que l'on peut partager avec sa femme et ça, ce n'était pas possible.

FRANÇOISE CHANDERNAGOR, écrivaine, est née le 19 juin 1945. Elle est la fille d'André Chandernagor, ancien député de la Creuse et ministre du gouvernement Pierre Mauroy. Elle a trois enfants : **TRISTAN,** Cédric et Axel.

- En 1969, première femme à sortir « major » de l'ENA, elle entre au Conseil d'État.
- En 1981, elle publie son premier ouvrage *L'Allée du Roi*.
- En 1995, elle devient membre de l'Académie Goncourt.
- En 2007, elle est nommée officier de la Légion d'honneur.

TRISTAN JURGENSEN est aujourd'hui directeur général de RTLnet.

DEMAISON

François-Xavier *& Florence*

« Si une mère ne croit pas en son fils, qui va croire en lui ? »

Il se glisse dans la peau de mille personnages et joue le rôle de Coluche dans le dernier film d'Antoine de Caunes. Fiscaliste devenu humoriste après les événements du 11 Septembre, François-Xavier Demaison doit son nouvel équilibre à la force tranquille de Florence, sa maman, qui a toujours cru en lui.

FRANÇOIS-XAVIER : Je suis né à Asnières-sur-Seine. Mes parents étaient deux étudiants en droit qui s'étaient rencontrés à la fac et qui démarraient dans la vie. Mon père faisait son service militaire quand je suis né. Je ne m'en souviens pas, c'est toi qui me l'a dit. *(Elle rit.)* Ma mère travaillait chez son père, qui était juriste.

FLORENCE : Nous nous sommes mariés à vingt-cinq ans, dès que mon mari a eu terminé ses études, parce que nos parents ne nous auraient pas permis de nous voir autrement. Enfin… ils nous auraient permis de nous voir, mais nous aurions eu des contraintes ! Pour pouvoir au moins nous retrouver pendant les permissions, nous nous sommes dit : « Marions-nous ! »

FRANÇOIS-XAVIER : Tes parents n'avaient pas rencontré papa avant les fiançailles ?

FLORENCE : Si, mais nous nous sommes fiancés très vite.

FRANÇOIS-XAVIER : Ah bon ? Je ne savais pas…

FLORENCE : Nous nous sommes rencontrés un 1er mai et il m'a demandée en mariage officiellement au mois de septembre…

FRANÇOIS-XAVIER : Rapide !

Florence : Nous avons décidé de nous marier avant son service parce que nous pensions être plus tranquilles chez nous.

François-Xavier *(amusé)* **:** Et de votre folle passion est né un enfant !

Florence : François-Xavier est né juste neuf mois après…

François-Xavier : … le jour de la nuit de noces, *grosso modo* !

J'ÉTAIS AU CENTRE DE TOUS LES REGARDS… DÉJÀ SUR SCÈNE !

François-Xavier : J'étais un petit garçon très, très aimé. J'étais le premier petit-fils, et comme j'avais mes grands-parents, mes oncles et mes tantes, j'étais au centre de tous les regards.

Florence : Oui, c'est vrai. Tu étais déjà sur scène.

François-Xavier : Tout de suite, vers trois, quatre ans, j'ai eu la passion du spectacle !

Florence : En onzième – il devait avoir six ans –, il m'a annoncé : « Maman, écoute, il faut que je te dise quelque chose… » Je me demandais ce qu'allait être sa révélation lorsqu'il m'a dit : « Écoute, je présente la remise des prix à l'école et j'imite Léon Zitrone. » Évidemment, je n'y croyais pas. Je suis arrivée à l'école, je me suis assise comme tous les parents, et j'ai été prise de sueurs froides. Je me suis dit : « Mais qu'est-ce qui se passe ? » Mon petit bonhomme était là, en uniforme. Il avait une culotte courte, une petite chemise blanche, l'écusson de son école sur un pull bleu marine et, tout à coup, il a pris un micro et il a dit : « Mesdames et messieurs, voici le premier, talonné de très près par… » J'imagine qu'on lui avait fait un texte...

François-Xavier : Mais c'était moi qui avais fait le texte !

Florence : À six ans ?

François-Xavier : J'avais peut-être des coauteurs…

Florence : Vraiment, quand on fermait les yeux, on se disait que c'était Léon Zitrone. Je ne savais plus où me mettre ! Les parents nous ont entourés après la cérémonie pour nous dire bravo ! Ensuite, il a fait des spectacles de marionnettes, il a animé des goûters d'anniversaire, etc. La deuxième émotion, c'est quand il était en cinquième, à l'occasion de l'anniversaire de son collège. Je l'ai vu arriver sur la scène de la salle Pleyel, tout petit bonhomme – parce que la salle Pleyel, c'est quand même assez grand – et il a joué une pièce. Il était seul. J'en étais malade ! J'étais enceinte – je ne sais plus duquel –, j'étais au bord du malaise.

François-Xavier : Mais tu le savais !

Florence : Oui, je savais que tu avais répété, qu'il y avait un monologue, mais je n'avais pas réalisé l'émotion que cela me procurerait de voir un petit bonhomme comme ça à la salle Pleyel. À la sortie, pareil : on nous arrêtait et on nous félicitait, alors qu'on n'y était pour rien du tout. *(Elle rit.)* C'est le collège qui avait tout organisé et qui l'avait fait répéter. On nous a dit : « Mais c'est extraordinaire ! » La pièce était très ennuyeuse, écrite par un de ses professeurs, mais il avait fait une belle prestation d'acteur ! *(Elle rit.)*

François-Xavier : Je me souviens aussi des spectacles que je faisais dans ma chambre, où je convoquais tout le monde, mes parents, mes deux sœurs, Laetitia et Céline, et mon frère Thibaud. En fait, dès la fin de la sixième, tous les ans, je faisais un spectacle de deux heures où je faisais venir toute la division de classe et je démarrais par un faux journal avec des trucs idiots que je piquais à Coluche, à Le Luron, du genre : « Un drame en Belgique : un Belge est mort en buvant du lait. La vache s'est assise. » Enfin, des petites brèves comme ça. *(Elle rit.)* Et après, j'imitais tous les profs, pendant une demi-heure, c'étaient un peu les rappels ! J'organisais tout, j'allais voir le prof de français et je lui disais : « Bon, pour

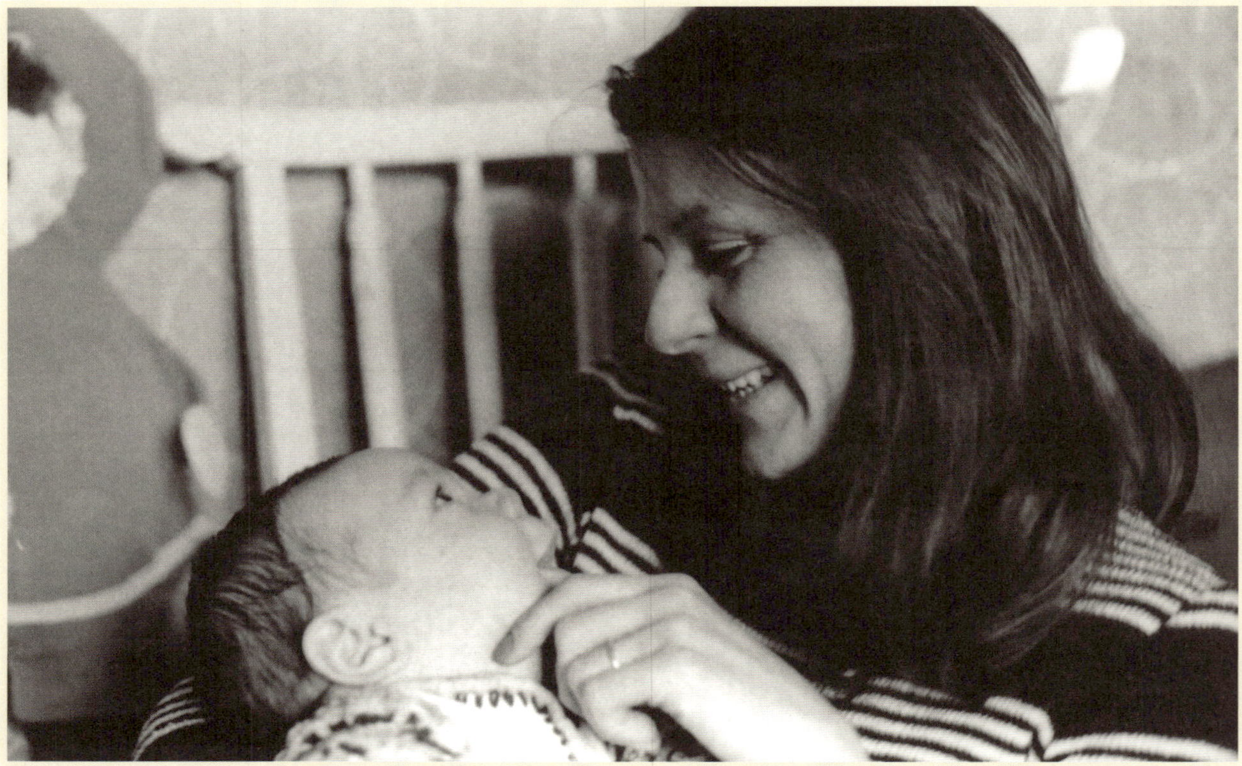

Ma photo préférée de maman et moi.

Ma photo préférée de François-Xavier.

le dernier cours, j'ai prévu de faire quelque chose… »

Ensuite, en troisième, avec un professeur de français qui était le petit-fils de Jean Nohain et le neveu de Raimu – un prof un peu artiste dans l'âme – on avait monté une pièce de Feydeau, *Occupe-toi d'Amélie*. À l'époque, je me suis mis à grossir énormément. Je faisais un mètre soixante et quatre-vingts kilos. J'étais très gros, coiffé en brosse, boutonneux. Disons que j'ai eu une période… un peu ingrate. J'étais plutôt mignon jusqu'à la sixième, après, je suis devenu une petite boule. Faire rire, est-ce que c'était ma manière de me faire accepter tel que j'étais ? En tout cas, c'est comme ça que je me faisais des copains !

FLORENCE : Je me souviens quand je l'emmenais chez le coiffeur. Pendant que je me faisais coiffer en haut, parce que le salon était sur deux étages, il restait en bas et il se faisait offrir des coca-cola pour faire des imitations. Aujourd'hui, je vais toujours chez le même coiffeur et certains s'en souviennent. *(Elle rit.)*

FRANÇOIS-XAVIER : C'est là que j'ai rencontré un producteur qui voulait que je présente un programme court avant le journal de 20 heures : la politique vue par un enfant de dix ans… Mes parents s'y sont opposés !

FLORENCE : Oui.

FRANÇOIS-XAVIER : Mais je ne l'ai su que vingt ans après…

FLORENCE : Nous nous disions qu'il fallait d'abord que tu fasses tes études et que tu sois un enfant comme les autres. Nous avions peur que tu prennes un peu la grosse tête.

FRANÇOIS-XAVIER : Tu imagines tout le pognon que j'aurais pu me faire !

FLORENCE : Nous devons encore avoir des cassettes enregistrées parce qu'il a fait des essais. Au début, nous ne l'avons pas contrarié. Mais après, quand on nous a posé de vraies questions, mon mari et moi nous sommes concertés et nous avons dit non.

FRANÇOIS-XAVIER : Et moi, ça m'a rendu malheureux parce que vous ne m'avez pas dit que vous vous y étiez opposés. Du coup, je croyais que ce que j'avais fait, c'était de la merde.

FLORENCE : Nous avions dû te le dire. Mais tu ne t'en souviens peut-être pas.

FRANÇOIS-XAVIER : Enfin… le fait est que le bac est arrivé. Pour moi, il était clair que je voulais être acteur.

FLORENCE : C'était un rêveur. Il était dans son monde, il ne disait jamais non. On pouvait lui dire : « François-Xavier, tu vois, on voudrait que tu ranges ta chambre… » Il disait : « Oui, oui, maman, ne t'inquiète pas. » On revenait deux heures après et il disait : « Oui, oui, oui, oui. » Il ne me contrariait jamais, mais il n'en faisait qu'à sa tête. En classe, on me disait : « Physiquement, il est là, mais il n'est pas présent du tout. »

On a dû prendre des sanctions assez importantes pour essayer de le marquer. Par exemple, on lui a offert ses jouets de Noël, puis on les lui a repris en disant : « Il faut travailler. »

FRANÇOIS-XAVIER : Ça, je m'en souviens… !

FLORENCE : Parce qu'on s'est dit qu'il te fallait un choc. Il fallait que tu réagisses. Tu ne réagissais absolument pas. « Présent physiquement », ça dit bien ce que ça veut dire… *(Il rit.)*

J'AI GRANDI DANS L'IDÉE QU'IL FALLAIT TRAVAILLER, QUE RIEN N'ÉTAIT ACQUIS.

FRANÇOIS-XAVIER : Mes parents étaient avocats – ils le sont toujours. Ils gagnaient bien leur vie, mais ils travaillaient dur. Je ne suis pas un fils de bourgeois qui se reproduisent depuis des générations. Mon père est le premier de sa famille qui a réussi financièrement.

FLORENCE : Mon beau-père et son père,

le grand-père de mon mari, étaient militaires de carrière.

François-Xavier : Du côté de ma grand-mère, c'était beaucoup plus modeste.

Florence : C'étaient des gens qui vivaient à la campagne modestement.

François-Xavier : J'ai grandi dans l'idée qu'il fallait travailler, que rien n'était acquis. Mes parents se sont associés très vite. Vous travailliez ensemble. Vous rentriez tard. Mais ma mère venait quand même nous chercher à l'école. Souvent très, très en retard… Qu'est-ce que j'ai pu t'attendre ! Des heures ! C'était désespérant. J'étais avec mon cartable et j'attendais. C'est pour ça que je bouffais : je m'achetais des goûters…

Florence *(en riant)* **:** Ça doit être ça !

ON A UNE RELATION TRÈS DOUCE, TRÈS ÉPANOUIE.

François-Xavier : Le premier souvenir que j'ai de ma mère, c'est lorsqu'elle était en voiture et qu'elle venait nous chercher, dans les embouteillages.

Florence : Oui. On habitait Asnières, mais ils allaient en classe à Neuilly.

François-Xavier : Je me souviens de toi au volant de ton Autobianchi. Tu te souviens ? Tu avais apprécié d'ailleurs quand j'avais recouvert le volant de chocolat ! Tu avais trouvé ça débile ! Tu te souviens de ce truc-là ?

Florence : Non, je ne m'en souviens pas !

François-Xavier : Si, tu étais allée chercher ma sœur Céline au jardin d'enfants. J'avais une barre de chocolat et je m'étais dit : « Tiens, je vais lui faire une bonne blague : je vais recouvrir le volant de chocolat ; quand elle va revenir, elle va rigoler. »

Florence : Je n'ai pas dû rire… *(Elle rit.)*

François-Xavier : Tu m'as laminé ! Mais j'étais un peu dans mon monde. J'étais complètement rêveur. Plus tard, j'ai plié je ne sais combien de voitures ! Jamais grave… j'oubliais des stops…

Florence : Quand il avait un petit accrochage, il laissait sa carte pour payer les réparations des gens… Laisser sa carte sur les voitures, c'est grand seigneur ! *(Elle rit.)* Plus personne ne voulait l'assurer.

François-Xavier : Alors qu'aujourd'hui, jamais je n'aurais un accrochage. Aujourd'hui je vis mon rêve, donc je me suis un peu recentré. J'ai l'impression que je n'ai jamais été aussi équilibré qu'aujourd'hui.

Florence : C'est vrai. On a une relation très douce, très épanouie, justement parce qu'on sent qu'il est lui-même. Ce qui n'a pas toujours été le cas, parce qu'on l'a quand même pas mal contrarié.

TU AVAIS BESOIN, PLUS QUE TES FRÈRES ET SŒURS, D'ÊTRE AIMÉ.

François-Xavier : En essayant de faire rire, quand j'étais enfant, je crois que je cherchais l'attention, la lumière, la séduction. Une fois, je suis arrivé à un stage de tennis. Il y avait une jolie fille, j'ai eu envie de la séduire. Évidemment je visais toujours la plus jolie, la nana avec laquelle je n'avais aucune chance, j'en tombais fou amoureux et j'essayais d'attirer son attention en permanence. Ça a été mon objectif pendant dix jours. J'ai ramé, ramé… jusqu'au moment où j'ai fait le spectacle, et là, elle m'aimait…

Florence : Oui, c'est vrai. Je le ressens moins maintenant, mais tu avais toujours besoin d'être aimé, tu ne voulais pas déplaire. Tu avais besoin, plus que tes frères et sœurs, de sentir que tu étais aimé et apprécié.

François-Xavier : Quelque part, j'ai voulu vous plaire en allant vers des études plus sérieuses. Je suis arrivé au bac et j'ai fait parallèlement du droit et le cours Florent. Ensuite, je suis entré à Sciences Po et j'ai laissé tomber le théâtre. Je me suis dit : « Bon,

je suis raisonnable, je vais faire des études sérieuses. Ça va plaire à mes parents. »

FLORENCE : Nous étions étonnés parce que nous ne lui en demandions pas tant. Nous lui avions demandé une maîtrise de droit. Il s'est inscrit – pas en nous le cachant mais presque – à Sciences Po, dans une section dont on ne pensait pas du tout que c'était la section qui lui convenait : éco-finances... Lui qui était fâché avec les chiffres, tout ce qui touche à l'argent, les comptes...

FRANÇOIS-XAVIER : J'ai le souvenir de périodes entières où je révisais mes examens, mais en réalité je faisais tout à fait autre chose. Je pensais à des sketchs, des films, des images... toujours avec cette honte de le faire, un complexe, parce que je me disais : « L'artistique, ce n'est pas sérieux. Faut pas que je déconne, ce sont les examens qui sont sérieux. » J'étais dans une quête des diplômes pour me donner une espèce de respectabilité sociale qui allait profondément contre ma nature. Tout ça était stocké et a resurgi d'un coup, comme si j'avais ouvert le couvercle d'une cocotte-minute.

FLORENCE : Quand il nous a dit : « Je veux faire du théâtre », nous lui avons répondu : « D'accord, mais tu fais du droit en même temps. » Et ça a marché : il a eu ses examens chaque année. Quand il a eu sa maîtrise, nous nous attendions à ce qu'il nous annonce : « Bon, maintenant, c'est le théâtre. » Nous aurions été d'accord, puisque c'était le deal. Mais il nous a dit : « Je fais Sciences Po. » Ça nous a étonnés, mais en bien. Cela dit, j'avais quand même téléphoné au prof de théâtre. Je lui avais demandé si c'était un handicap qu'il fasse d'abord des études supérieures. Il m'a dit qu'au contraire, il préférait les récupérer avec une certaine maturité, une certaine culture. Donc ça n'était pas un problème.

FRANÇOIS-XAVIER : Tu avais téléphoné ? Tu vois, je ne m'imaginais pas que tu puisses avoir cette implication. Je la découvre aujourd'hui. Je ne savais pas que tu pouvais discuter avec un prof de théâtre, je pensais que c'était un Martien pour toi. *(Silence.)* Ce que je ne sais pas, c'est pourquoi j'ai choisi la fiscalité ! C'est fou ! Les gros cabinets d'audit et de conseil venaient chercher les étudiants dans les écoles et j'ai accepté celui qui payait le plus cher.

FLORENCE : Le marché était très porteur et il a reçu tout de suite une proposition très intéressante d'un autre cabinet. On lui proposait la direction du bureau de Barcelone. Il nous a dit qu'il allait voir son boss : « On me démarche, qu'est-ce que vous me proposez ? – Mais qu'est-ce que vous voulez ? – Eh bien, faites-moi rêver. » Alors le boss a dit : « New York, ça vous ferait rêver ? » Et il a dit oui. Il aurait pu dire : « Je veux une promotion », « Je veux une augmentation. » Non : « Faites-moi rêver ! »

FAIRE DE MA VIE UNE AVENTURE…

FRANÇOIS-XAVIER : Je n'étais pas malheureux. Je trouvais une compensation dans la bouffe, par exemple. Mais quand je suis arrivé aux États-Unis, j'ai pensé que je n'irais pas plus loin dans le trip. Je pensais que j'allais me faire chier toute ma vie à travailler la semaine pour le week-end, l'année pour les vacances, à courir après le pognon. Je me suis dit : « Ce n'est pas possible. Je veux faire de ma vie une aventure. Je veux me lever le matin en étant content de ce que je vais faire la journée. On ne vit qu'une fois. »

J'ai joué le rôle du fiscaliste pendant six ans. J'étais bien noté, j'étais apprécié, mais j'avais le sentiment de prendre énormément sur moi. Il y avait une dichotomie entre mon monde imaginaire – je me rêvais grand acteur, artiste – et mon quotidien, qui était le plus chiant qui soit, la fiscalité. Il n'y a pas plus chiant comme métier que la fiscalité internationale ! Et puis, il y a eu ce choc du 11 Septembre qui a dû accélérer les choses. Je suis rentré en France. J'avais aussi des problèmes de couple à l'époque, ce qui faisait que, au bout d'un moment, ma vie ne me correspondait plus. À ce moment-là, j'ai accepté de prendre mon risque, celui de tenter cette aventure du spectacle. Et j'ai filé ma démission.

FLORENCE : Tu n'as pas donné tout de suite ta démission ! Il avait un projet, qu'il avait écrit. Il l'a beaucoup travaillé et nous l'a envoyé.

Il l'a même envoyé à Xavier Florent, qui lui a dit : « Quand tu rentres, je te fais travailler. » Et puis il y a eu le Gymnase, pour une soirée.

FRANÇOIS-XAVIER : Vous m'avez pas mal aidé. J'ai mis toutes mes économies – qui n'étaient pas énormes à l'époque – pour louer cette salle.

FLORENCE : Nous avions invité huit cents personnes, toutes nos relations personnelles et professionnelles.

FRANÇOIS-XAVIER : J'ai fait un saut dans le vide devant huit cents personnes ! C'était la première fois que je montais ce spectacle… Il faut quand même être malade mental !

FLORENCE : Là, vous voyez, j'ai eu le même choc que le jour où il est arrivé sur scène à Pleyel. Je n'ai même pas regardé. Tous nos amis étaient là, nos relations professionnelles. *(Elle rit.)* Il ne fallait pas qu'il se plante !

FRANÇOIS-XAVIER : Mais c'est énorme ! C'est un acte de confiance et de foi ! Énorme, ce que vous avez fait !

FLORENCE : Tes sœurs avaient réquisitionné leurs copines pour faire les ouvreuses…

FRANÇOIS-XAVIER : Là, un ami me dit : « Je t'ai emmené Samuel Le Bihan. » Il était venu pour faire plaisir à mon copain. À la fin, Samuel est venu me voir dans ma loge et il m'a dit : « Écoute, je sens un potentiel, je sens une énergie. Le spectacle n'est pas abouti, mais tu as une maturité d'acteur inouïe. Je n'ai jamais vu ça. » C'est lui qui m'a ouvert les portes un peu récalcitrantes… Au début, ça a été des salles vides, des salles très, très vides… Mais je continuais à bosser. Pendant un an, j'ai fait les deux. Et puis, j'ai joué au théâtre du Rond-Point. Certains soirs, je sortais du bureau, je disais au revoir à tout le monde, je mettais mon costume et j'allais jouer. Je ne craignais qu'une chose, c'était d'être bloqué dans une réunion, que les gens m'attendent au spectacle et que je ne puisse pas y aller. Je me voyais mal quitter la réunion en disant : « Excusez-moi, mais ce soir je joue au théâtre du Rond-Point à 20 h 30. » Ça a été une schizophrénie totale ; ça a été aussi le buzz. Samuel, qui n'était pas producteur, me dit – à moi, qui n'étais pas acteur : « Une belle équipe de vainqueurs ! On va prendre le théâtre Déjazet. » J'ai enchaîné cinquante représentations au Déjazet, un théâtre de sept cents places. J'avais en moyenne vingt personnes dans la salle. Samuel arrivait au Déjazet avec son quatre-quatre, ensuite il avait une mini, puis une moto… et il a fini en patins à roulettes. Je l'ai ruiné, le pauvre. Il a perdu toutes ses économies. Il s'est mis à genoux financièrement, mais, avec son côté breton, il y croyait toujours.

FLORENCE : Il venait chez nous en vacances, en Normandie, et il te faisait répéter.

FRANÇOIS-XAVIER : Je crois que personne n'a jamais produit quiconque dans ces conditions. Jamais personne n'a fait ça pour quelqu'un d'autre dans ce métier. Ça n'existe pas. C'est pour ça que notre relation avec Samuel est très particulière. Je revois certains de vos amis, les pauvres, qui se retrouvaient au premier rang. Ils se retournaient : « Ahaaaaa ! » Le théâtre était vide ! Je n'osais pas vous appeler le lendemain.

FLORENCE : C'est vrai que c'était triste parce que c'était vide.

FRANÇOIS-XAVIER : J'avais quelquefois deux cents euros par mois…

FLORENCE : J'ai toujours cru en mes enfants, tous, parce que je me dis que si une mère ne croit pas en son enfant, qui va croire en lui ? Même quand je ne suis pas d'accord avec eux, que je n'adhère pas, je me dis qu'il faut garder le cap. Des amis venaient au Gymnase et me rappelaient le lendemain en me disant : « C'est génial ! » J'y ai toujours cru à partir du moment où il l'avait décidé.

FRANÇOIS-XAVIER : Ensuite, il y a eu une espèce de fulgurance. J'ai joué au Casino de Paris, puis à l'Olympia où il y avait le Tout-Paris ! Mais ce succès s'explique aussi par le fait que j'incube ça depuis mon enfance !

J'AI TOUJOURS EU UN CADRE, MA MÈRE C'ÉTAIT LE CADRE.

FRANÇOIS-XAVIER : Mon père a énormément de personnalité, si bien qu'on se dit que c'est lui le chef de famille, mais finalement c'est ma mère qui assure. Je pense que c'est quelqu'un qui assure : capable d'être une avocate en droit social plutôt reconnue, appréciée et efficace, et capable aussi d'élever quatre enfants et de gérer les problèmes de chacun. Je pense que tu es, quelque part, quelqu'un d'hyperactif. D'ailleurs, tu ne dors que cinq heures par nuit.
FLORENCE : Tu exagères, je dors plus.
FRANÇOIS-XAVIER : Oui, à partir du moment où tu te couches, tu dors d'une traite. Mais à partir du moment où tu te lèves, eh bien, t'es partie ! Par exemple, on a une maison en Normandie où il y a une terrasse en pierre jaune, et ton grand trip, dès que tu as cinq minutes, c'est de passer le Kärcher. Tu pourrais te payer un étudiant pour faire ça, mais tu as toujours besoin de faire quelque chose ! J'ai des souvenirs de ma mère en train de ranger la cave *(Elle éclate de rire.)*, tout le temps. À Deauville, le grenier… tout le temps. C'est quelqu'un qui range, qui agit, qui fait. Je ne sais pas comment tu fais, sincèrement, pour faire autant de choses en une journée. Je connais des mères de famille qui ne travaillent pas et qui sont toujours débordées. Je connais des femmes qui travaillent et qui ont du mal à gérer une maison. Mais toi, tu arrives bien à faire les deux. C'est assez étonnant.
J'ai toujours eu un cadre. Je dirais que ma mère, c'était le cadre, et que mon père, c'était le côté « déconnade », rigolo. Pardon, maman…
FLORENCE : En fait, mon mari s'occupait de ses enfants, jouait avec eux, mais il n'intervenait jamais pour les sanctions mineures. Je gérais tout, sauf quand vraiment j'estimais que c'était grave. Là, je lui demandais d'intervenir. Comme il intervenait peu, ça les marquait beaucoup. Nous étions toujours d'accord, c'est-à-dire que les enfants savaient que si je sévissais, leur père était d'accord. Ils ont bien essayé, comme tous les enfants, de dire : « Maman, elle m'a dit ça », mais ça ne prenait jamais.
FRANÇOIS-XAVIER : Et puis vous êtes toujours ensemble, amoureux.
FLORENCE : On est toujours amoureux. *(Elle rit.)*
FRANÇOIS-XAVIER : Moi, j'ai toujours vu mes parents amoureux, c'était très rassurant. C'était vraiment le cocon familial, avec des parents amoureux, qui travaillaient dur pour que les enfants ne manquent de rien, hyper-stables. Et, du coup, j'étais presque légèrement anesthésié, dans le sens où n'ayant jamais vu mes parents s'engueuler, je ne savais pas traiter le conflit. Je ne voulais pas les contrarier non plus et je n'ai pas fait trop de conneries ; je n'ai pas fait de crises d'ado.
FLORENCE : Non, je n'avais pas d'influence sur toi, mais tu étais un enfant facile, très affectueux, très doux. François-Xavier est un charmeur. J'avoue que mon fils me séduit *(Elle rit.)*, je suis sous le charme. C'est quelqu'un qui a beaucoup d'élégance, beaucoup de générosité, quelqu'un qui a une grandeur d'âme. Il a le sens des valeurs, il ne transige pas avec les valeurs. Il a le sens du travail, le sens des autres. Il est profondément gentil. Je craignais un petit peu, quand il était jeune, qu'il se fasse un peu bouffer en quelque sorte. En fait, non, maintenant qu'il sait ce qu'il veut, on ne le fera pas passer par où il ne veut pas passer. Et même s'il dit non, c'est avec tellement de charme et de gentillesse que les gens ne peuvent pas lui en vouloir. Avec son entourage, les gens qu'il aime, il est super-généreux. Il nous a préparé un anniversaire surprise avec soixante personnes dans cet appartement. On ne s'est occupés de rien, il avait tout géré avec ses frères et sœurs.

NOUS AVONS UN RAPPORT QUI N'EST ABSOLUMENT PAS CONFLICTUEL. BIENVENUE CHEZ LES BISOUNOURS !

François-Xavier : En fait, je dirais de notre relation qu'elle se construit de plus en plus.

Florence : Oui, c'est vrai. C'est ce que je disais à une amie. Maintenant, François-Xavier est très doux, ce qui n'a pas toujours été le cas. J'ai eu des inquiétudes, forcément : il a vécu un divorce difficile, changer de vie n'est pas toujours facile. Et là, maintenant, dès que je l'appelle : « Allô, je te dérange ? – Non, tu ne me déranges jamais, maman, mais je préférerais que tu me rappelles à un autre moment parce que là je travaille. » Jamais il ne va vous dire : « Mais oui, tu me déranges, je suis énervé, je suis occupé. »

François-Xavier : Nous avons un rapport qui n'est absolument pas conflictuel. Bienvenue chez les Bisounours !

Florence : C'est vrai. Je dirais même qu'il y a une vraie tendresse, une tendresse profonde.

François-Xavier : J'ai vraiment le sentiment que je trouvais notre relation tellement évidente que je ne devais pas donner beaucoup de marques d'affection. Si ?

Florence : Si, tu étais affectueux, mais il est certain que tu étais beaucoup plus distant et dans ton monde que maintenant. Maintenant, tu as un peu atterri. Avant, on avait l'impression que tu étais sur orbite autour de la Terre. Tu étais dans tes rêves et tu ne les faisais pas partager.

Florence : Il n'a jamais été rebelle à l'adolescence, mais il a toujours été secret. D'ailleurs, il ne se confiait pas beaucoup. Tu ne faisais pas de confidences sur tes petites amies, par exemple. En revanche, tes sœurs, dès qu'elles ont un problème, elles m'en font part immédiatement. Je suis au courant de choses que je ne devrais pas forcément savoir. Vie affective, sentimentale… je connais tout de leurs états d'âme. François-Xavier, pas du tout. Et mon plus jeune fils, non plus. Non, mes garçons ne me font pas de confidences. Ils en font peut-être à leur père, mais pas à moi. Et ils me protègent beaucoup, c'est-à-dire qu'ils essaient d'abord de résoudre leurs problèmes. Ils m'épargnent. Tandis que les filles, pas du tout, elles n'ont pas d'états d'âme. Si elles ne trouvent pas de place pour leur voiture : « Maman, je ne peux pas me garer ! » *(Elle rit.)*

François-Xavier : Ce qui est étonnant, c'est que plus je vieillis, plus j'ai l'impression que je me rapproche de toi, quelque part…

Florence : Je pense que l'on éduque par ce que l'on est profondément. Et aujourd'hui, tu reproduis un peu ce que tu as connu. C'est extraordinaire parce qu'on n'a pas la même profession. Tu as un métier artistique, et malgré tout, tu reproduis cet équilibre familial.

François-Xavier : Moi, ce que j'essaie de construire aujourd'hui avec ma femme et ma fille, c'est un foyer. C'est ça que tu m'as transmis, ce sens du foyer. Et aussi une grande liberté intellectuelle : tu recadres toujours le débat, tu ne te laisses jamais emporter par les passions.

Florence : Le point que nous avons en commun tous les deux, c'est le sens de la famille. Pour nous, la famille, c'est vraiment très important.

François-Xavier : Oui, c'est ça : le foyer, la famille, avoir une maison. Mine de rien, depuis que je fais des spectacles, je me suis mis à ranger. *(Elle éclate de rire.)* Je ne supporte pas qu'il y ait un manteau qui traîne, je te jure ! Un autre point commun : je pense qu'on est assez courageux.

Florence : Je ne sais pas si c'est du courage.

François-Xavier : Si, tu as toujours maintenu la barre. Quand on a traversé de grosses épreuves, tu as toujours été là.

Florence : Quand ça va mal, je me dis : « Bon, je suis dans la tempête, mais il y a une rive, donc il faut tenir la barre, très, très fort, plus fort que d'habitude, et on va y arriver. »

François-Xavier : Il y a aussi beaucoup de convivialité et d'humour ! Mon père est très drôle, mais beaucoup plus timide et réservé que moi. Je croyais que je lui ressemblais beaucoup. Et, en grandissant, je m'aperçois que je te ressemble aussi quand même.

ON EST RAREMENT DÉÇU QUAND ON S'INTÉRESSE À L'AUTRE. JE PENSE T'AVOIR TRANSMIS ÇA.

Florence : Je crois que je t'ai transmis le désir d'une stabilité familiale. Mais je t'ai sûrement transmis de la générosité, l'élégance et l'intelligence du cœur… une vraie générosité du cœur. C'est pour moi ce qui est le plus important. Et c'est pour ça que l'on a des amis complètement différents. Quels que soient leur milieu, leur culture, leur parcours, ces gens ont une belle âme. Et c'est ça qui compte. On se fiche un petit peu de ce qu'ils sont extérieurement. C'est vraiment ce qu'ils sont profondément. L'être, l'être profond.

François-Xavier : Je crois beaucoup à ça, surtout dans un milieu sclérosant. À condition que les gens soient intelligents, agréables…

Florence : J'essaie toujours quand je rencontre quelqu'un de me dire qu'il y a sûrement quelque chose. On est rarement déçu quand on s'intéresse à l'autre. Je pense t'avoir transmis ça. Toi, tu es profondément gentil avec les autres. Même peut-être plus que moi.

François-Xavier : Mais pour moi c'est plus facile depuis que je suis bien dans ma peau, que je fais un métier que j'aime. Quand tous les soirs, je monte sur scène, je me sens apaisé. C'est un soulagement de voir la vie que j'ai quand je pense à la vie que j'aurais pu avoir… J'en ai des frissons dans le dos ! *(Silence.)* Pour terminer, je voulais dire que je suis fier de ma mère, car c'est quand même une femme élégante !

Florence *(en riant)* **:** Bien conservée pour son âge !
François-Xavier : Oui, c'est vrai que c'est agréable d'avoir une mère qui ne porte pas de bas de contention. C'est agréable d'avoir une mère qui est une jolie femme.
Florence : C'est agréable de voir que l'on plaît à ses enfants. Bien sûr, c'est un regard plein d'affection, mais ça me fait plaisir qu'ils soient fiers de moi…

FRANÇOIS-XAVIER DEMAISON est né en 1973 à Asnières-sur-Seine.
Son père et **FLORENCE,** sa maman, sont tous deux avocats.

- En 1995, il suit en parallèle la classe libre du Cours Florent et ses études universitaires (maîtrise de droit et de sciences politiques).
- En 2000, il devient fiscaliste à New York et assiste aux attentats du World Trade Center depuis son bureau à Manhattan. Il décide de tout arrêter.
- Juin 2002 : retour à Paris. Il loue une salle et présente son premier spectacle ; Samuel le Bihan le remarque et décide de le produire.
- En 2008, il interprète le rôle de Coluche dans le film d'Antoine de Caunes.

DE FRANCE

Chantal *& Axel de Sambucy*

« Ma mère nous a transmis des outils pour attaquer la vie. Chacun d'entre nous en a fait des choses différentes. »

Elle parle à toute vitesse, s'esclaffe, fume, ne tient pas en place, mais peut rester des heures, solitaire, à peindre dans l'atelier au-dessus de son appartement. Chantal de France, dixième enfant du comte et de la comtesse de Paris, et princesse royale, a une grande simplicité et une vitalité contagieuse. Axel, son fils aîné, partage avec sa mère la conscience de son rang, mais a su très vite, comme elle, entrer de plain-pied dans le monde d'aujourd'hui : très ouverts aux autres malgré une timidité qu'ils ont su transformer en atout, ils prennent la vie comme elle vient…

AXEL : Le premier souvenir que j'ai de ma mère, c'est celui d'un voyage en train, au Portugal. J'avais trois ans. Un voyage de nuit, dans ces vieux trains…

CHANTAL : Merveilleux !

AXEL : Je me baladais, je marchais entre les jambes de ma mère, dans ce wagon qui faisait énormément de bruit. Il y avait de la lumière qui passait… J'étais très impressionné à l'époque. Ça, c'est mon premier souvenir.

CHANTAL : Ah bon ! tu te souviens de ça ?

AXEL : Oui, mon enfance, c'était entre la France – Neuilly – et les États-Unis – le New Jersey. Mon père travaillait pour IBM. Il a fait toute sa carrière chez IBM et il a été muté aux États-Unis en 1981. On a passé quatre ans là-bas absolument formidables, pour un enfant en tout cas. Un enfant de quatre ans, aux États-Unis, c'est un roi !

CHANTAL : Mes enfants étaient pleins de vie !

Axel : Et pleins de mauvaises idées surtout… Je me rappelle notre arrivée à l'hôtel. On allait dans les cuisines, on regardait le chef : « Alors, les enfants, frites, glaces ? » Pendant trois semaines, on a été nourris de glaces et de frites ! L'éducation de ma mère est partie en quenouille. Le premier jour où l'on est arrivés dans notre maison, maman nous a préparé notre premier déjeuner : omelette, haricots verts ! Ma mère nous a dit : « Vous n'en avez pas envie ? Bon, vous n'aurez rien d'autre. Allez, dehors ! » À cinq heures, pour un enfant qui n'a pas mangé à midi, ça commence à faire long… Depuis, j'ai fait des réserves… Mais on revenait : « Maman, on a faim », et maman ne cédait pas. Elle a passé sa journée dans la cuisine avec un bouquin.

Chantal : Parce que je me suis dit : « Le premier jour dans la maison, qui doit gagner ? Maman, sinon, c'est fichu ! » Alors, j'ai campé dans la cuisine. Moi, je me souviens surtout que tu te réveillais incroyablement tôt.

Axel : Mais tous les enfants se réveillent beaucoup trop tôt pour les parents…

Chantal : À 5 heures du matin ! Il arrivait dans notre chambre : « Tu dors ? » et il soulevait ma paupière. Ensuite, nous sommes rentrés en France et nous les avons mis à Sainte-Croix de Neuilly. Ça marchait très bien jusqu'au jour où… *(Elle rit.)*

Axel : Où ?

Chantal : Ça a « splité », comme on dit, dans tous les sens. Alors, j'ai mis Axel en pension en Angleterre. Parce que c'était une catastrophe en France.

Axel : Oui, j'étais dyslexique.

Chantal : Il était dyslexique, il avait tout appris en anglais…

Axel : Et il fallait que je remette tout en français. C'était un peu compliqué pour moi.

Chantal : La première année en France, ils ont voulu lui faire redoubler la sixième et j'ai dit : « Pas question, il a fait un tel effort ! » Et puis en seconde année, on m'apprend qu'il redouble encore… *(Elle rit.)*

Axel : Si j'avais redoublé, je me serais retrouvé dans la même classe que mon jeune frère ! Je ne vous explique pas le moral…

Chantal : Ils ont deux ans de différence. Son frère, Alexandre, avait toujours des bonnes notes, comme ça, sans faire grand-chose, et celui-là travaillait beaucoup et avait toujours de mauvais résultats ! Un jour *(Elle rit.)*, on m'a téléphoné : mon petit bout de chou de douze ans était resté tétanisé parce qu'il avait eu une mauvaise note.

Axel : Une crise de spasmophilie. Hyperventilation.

Chantal : Une crise d'angoisse. Raide ! Oh là là ! Je lui ai dit : « Écoute, je t'envoie en Angleterre, loin de papa, loin de maman, loin de ton frère, loin de tout le monde. » On lui a fait comprendre que ce n'était pas…

Axel : … que ce n'était pas une punition. Non, mais ce qui m'a beaucoup plu, c'est que j'avais un mois de vacances à Noël, un mois à Pâques, deux mois pour les grandes vacances. Où est-ce que je signe ? C'est aussi simple que ça !

Chantal : Tu avais tout de même dit : « Je veux du calme. »

Axel : Ah oui, j'aime bien le calme ! Je suis quelqu'un de très calme à la base.

Chantal : Et c'était le calme. Calme, calme !

Axel : En pleine cambrousse.

Chantal : Chez les moines bénédictins.

Axel : J'étais ravi d'y aller. Quand je suis arrivé avec mon père…

Chantal : Parce qu'il y est allé avec son père, pas avec sa mère.

Axel : Non, ça aurait été trop dur pour la mère…

Chantal : Oui, j'ai eu une glousse – ça veut dire une petite goutte, une glousse ! *(Elle rit.)* C'est une expression inventée : « Tu as la glousse », une petite larme, quoi, une émotion. Dans un enterrement, tu as la glousse.

Axel : Quand j'y suis arrivé la première fois,

Nos photos préférées de nous deux.

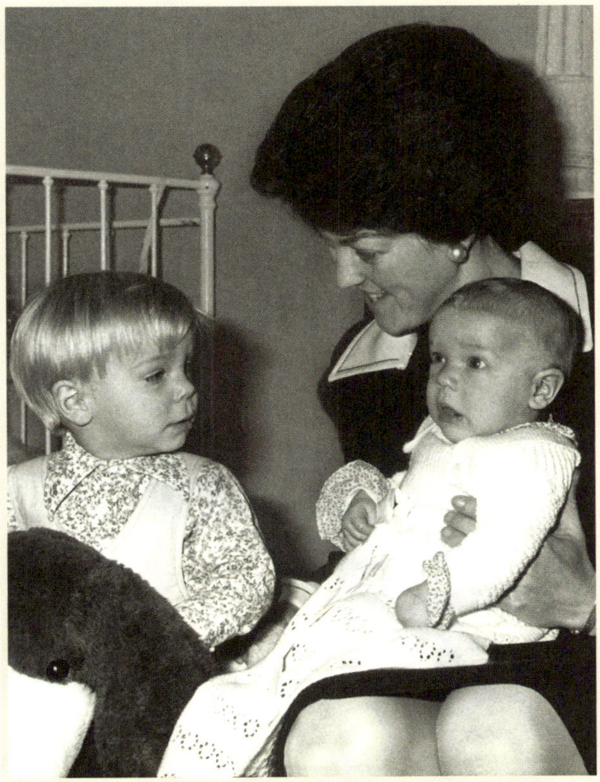

j'avais un sentiment de déjà-vu. Dans la famille, surtout du côté de maman, on est très sensibles à la pierre, aux vibrations, quand on arrive quelque part. On ressent les choses assez simplement.

CHANTAL : On est assez basiques. On entre dans une maison, on aime ou on n'aime pas, on le sent.

AXEL : Oui, voilà. On arrive très facilement à repérer ça. Et quand je suis arrivé là-bas, oui !

CHANTAL : Déjà, il parlait très bien anglais.

AXEL : Je parlais anglais avec un petit accent américain.

CHANTAL : Il a réussi tous ses examens. Six ans après, tu es rentré en France. Juste pour une année. *(Elle rit.)* Ma fille Kildine, qui est la dernière, m'a dit : « Maman, je veux aller en pension. Une pension sévère. » Ouh là ! « Et avec que des filles ! » Parce qu'elle était avec deux garçons qui… Bon, il faut dire qu'elle était chipie !

AXEL : Comme le bon vin, ça s'est amélioré avec l'âge…

CHANTAL : Bref. Quand tu es revenu, tu m'as dit : « Je ne sais pas quoi faire. » Je t'ai répondu : « Bon, écoute, je t'inscris en droit et tu verras », tout en sachant que…

AXEL : … que je ne voulais pas faire du droit ! Je ne suis pas un homme de dossiers ! Pour moi, le droit, ça représente des piles et des piles de dossiers !

CHANTAL : Il est beaucoup plus dans le… contact !

AXEL : Oui, j'ai un contact facile avec l'être humain ! Ça n'est pas un problème. Mais les dossiers, même deux feuilles…

CHANTAL : Donc, je l'inscris, mais je savais très bien que ce serait une catastrophe. Et ça a été une catastrophe parce qu'on habitait un petit appartement, la moitié de celui-ci. Cette table ne rentrait pas dans le salon ! C'était une ravissante bonbonnière. Ravissante, mais…

AXEL : Pour deux personnes ! Parfois, on était sept ou neuf dedans !

Chantal : Oui, parce que c'était une maison ouverte ! À un moment donné, Axel, le droit, ça lui passait au-dessus de la tête. Le pire, c'était que son père partait travailler vers sept heures du matin et lui rentrait de boîte de nuit à la même heure ! *(Elle rit.)* Finalement, je l'ai emmené voir une conseillère d'orientation qui lui a dit : « Hôtellerie ! » Parfait. Je suis allée prendre des renseignements et je lui ai dit : « Bon, maintenant, tu te démerdes… », euh, pardon : « Tu te débrouilles ! »

Axel : Et j'ai fait l'école d'hôtellerie avec des stages un peu partout : en Suisse, en Belgique…

Chantal : Axel est un garçon qui aime réussir tout de suite. Il déteste les paliers ! *(Elle rit.)*

Axel : « Il y a un poste de directeur général dans votre hôtel ? Non ? Au revoir ! »

Chantal : Impatient !

Axel : Ça s'est guéri.

Chantal : Ça s'est guéri.

J'AI TOUJOURS ESSAYÉ DE VOUS DONNER BEAUCOUP DE RESPONSABILITÉS.

Chantal : Je leur ai toujours dit de savoir se débrouiller. Par exemple, quand nous étions en Amérique, j'ai eu des tas d'invitations en tant que princesse. Je disais aux enfants : « Vous n'existez pas pour moi, pas aujourd'hui. Pendant une semaine, vous n'existez pas. Vous avez faim ? Vous vous débrouillez. » J'ai toujours dit la vérité à mes enfants… dès qu'ils sont nés. Je n'ai jamais rien caché. Quand ils étaient petits, je leur disais : « Dites-moi où vous êtes. Je suis chez untel, je suis chez machin… Je veux savoir. – Ah, mais tu veux nous espionner ! » C'est difficile de leur faire comprendre. Un jour, ils ont très bien compris parce que je suis arrivée cinq minutes en retard et ils étaient paniqués, tous les trois assis dans l'escalier, croyant que j'avais eu un accident, que j'étais morte. Tu te souviens ? Alors, j'ai dit : « Vous voyez, vous avez eu peur. Moi, c'est la même chose ! – Ah bon ? Tu as peur comme nous ? » Ce jour-là, ils ont compris. J'ai toujours essayé de vous donner beaucoup de responsabilités.

Axel : J'étais le moins responsable de tous.

Chantal : Par exemple, on a toujours essayé d'être ensemble au petit-déjeuner. Chacun avait une tâche le matin, à tour de rôle.

Axel : Le fromage, le journal, le pain…

Chantal : … mettre la table à tour de rôle.

Axel : À la maison, c'était le système D. Quand on voyageait – même encore aujourd'hui – on ne couchait pas les enfants dans des lits parapluie. On tirait un tiroir et… le bébé dormait dedans !

Chantal : Famille, amis, cousins… la maison était toujours pleine. Il est arrivé à Kildine de dormir dans la baignoire, avec une couverture ; d'autres dormaient par terre sur des coussins, ça faisait un deuxième lit ! On se débrouillait. C'est comme pour la santé, je n'ai jamais fait attention à la santé. C'est-à-dire qu'on est plutôt costauds dans la famille… Quand on est malade, c'est qu'on a 39° de fièvre. En dessous, on va en classe.

Axel : « Maman, j'ai une otite. – Mets un bonnet ! » Un jour, ma mère s'est fait engueuler par le prof.

Chantal : Par le directeur !

Axel : « Vos enfants n'ont pas de manteau ! – Attendez, ils ont été malades souvent ? Combien de jours d'absence ? Ils n'ont pas de manteau ? Eh bien, s'ils sont malades, je leur en mettrai un ! »

Chantal : Je me suis vraiment fait engueuler ! Mère indigne parce que je n'avais pas acheté de manteau !

MA MÈRE EST TIMIDE, SPONTANÉE, PATIENTE… ET LÉGÈREMENT GAFFEUSE.

AXEL : Pétillante, directe, très timide. Discrète. Ma mère n'est pas quelqu'un d'ostentatoire.
CHANTAL : Avec les amis, c'est différent. Assez fofolle ?
AXEL : Non, pas fofolle, spontanée. Ça, c'est quelque chose de très vrai ! Légèrement gaffeuse, voire très. Le genre de femme qui dit à un enterrement : « Allez, enlevez les cadavres ! ».
CHANTAL : Je l'ai dit… C'était après un verre à l'issue d'un enterrement, les cousins et les neveux qui avaient douze, treize ans, étaient en train d'enlever les bouteilles vides. Et moi je dis : « Enlevez les cadavres ! »
AXEL : Ou qui félicite le veuf, un truc dans ce genre…
CHANTAL : Oui, une autre fois, j'ai dit au veuf : « Mes félicitations ! » C'est sorti ! Je m'entends encore le dire…

AXEL : Mais ça, en réalité, ça vient de sa timidité. Ma mère et moi, on est un peu les mêmes à ce niveau-là : nous sommes très timides. Et quand on est timide… On stresse et on dit ce qu'il ne faut pas ! Une autre chose sur ma mère : elle est très patiente !
CHANTAL : J'ai le temps. Par exemple, je leur ai appris le sens de l'orientation. Avec toi, j'ai essayé, mais ça n'a pas marché…
AXEL : Non, moi, ça n'a pas marché. Je suis la boussole qui indique le sud.
CHANTAL : Ce que je faisais, en Amérique, c'est que je les accompagnais en voiture et, au retour, chacun devait me guider. On mettait une heure au lieu de dix minutes ! « La prochaine fois, vous apprendrez. » La même chose dans le métro, à Paris, quand ils étaient en classe. Chacun à son tour était le guide du retour. Je les responsabilisais.
AXEL : Je tiens de ma mère son contact facile avec les gens. La confiance immédiate. Des relations simples et saines.
CHANTAL : Il m'est arrivé une fois une aventure avec le concierge de l'immeuble. Je sors, j'avais mes trois enfants dans la voiture ; le concierge me saute dessus et me dit : « Écoutez, princesse, est-ce que vous pouvez me passer deux mille francs parce que j'ai des ennuis ? » Je lui dis : « Mais dans l'immeuble il y a des gens qui ont beaucoup plus d'argent que moi, est-ce que vous ne pouvez pas… – Ah non ! ils ne prêtent pas d'argent ceux-là ! » Je commence un peu à discuter, mais je n'ai pas d'argent liquide, alors il me dit : « Eh bien, vous me faites un chèque, vous le signez *(Elle rit.)* et… »
AXEL : Le pire, c'est que je ferais exactement la même chose…
CHANTAL : Je lui fais le chèque et il me dit : « Non, non, pour l'ordre, je m'en occupe. Dans quinze jours, vous aurez votre argent. » Bon. Finalement, ça a marché. Pendant pas mal de temps, j'étais sa banque ! Mais il me remboursait toujours !

« Ma mère nous a transmis des outils pour attaquer la vie. Chacun d'entre nous en a fait des choses différentes. »

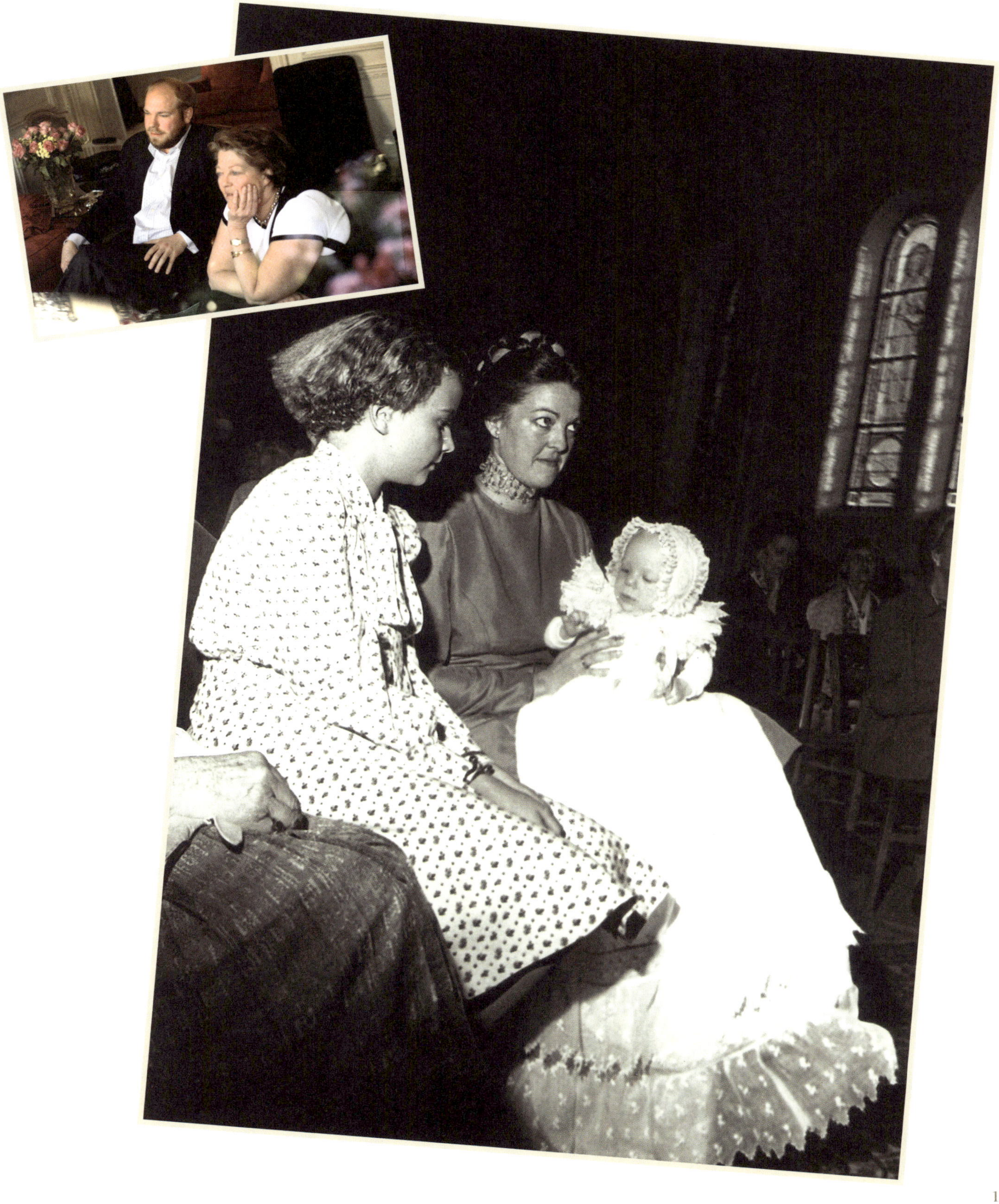

Axel : C'est Chantal de France, pas la Banque de France ! Faut pas confondre… *(Rires.)*

OUI TU PEUX DEVENIR PRINCE… PRINCE DE CŒUR !

Chantal : Son ascendance, Axel l'a sue tout de suite.

Axel : Naturellement. C'est venu, c'est inné.

Chantal : Chez lui, c'est inné. Quand il était petit, il nous disait : « Maman devrait être reine. » Par exemple, Axel m'a toujours parlé de maman [la comtesse de Paris] en tant que reine de France. Alexandre, lui, a repéré qu'il était affilié à la famille royale quand on est rentrés d'Amérique. Le pauvre chéri me dit : « Ah, je suis prince ! » Pour lui rabattre un peu son caquet, je lui dis : « Non, mon pauvre chéri, il n'y a que moi qui suis princesse. Toi, tu n'es qu'un petit baronnet. » Alors, il me dit : « Mais avec mon nom de prince, je pourrais demander toutes les bonnes notes que je veux ! – Essaye un peu, je te donnerai des zéros par-derrière ! » Et j'ai ajouté : « Écoute, en revanche, oui, tu peux devenir prince… prince de cœur. Tu peux devenir prince de physique, prince de ceci, prince de cela ; tu vas être le prince de ta douce. Et là, c'est toi qui le deviendras et on te respectera. On te donnera toutes les notes que tu veux en tant que prince. Mais le demander, jamais ! Si tu le demandes, c'est moi qui irai dire non ! »

Axel : Pourtant, on n'a jamais évolué dans ce milieu-là. Bon, il y avait la famille, les mariages, les grands trucs, certes, mais… je ne sais pas. Pour moi, c'était… Je le sentais dans mes veines, ça va vous paraître très pompeux ce que je vais dire, mais je le sentais, je ne sais comment expliquer…

Chantal : C'est comme moi : je suis née dans cette famille, disons que je n'ai pas besoin de me prouver quelque chose. Parce que je suis là-dedans. Je ne sais pas comment vous expliquer. Je suis princesse. C'est naturel, je suis là-dedans.

Axel : Tu es princesse de France, point barre. Ma mère et moi, on se tutoie.

Chantal : Oui, alors que, moi, je vouvoyais ma mère et ma mère me tutoyait.

Axel : En revanche, nous vouvoyons tous nos oncles et tantes.

Chantal : Je disais « vous » à mes beaux-parents.

Axel : On ne réfléchit plus à ça en réalité.

Chantal : Oui, c'est comme ça, je ne peux pas faire autrement, je suis née là-dedans. Mais toi, un jour, tu étais avec papa, au mas de la Grande Cabane, notre maison dans le Midi, et…

Axel : J'avais quel âge ?

Chantal : Tu avais sept, huit ans à peu près. Tu as dit à ton père : « Papa, j'ai quelque chose à te dire, mais promets-moi d'abord de ne pas te fâcher. » Ton père dit oui et tu lui dis : « Écoute, au fond, la vie est mal faite… » Tu te souviens maintenant ?

Axel : Non, vas-y.

Chantal : Tu lui dis : « Papa, au fond, c'est toi qui aurais dû naître prince de France. » *(Elle rit.)* Pourtant, je trouve que notre filiation nous a joué de mauvais tours.

Axel : Oh oui, avec l'Éducation nationale ! Oui, bien sûr. Je m'appelle Axel de Sambucy, mais ils savaient tous que j'étais le fils de la princesse Chantal de France, fille du comte de Paris.

Chantal : Oui, ils savaient… Mauvaises notes et tout.

Axel : Oui, mais ce n'était pas qu'à cause de la filiation, les mauvaises notes !

Chantal : Non, mais enfin, bon.

Axel : Il y avait aussi un petit peu de moi, mais ça ne m'a pas posé… de barrières, pas de problème.

Chantal : Quand tu étais en classe, au moment d'apprendre la Révolution, ça a été une catastrophe !

Axel *(il rit et crie)* **:** Assassins !

Chantal : Alors là, il s'est fait bannir par une partie de la classe. Il a eu de beaux zéros !

Axel : Ah oui ! en histoire de France…

Chantal : Parce qu'il disait : « Ce n'est pas vrai ce que l'on dit sur la reine Marie-Antoinette. C'est faux ! »

Axel : « Louis XVI aimait les serrures, c'est faux ! Il aimait les grands mécanismes ! »

Chantal : Tu reprenais presque à chaque fois tes profs.

Axel : Pas à chaque fois parce qu'au bout d'un moment j'en avais marre.

Chantal : Il avait sept ou huit ans. On apprend la Révolution au primaire.

Axel : Voilà, on leur apprend les bases de la France.

Chantal : Il disait : « Je ne suis pas d'accord avec vous. » Alors, moi, je t'en ai parlé, je t'ai dit : « Écoute, tu apprends, tu te tais, tu me laisses faire, tu apprends ce qu'il faut, mais de l'autre côté, je te dis la vérité ! » Par exemple, Versailles, ils ont eu la possibilité, quand on est rentrés d'Amérique…

Axel : … de sauter sur le lit du roi ! Ils venaient de restaurer le couvre-lit.

Chantal : En broderie de Lyon. On a eu la possibilité de faire une visite privée. Très bien, alors on visite tout, magnifique, et, à un moment donné : les appartements du roi. Heureusement, maman était en train de discuter avec le conservateur près d'une fenêtre. Je me retourne et je vois mes trois enfants en train de sauter sur le lit du roi pour voir s'il était bon ! Ah ! *(Elle étouffe un cri.)*

Axel : Oui ! Il ne fallait pas faire de bruit parce que si maman hurlait, il était certain que ma grand-mère allait se retourner, et le conservateur aussi !

Chantal : J'ai pris les enfants, et ouste ! Ils n'ont rien vu. Je l'ai dit deux ou trois ans plus tard au conservateur, quand je l'ai revu…

PENDANT MON ENFANCE, JE FAISAIS CE QUE JE VOULAIS.

Chantal : J'étais le numéro dix de onze enfants. Et je suis la sixième fille. Alors, la sixième fille, on ne s'en occupe pas ! *(Elle rit.)* Il n'y avait que quatre garçons à cette époque, le cinquième est arrivé après. Moi, je suis née en Espagne. Mes premiers souvenirs, c'était moi aussi au Portugal, et disons que… je faisais ce que je voulais. J'étais à la queue de la fratrie et on ne s'occupait pas de moi, donc je faisais vraiment ce que je voulais. Avec ma sœur aînée, on a quinze ans d'écart. Je faisais une chose que Kildine a faite aussi, je me cachais. J'avais trouvé un système que j'adorais, c'était de monter sur le toit de la grande maison et je regardais toute la famille qui était là, en bas, comme des fourmis. Je regardais toutes mes petites fourmis qui bougeaient dans tous les sens. Je prenais souvent un livre et je lisais là-haut. Et on me fichait la paix. Je suis solitaire, j'aime être de temps en temps seule.

Axel : Avec un bon bouquin.

Chantal : Oui, avec un bon bouquin. Je fais rire mon mari parce que même si j'ai un rendez-vous à Paris, j'ai un livre. Parce que je lis toujours. J'ai cinq minutes d'attente, je lis. Et comme j'ai toujours de gros bouquins, il râle. Bref. Ma famille est rentrée en France en 1951, j'avais cinq ans. Papa a dû trouver une maison, ce qui était difficile avec onze enfants, plus les parents, plus Madeleine de Monbran, qui était notre nounou, plus Michel de Grèce qui n'avait plus de parents et qui habitait avec nous, plus Patrick et Véronique de Mac Mahon… Tout ça, ça habitait à la maison.

Axel : Les Mac Mahon, c'étaient des cousins germains.

Chantal : On est allés à Eu, en Normandie, parce que la maison n'était pas prête. On vivait dans ce château. Pour moi, ça a été une

chose extraordinaire parce que… comment vous expliquer ? Je voyageais dans ce château, tellement il était grand : cent mètres de long ! Ce château qui était à mes parents venait du comte d'Eu, qui le tenait de Louis-Philippe. J'ai failli flanquer le feu au château parce que j'avais une belle poupée en celluloïd et, quand j'étais malade, la poupée était malade. On l'avait mise sur le poêle à mazout pour ne pas qu'elle ait froid : poum ! Et les rideaux à côté : poum ! Et mon frère Thibaud et moi, ravis, enchantés. On chantait : « Il y a le feu ! Il y a le feu ! » en sautant sur nos lits !

Axel : Tu ne t'es pas fait engueuler ?

Chantal : Oh, certainement, mais je ne m'en souviens pas. J'avais aussi lu *Tintin et les sept boules de cristal* où il passe sous une cascade. Et je me suis dit : « Il me faut ma cascade ! » Je vais dans la salle de bains, je bouche les petits trous du lavabo, je prends le petit tabouret pour ne pas me mouiller. J'ouvre les robinets et j'attends. Ça déborde pendant des heures, et des heures, et des heures…

Axel : Soit dit en passant, on a fait la même chose…

Chantal : Eux, ils ont joué à la piscine.

Axel : Ah oui, la piscine ! Dans la salle de bains avec la baignoire.

Chantal : Moi, j'ai fait la cascade, c'était génial ! Et je n'étais pas mouillée ! Papa, qui venait de faire la maison, était dans son bureau. Il avait un superbe globe. Il entend : ploc, ploc… Et, tout d'un coup, le globe tombe, rempli d'eau ! Il y avait dix centimètres d'eau au premier étage ! J'ai dû recevoir une belle raclée, mais je ne m'en souviens pas.

ON PREND LA VIE COMME ELLE VIENT. CE QUI NOUS ARRIVE DE MAUVAIS, ON VIT AVEC.

Axel : Maman et moi, on se comprend assez facilement, on se ressemble, on prend la vie comme elle vient.

Chantal : C'est vrai. Quand j'étais jeune mariée, en 1972, le salaire de mon mari était de sept cents francs par mois. Pendant pas mal de temps, on a eu des salaires de moins de mille francs. On est sortis du rouge à la banque quand on est partis en Amérique, en 1981. On vivait à crédit. Tous les vêtements, c'est moi qui les faisais, les rideaux… Quand on s'est installés ici, c'est la première fois que je les faisais faire par quelqu'un. Avant, c'était moi.

Axel : D'ailleurs, c'est beaucoup moins bien fait…

Chantal : Oui, bon, j'ai tout de même fait toutes les autres chambres. On a de l'argent, c'est très bien ; on n'en a pas, on retire les trucs et puis voilà !

Axel : On prend la vie comme elle vient. Ce qui nous arrive de mauvais, on vit avec.

Chantal : On vit avec. Comment dire ? Un jour, mon beau-père voulait nous donner une ravissante petite maison, mais au bord de la route. Je dis à mon mari : « Je veux bien, mais c'est au bord de la route et il n'y a que quatre pièces. Je connais la famille, il nous faut un peu plus grand. » On a fait en sorte que notre beau-père nous la vende pour un franc symbolique et on a fait un restaurant, qui se trouve au pied d'une abbaye.

Axel : Une affaire familiale.

Chantal : Une affaire familiale. Ma belle-sœur s'en occupait et, en été, c'était moi – j'avais mes trois enfants. Notre Michelle, la nounou des enfants depuis trente ans, avait fichu le camp avec son futur mari. *(Elle rit.)* Trois enfants, la jeune fille qui s'occupait du restaurant à l'hôpital au mois de juin… donc personne pour juillet, août et septembre. Qu'est-ce qu'on a fait ? Eh bien, mon mari était en salle et je m'occupais des trois gosses ! Il n'y avait que ça à faire, sinon on fermait le restaurant que l'on venait d'ouvrir. On a fait ça pendant tout l'été, une saison. Les vacances, c'était le restaurant.

ON AIME LA SOLITUDE, LA TRANQUILLITÉ, MAIS ON AIME AUSSI QUAND IL Y A TOUTE LA SMALA.

AXEL : On est des gens peu émotifs finalement… C'est parfois très décontenançant pour les gens.
CHANTAL : On rit beaucoup.
AXEL : Oui, ça, on rit beaucoup. On se confie pas mal l'un à l'autre.
CHANTAL : On se confie et on s'engueule.
AXEL : On s'engueule, ah oui, ça ! Il y a des moments où l'on se traite de noms d'oiseaux, des trucs violents ! Le ton monte très haut.
CHANTAL : Très haut.
AXEL : Très vite !
CHANTAL : Très vite.
AXEL : Et ça retombe aussi sec.
CHANTAL : Et ça retombe aussi sec.
AXEL : Et on pleure et on tombe dans les bras l'un de l'autre. On est soupe au lait entre nous, mais jamais avec quelqu'un d'autre…
CHANTAL : Enfin, il ne faut pas trop me marcher sur les pieds…
AXEL : Comme moi. On encaisse beaucoup, mais quand on arrive *borderline*… Il ne faut pas venir nous chercher ! Voilà. Ma mère a une complicité…
CHANTAL : … très forte avec toi.
AXEL : … très forte avec moi, mais une complicité différente avec chaque enfant.
CHANTAL : Oui.
AXEL : Ma mère a une relation avec ma sœur, qu'elle n'a pas avec moi ; avec mon frère, qu'elle n'a pas avec moi. On a des goûts assez similaires pour les films : ma mère et moi, on nous met devant une télé…
CHANTAL : Ça, on adore les films !
AXEL : On peut passer des heures et des heures à regarder des bêtises, en plus… Mon père a beaucoup plus tendance à s'endormir !
CHANTAL : Oui, on a pas mal de complicité. Notre défaut de famille, c'est que l'on aime manger !
AXEL : Si on regarde de la nourriture, on prend trois kilos ! Le problème, c'est qu'on aime ça, on ne fait pas que la regarder. On ne vieillit pas à table, on aime la bonne chère, le vin et tout le reste ! Tout ce qui est bon. Chez nous, les maisons sont toujours ouvertes. Vous pouvez venir quand vous voulez.
CHANTAL : Il y a toujours deux chambres d'invités.
AXEL : Toujours. On aime la solitude, la tranquillité, mais on aime aussi quand il y a toute la smala. On a besoin de ça. Je pense que ma mère m'a transmis énormément de fierté et de… *(long silence)* pas de respect, de gratitude !
CHANTAL : Savoir dire merci, oui.
AXEL : Ça, oui, toujours remercier. Elle nous a transmis beaucoup d'outils pour attaquer la vie. Chacun d'entre nous a pris des outils différents, en a fait quelque chose de différent.
CHANTAL : Il y a aussi une chose que je leur ai toujours dite : « Soyez bien dans vos pompes : vous voulez être plombier ? Alors, faites-le, mais bien ! »
AXEL : « Soyez le meilleur. »

CHANTAL DE FRANCE (Chantal d'Orléans), née le 9 janvier 1946 à Pampelune, est la fille d'Henri d'Orléans, comte de Paris et héritier du trône de France. Elle a trois enfants : **AXEL,** Alexandre et Kildine.

- En 1950, abrogation de la loi d'exil. Retour en France et installation de la famille à Louveciennes.
- En 1972, elle épouse François-Xavier de Sambucy de Sorgue.

AXEL DE SAMBUCY DE SORGUE est né le 4 juillet 1976.

GAINSBOURG

Bambou & *Lulu*

« Laisser son enfant libre et le pousser quelquefois à partir. »

On le reconnaît seulement à son sourire, d'une douceur incroyable. Lucien Gainsbourg, le petit Lulu de Serge et de Bambou, est devenu un grand gaillard de vingt-deux ans qui vit à Boston où il fait une école de musique. Dans la maison de poupée que Bambou partageait avec Serge, décorée à l'identique de la rue de Verneuil – murs noirs, piano et des dizaines de photos –, mère et fils, très complices, se confient sur leur vie passée, leurs souvenirs et se dévoilent avec beaucoup de pudeur et de tendresse. Une belle rencontre.

Bambou : Quand j'ai eu Lulu, à vingt-six ans, on me l'a mis sur le ventre et la première chose à laquelle j'ai pensé, c'est : « Je ne serai plus jamais seule. » C'est bizarre, hein ? Voilà ce que j'ai pensé. Je ne savais pas comment l'attraper, donc je lui ai pris ses deux petits bras et j'ai dit : « Il est gros ! *(Elle rit.)* Il est dodu ! » Il faisait 3,4 kilos, c'était un beau bébé. C'est idiot, mais Serge m'a dit : « Et si plus tard, il aimait les garçons ? – Eh bien, on le laissera aimer les garçons ! S'il est heureux, c'est l'essentiel ! – Mais ça ne te fera pas bizarre d'avoir un beau-fils au lieu d'une belle-fille ? *(Elle éclate de rire.)* – Non ! J'ai plein de copains qui sont homos, je les vois heureux. Il n'y a pas de problème ! » Serge pensait que Lulu allait faire de la musique, donc il lui avait acheté ce piano, bien avant qu'il ne sache jouer… trois ans avant. Apparemment, il devait sentir certaines

choses. D'ailleurs, quand il est mort, je suis allée rue de Verneuil. J'ai laissé Lulu ici parce que c'était le soir. Je n'avais pas eu de nouvelles de Serge, alors je suis partie. Je ne suis rentrée que le lendemain : je n'ai pas eu besoin de le dire à Lulu, il avait compris. Il était resté toute la journée avec Anna, sa nounou, et Vicky, ma sœur. Il s'était mis au piano et il avait retrouvé à l'oreille ce que son père lui jouait : *Popeye, Les Trois Petits Cochons*... Quand je suis revenue, il m'a dit : « Écoute, maman ! » et il m'a tout joué. Lulu est né au mois de janvier, j'allais avoir vingt-sept ans, le 1er mars. Serge est mort un 2 mars. Ce sont des dates un peu difficiles, même encore aujourd'hui. C'est tellement proche qu'on ne peut pas fêter mon anniversaire... On se dit qu'avec le temps, ça s'arrange, mais non... Simplement, maintenant, je peux en parler. Et toi, Lulu, où en es-tu avec papa ?

Lulu : Avec le 2 mars ?

Bambou : Oui.

Lulu : Moi, ça ne me gêne plus. J'ai passé le cap. Peut-être qu'inconsciemment, ça atteint quelque chose, mais, maintenant, il faut vivre de l'avant. Ça fait quatorze ans, j'ai peu de souvenirs d'enfance... Ce sont des images que j'ai dans la tête et ce que maman m'a raconté, juste des images... Je me souviens qu'on a vécu rue de Verneuil pendant quelques mois.

Bambou : Un an.

Lulu : Je me souviens que tous les soirs, avant de dormir, je me matais un Disney.

Bambou : Avec papa, oui.

Lulu : Il y avait un immense écran ! À l'époque, on n'en trouvait pas partout ! Ensuite, on a vécu rue Saint-Jacques à Port-Royal. J'allais à l'école juste à côté d'ici. Puis on a commencé à habiter ici, et à partir du CP et du CE1, j'ai changé d'école. Elle était à Port-Royal.

Bambou : On faisait toujours des allers-retours. Serge venait là, on allait rue de Verneuil... enfin... on était toujours en transit.

Lulu : J'ai de très vagues souvenirs avec mon père. Je sais qu'il venait de temps en temps me chercher à l'école.

Bambou : Et quand il est venu te voir en colonie ?

Lulu : Oui, ça aussi, je m'en souviens !

Bambou : Il y a eu une émeute, il ne pouvait plus sortir ! Les flics ont dû intervenir...

Lulu : Je ne sais plus trop où c'était, mais j'étais en colonie d'été et j'avais sept ans.

Bambou : Sept ans ! Tu m'avais dit : « Je veux aller en colo ! »

Lulu : J'avais envie de bouger, d'aller voir du monde, donc je suis parti ! J'avais demandé à ma mère de me trouver une colonie. J'avais déjà envie de partir !

Bambou : Serge et moi, on s'est dit : « Il ne nous aime pas, c'est horrible ! » En fait, je ne l'avais inscrit que pour une semaine. Au bout d'une semaine, il a appelé : « Je veux rester une semaine de plus ! » Il voulait être avec des enfants. Ça s'est décidé comme ça avec Serge : la moitié des vacances avec nous, l'autre moitié en colo. J'y suis allée une fois. Les filles faisaient un spectacle nautique sur *Pretty Woman*. Dès qu'elles sortaient de la piscine, je voyais Lulu : hop ! une main aux fesses ! Je me disais : « Déjà ? Mais ça ne va pas ! » Il était en famille là-bas, c'était une colo sympa. J'allais y faire la mono pendant trois jours !

JE SUIS PARTI AUX ÉTATS-UNIS PARCE QUE PERSONNE NE ME CONNAÎT LÀ-BAS.

Bambou : Une semaine avant que Serge ne meure, il est venu dans le 13e faire mettre Lulu sur son passeport. Il voulait l'emmener je ne sais plus où. Il m'a dit : « Quelle heure est-il ? – C'est l'heure où Lulu sort. – On va aller le chercher. C'est peut-être la dernière fois. » Et je me suis dit : « Oh là ! ça n'est pas bon, ça… »
Vers la fin, un an avant que Serge ne s'en aille, je m'inventais des boulots qui n'existaient pas, le week-end, pour qu'ils aient des tête-à-tête tous les deux. Lulu passait des week-ends avec son père, entre mecs, et quand il revenait, il me disait : « Ah, c'était bien chez papa ! Je veux y retourner ! » J'étais furieuse ! *(Elle rit.)* Je ne l'avais pas vu de tout le week-end, soi-disant parce que j'étais en train de bosser pour les laisser tous les deux, et lui, il voulait retourner chez son père ! Mais bon… Serge l'amenait à l'école le lundi matin et à toutes les rentrées scolaires.

Lulu : Plus tard, le fait d'aller à l'école en taxi, ça me saoulait… C'est un des trucs qui m'a beaucoup pris le chou parce que j'avais envie d'être avec mes copains, de prendre le métro comme tout le monde, d'aller à l'école comme tout le monde.

Bambou : Tu étais trop petit, Lulu.

Lulu : Excuse-moi, mais jusqu'à mes treize ans…

Bambou : Oui, mais je n'avais pas le choix… On a essayé de t'enlever. Serge et moi, on était partis à Bruxelles faire une télé pendant deux jours. J'avais une copine qui gardait Lulu, en plus de sa nourrice. Ce soir-là, il a fait une crise, je ne sais pas… Il a voulu aller dormir chez sa nourrice, qui habitait en face de chez nous. Heureusement car des gens sont entrés et sont montés ; ils savaient exactement où était la chambre de Lulu. Une semaine après, les flics ont arrêté

quelqu'un qui avait un papier où étaient notés tous mes déplacements depuis deux mois : quand c'était moi qui allais chercher Lulu à l'école, quand c'était Anna… Mais comme il n'y avait pas eu de kidnapping, ils l'ont relâché ! Après ça, Serge a flippé : il m'a collé un garde du corps, un flic qui restait ici, je n'en pouvais plus ! *(Elle rit.)* Au bout d'un mois, j'ai dit : « On se fait encore plus remarquer, il faut arrêter ça ! » On est allés un peu à l'hôtel avec Serge en attendant que ça se tasse.

Il s'était passé la même chose pour Charlotte. Des gens de Sciences Po qui s'ennuyaient ont voulu kidnapper Charlotte. Ils l'ont surveillée pour savoir quand elle venait rue de Verneuil, quand j'allais la chercher à l'école, quand c'était Jane qui était là ou quand elle allait à l'école toute seule. Elle avait quoi ? douze ans. Donc ici, on a changé les serrures. Dans ma chambre, il y a des vasistas : Serge y a fait mettre des barreaux.

Lulu : On a peut-être essayé de m'enlever, mais jusqu'à mes treize ans, ça m'a saoulé… Avant d'arriver, je disais au chauffeur : « Déposez-moi un peu plus loin. »

Bambou : Eh bien, voilà, tu avais trouvé la parade !

Lulu : Oui, mais quand il venait me chercher, par exemple, je n'avais pas de parade. Il se mettait tout le temps devant l'école. Et là, mes copains disaient : « Oh, il y a un taxi ! »

Bambou : Lulu, il y avait plein de taxis dans cette école, c'était une école privée !

Lulu : Il n'y avait pas plein de taxis ! Je peux te le dire. Il y en avait un, pour quelqu'un qui avait des béquilles.

Bambou : Je n'avais pas le choix…

Lulu : Oui, mais quand j'étais avec mes amis : « Rentre avec nous ! – Euh… non, ma mère va venir me chercher. » Je devais trouver des excuses. J'attendais qu'ils ne soient plus là, je fonçais dans le taxi et go ! allez-y ! roulez ! *(Il rit.)* Ce n'est pas que j'avais honte de ce que j'étais, mais…

Bambou : … mais tu n'étais pas comme tout le monde.

Lulu : Vis-à-vis de mes amis, je ne trouvais pas ça juste.

Bambou : Il y a pire que ça, mon petit chéri !

Lulu : Moi, j'avais envie de m'amuser avec mes potes… et de prendre le métro, je ne sais pas… Maintenant je prends le métro tous les jours, c'est cool. Et puis, moi, tout seul, on ne me reconnaît pas forcément. J'ai grandi. Il y a une semaine, j'avais les cheveux longs… Je passe un peu inaperçu.

Bambou : Même maintenant, il déteste sortir avec moi. Pourtant, on ne me reconnaît pas trop, plus beaucoup, parce que je me suis pas mal retirée et je l'ai toujours préservé de ça. Mais moi, je ne vois rien, je ne vois pas les gens. Je suis dans ma bulle et je ne vois pas.

Lulu : Oui, mais moi, j'entends les gens. C'est pour ça que je suis parti aux États-Unis, parce que personne ne me connaît là-bas.

Bambou : C'est la seule raison ?

Lulu : Une des raisons. Il y en a plein d'autres. J'ai quitté Paris il y a deux ans. Je suis parti un an à Londres pour améliorer mon niveau d'anglais. Puis je suis parti à Boston, à Berkeley, dans une école de musique. J'y suis depuis un an et je vais y rester encore deux ou trois ans pour finir mon cursus. Ensuite, j'ai l'intention d'aller vivre à Los Angeles.

C'est une des meilleures écoles de musique du monde, je crois. Elle a une très bonne réputation. On peut tout y faire, tout dépend de l'instrument dont on joue au départ – moi, c'est le piano. On peut faire de la musique de film, du jazz ou du blues, de la pop, de la musique synthé… C'est assez complet. En fait, à la base, je passais le bac et je ne savais pas du tout ce que j'allais faire après. On avait parlé vaguement de partir à Londres parce que je n'avais pas envie de rester là.

Bambou : C'est grâce à Tony, le batteur de

Serge – on est restés très proches de ses musiciens américains. Un jour, il m'a parlé de Berkeley et ça a fait tilt ! Je me suis dit : « Ce n'est pas grave pour le bac ! » Normalement, on doit avoir son bac pour entrer à Berkeley, mais Lulu est allé faire une audition là-bas. Il s'y était préparé et il a fait une excellente audition. Il est entré par la grande porte ! En plus, il s'appelle Gainsbourg, donc ça a joué, j'imagine... Trois mois après, il m'a appelée et m'a dit : « Allez, avoue ! Tu as fait des faux papiers pour faire croire que j'avais mon bac ! » *(Elle rit.)* À la mort de Serge, j'ai essayé de me projeter dans l'avenir pour Lulu, par rapport à son père. Je me suis dit que ce n'était pas évident pour ces enfants-là. Le problème des enfants qui ont des pères célèbres, c'est de trouver leur place. À la limite, il vaut mieux qu'ils aillent faire leurs preuves ailleurs, à l'étranger. Aux États-Unis, au moins, il n'y a pas ce problème, il n'y a pas de syndrome « fils de ». On s'en fout ! Et on tire vers le haut. Si Lulu rate un examen, il va voir le prof parce qu'il sait qu'il peut faire mieux ; le prof lui dit : « Tu veux repasser ton examen ? » Et hop, il le repasse ! Ce n'est pas comme ici, où ils les massacrent...

IL Y A PEU DE TEMPS, JE N'ÉTAIS PAS HEUREUX...

Bambou : Jusqu'à deux ans et demi, Lulu était le bébé parfait ! Le gamin parfait, qui ne pleurait jamais, qui souriait au réveil, qui dormait jusqu'à onze heures du matin... À deux ans et demi, il a eu envie d'aller à l'école. Il avait vraiment envie de voir du monde ! Il était déjà très autonome. Tant que Serge était là, Lulu aurait fait n'importe quoi pour lui faire plaisir, même rester trois heures à table sans bouger – ce qu'il a fait très souvent. Il était très sage quand il était avec nous. Je le trimbalais partout, partout. À trois mois, il était dans le Concorde pour aller aux États-Unis avec son père. Il l'a pris plusieurs fois : quand Serge faisait ses albums là-bas, on l'accompagnait. Ou à Londres, quand il faisait des albums pour Jane ou Isabelle Adjani.

Lulu : Le mur du son...

Bambou : Ah, le mur du son ! On savait qu'on allait passer le mur du son parce qu'à ce moment-là, Lulu nous vomissait dessus ! On arrivait à New York pleins de gerbe ! *(Elle rit.)* À chaque fois, on y avait droit... Maintenant, il est malade dans les hélicoptères, pas dans les avions. On a fait le Grand Canyon avec Charlotte et Yvan [Attal] quand il avait sept ans, et il a rempli tous les sacs qu'il y avait... Mais c'était sympa de voir un môme qui était tout le temps content. Jusqu'à douze, treize ans, il avait toujours un grand sourire quand je le réveillais. Il était content de se réveiller, d'aller à l'école... En revanche, à l'école, il ne supportait pas qu'on dise du mal de nous, donc il castagnait !

Lulu : Mais c'était après...

Bambou : J'étais souvent convoquée... pour des yeux au beurre noir.

Lulu : J'étais très bagarreur. Déjà tout petit j'ai blessé quelqu'un qui m'avait saoulé. Je l'ai blessé, je lui ai ouvert la tête, je crois, avec une pierre...

Bambou : Non, tu avais pris un objet chez ta nounou.

Lulu : Oui, chez Anna, une pierre qui était dans la cour... Je lui ai mis un coup sur la tête parce qu'il m'avait énervé !

Bambou : Ah oui ! Ça lui a fait peur parce que la tête, ça saigne... Donc je l'ai mis au judo à quatre ans pour essayer de canaliser cette énergie agressive. Après, il a fait de l'aïkido. Quand il a commencé le piano, il se roulait par terre dès qu'il faisait une fausse note – son père n'était plus là. Il ne supportait pas de se tromper, donc il se roulait par terre de rage... À chaque fois, on y avait droit. Il faisait ça chez sa prof aussi.

Lulu : À partir de dix, onze ans, j'ai commencé à voir un psy à cause de mes problèmes.

Bambou : Il était obèse.

Lulu : J'étais très très violent. Et j'étais obèse. Mais j'ai perdu quinze kilos en deux semaines !

Bambou : Oui, un kilo par jour... Mais le poids, c'était à cause de ma mère. Elle avait appris à un moment donné que j'étais malade. Ma mère m'a mise à la DASS à six mois, et quand j'avais treize ans, elle m'a reprise. Je suis la sixième enfant. Elle était un peu dingue... Je suis partie de chez elle à dix-sept ans, mais je lui ai toujours laissé une porte ouverte chez moi. Pour voir Lulu, elle a demandé de l'argent à Serge. Lulu a dit : « C'est rigolo, une grand-mère chinoise. » Je lui ai répondu : « Tu vas voir comme c'est rigolo ! » Au bout de cinq fois, il a dit : « Bon, d'accord, la dingue, on la laisse tomber ! » *(Elle rit.)* Quand Serge est mort, elle m'a dit : « Le testament... » Je lui ai répondu : « Il n'y en a pas. » C'était vrai. Je me suis fait insulter ! Bref... Quand elle a appris que j'étais malade – Lulu était à la maison ce jour-là –, elle a sonné à la porte. Elle n'habite pas loin, à dix minutes à pied, mes neveux habitent le numéro d'après ; c'est un peu étrange : on se croise dans la rue, personne ne se dit bonjour... Elle est venue et a dit à Lulu : « Quand ta mère sera morte, c'est moi qui te prendrai parce que je suis la famille la plus proche, je suis la grand-mère. » En fait, elle m'a guérie ce jour-là ! *(Elle rit.)* Elle m'a rendu service ! Mais c'était un peu dur. Et Lulu s'est mis à manger. À partir de ce moment, il calmait ses angoisses dans la nourriture.

Lulu : C'est au moment où j'ai arrêté de sucer mon pouce aussi.

Bambou : Aussi, à neuf ans. Parce qu'il a toujours eu très peur de ma mère, même quand il était bébé. Alors qu'il allait dans les bras de tout le monde, quand ma mère le prenait, il hurlait, il hurlait ! Un jour, elle l'a jeté, furieuse ! Donc, de neuf à treize ans, il est devenu obèse. Je ne savais pas quoi faire. Je l'ai envoyé chez un psy. En fait, il flippait... que je m'en aille.

Lulu : Je venais de perdre mon père il n'y avait pas très longtemps, ensuite ma mère était tombée malade... C'était dur pour moi... Je suis devenu très violent... Là, à cette période, dès qu'on disait du mal de mes parents, boum, ça cognait ! En classe, j'étais collé tout le temps. Ensuite, c'est vrai que j'ai commencé à voir un psychiatre.

Bambou : Oh, c'était un thérapeute...

Lulu : Enfin... un thérapeute. Il essayait de me faire parler. À l'époque, je m'amusais avec des petits soldats en plastique, et puis, je ne sais pas pourquoi, je prenais des règles

ou des ciseaux et je leur coupais la tête… Sur le moment, je m'amusais. Mais quand j'y pense, c'était un peu bizarre… Je n'étais pas heureux il y a peu de temps… Ce thérapeute m'a guéri de mon obésité, et surtout de ma nervosité. Je suis devenu inoffensif…

BAMBOU : Il a peur maintenant…

LULU : Je suis à la limite d'avoir peur des mouches… vraiment ! Pendant un moment, quand il y avait une mouche qui volait…

BAMBOU : « Maman, mais tu ne la tues pas ? » Alors je devais l'attraper et la mettre dehors. *(Elle rit.)* Il se planquait sous les draps pour tout ! Pour les papillons, pareil : « Ne les tue pas ! Tu les attrapes. »

LULU : Les papillons de nuit…

BAMBOU : Mais des phobies comme ça, Lulu, ce n'est pas à cause du thérapeute, ce sont des choses qui arrivent…

LULU : Ah, mais je ne dis pas que c'est à cause de lui !

BAMBOU : Tu m'as dit plusieurs fois : « Depuis que je l'ai vu, j'ai peur. » En fait, tu as peur de ta force. Les arts martiaux t'apprennent justement qu'il faut éviter la bagarre quoi qu'il arrive.

LULU : Mais je n'ai jamais dit que c'était de sa faute !

BAMBOU : Les phobies arrivent comme ça… Ce n'est pas la faute du psy si tu as des phobies.

LULU : Je n'ai pas dit que c'était de sa faute ! C'est la troisième fois que je le dis ! J'ai dit que c'est à partir de ce moment-là que…

BAMBOU : On est partis en Inde, et là ça a été… Les phobies sont restées, mais les kilos sont partis !

LULU : J'ai aussi pris quinze centimètres !

VOTRE ENFANT NE VOUS APPARTIENT PAS. IL FAUT LE LAISSER LIBRE ET LE POUSSER QUELQUEFOIS À PARTIR…

Lulu : On a toujours vécu ensemble, il n'y a jamais eu de problème. Mais je sais qu'un an et demi après la mort de mon père, ma mère est tombée malade. Pendant cette période, par rapport à moi, elle n'avait pas du tout de patience. Dès que je faisais un truc de travers, elle s'énervait tout de suite. Ça, je m'en souviens. Mais, avec le temps, on a commencé à se parler. On est un peu comme dans une amitié, dans une complicité, je crois. Aujourd'hui, c'est la seule personne que j'écoute. J'ai des amis que je peux écouter, mais c'est la seule personne dont j'ai peur, par exemple. Personne ne me fait peur, sauf ma mère ! *(Il esquisse un rire.)*
Bambou : Tu as peur de moi, Lulu, ou tu me fais confiance ?
Lulu : C'est-à-dire que…
Bambou : Tu me respectes.
Lulu : Voilà. C'est rare.
Bambou : Oui, mais c'est vrai, j'étais étonnée l'autre jour quand tu disais à je ne sais plus qui que je te faisais peur parce que quand je me mettais en pétard… tu traçais ! Après, je lui ai dit que c'était beaucoup de bluff ! Serge était très rigoureux sur la discipline pour les enfants. Moi, je ne suis pas comme ça. Mais il y a quand même le respect, il y a des valeurs, des choses qu'il ne faut pas dépasser. Donc on doit bluffer beaucoup ! Mais quand je me mets en colère *(Elle rit.)*… Jusqu'à l'âge de treize ans, il a cru que j'étais la sœur de Bruce Lee ! Il se disait : « Elle est à moitié chinoise, c'est peut-être possible. » *(Éclat de rire général.)* Je lui avais fait croire aussi que je savais lire une partition… C'était complètement faux ! Je savais où il se trompait parce que j'allais aux cours, j'écoutais et je savais. Après je le lui ai avoué !
Lulu : Je ne te croyais pas, mais inconsciemment…
Bambou : Mais bon, je ne te fais pas peur ?!
Lulu : Non ! Mais non ! Maintenant, c'est fini ! Tu ne me fais plus peur. Mais j'ai du respect, quoi !
Bambou : Eh bien, voilà ! C'est différent de dire « j'ai peur » et « j'ai du respect ». Parce que si je te fais peur, c'est horrible !
Lulu : Non, on peut avoir tous les deux un avis différent, mais dans ce cas on va en parler. On va s'expliquer, on va s'arranger.
Bambou : Ce n'est pas évident quand on n'a qu'un enfant et qu'on est seule. Mais il y a plein de femmes qui ont des enfants et qui les élèvent toutes seules. Le truc, c'est qu'il faut tout de suite comprendre que votre enfant ne vous appartient pas. Il faut le laisser libre et le pousser quelquefois à partir. Parce que j'aurais tendance à lui dire de rester, et ça, ce n'est pas rendre service. À un moment donné, quand on vit tout seuls, tous les deux, comme ça, ça peut vite tomber dans le fusionnel, le passionnel et, là, ça devient malsain. Il faut être très vigilant là-dessus. En tant que mère, je suis là pour le guider, pour lui dire ce que je pense s'il me demande mon avis. Après, c'est lui qui apprend par ses expériences, il ne peut pas apprendre à travers moi. Il va apprendre ce que, lui, il doit apprendre. Pour tout le monde c'est comme ça. Quand on aime son enfant, il faut le laisser libre, même le laisser se prendre des portes dans la figure, car c'est ça qui le fait grandir. Par exemple, je ne l'appelle jamais aux États-Unis, je ne l'appelle pas.
Lulu : Moi, je craque. J'appelle pratiquement…
Bambou : Oh, c'est quand tu en as marre, Lulu ! C'est dans les derniers mois…
Lulu : C'est vrai qu'après mon retour de Paris, peut-être pendant une ou deux semaines, je ne donne pas beaucoup de nouvelles, mais…

Bambou : Vers le quatrième mois, c'est tous les jours et, moi, je n'appelle pas. Je me force à ne pas appeler pour ne pas l'étouffer. Il m'appelle : « Je viens de me lever, je me suis endormi à cinq heures du matin, il faut que j'entende ta voix pour être tranquille. » *(Elle est attendrie.)* C'est mignon… Tu prends ton temps, tu me dis toujours : « Je prends mon temps pour grandir. » Tu n'as pas envie d'être grand…

Lulu : Là, en ce moment, c'est vrai, j'ai une vie d'étudiant, mais dans trois ans c'est fini, ça va être la vie professionnelle…

JE SUIS TRÈS SENTIMENTAL, TRÈS SENSIBLE. JE SUIS UN PEU COMME UNE FEMME !

Bambou : Tu as dit tout à l'heure que ça ne faisait pas longtemps que tu étais heureux ?

Lulu : C'est vrai. Jusqu'à ma période au lycée, avec mes problèmes de relations amoureuses, je n'étais pas très…

Bambou : Hum…

Lulu : Là, maintenant, depuis que j'ai trouvé ma voie, depuis que je me prends beaucoup moins la tête, ça va beaucoup mieux. Mais ça fait seulement un an que je suis bien dans ma peau, que je ne me prends plus la tête sur mes problèmes de cœur. Parce que je suis très sentimental. Je suis un peu comme une femme, très sensible…

Bambou : Il y a beaucoup d'hommes qui le disent… Depardieu le dit aussi.

Lulu : Je tombe très vite amoureux. Et quand je tombe amoureux, je n'ai qu'elle dans la tête. Il peut y avoir cinquante femmes, c'est elle.

Bambou : Oui, maintenant il reste au couvent, le temps qu'il trouve la femme de sa vie…

Lulu : Au couvent, non. Quand j'ai rencontré ma première copine, Lucille, au lycée, j'étais beaucoup sur mes gardes. Dès que ma mère disait un truc de travers, même si ce n'était pas méchant…

Bambou : Je m'en prenais plein la tronche…

Lulu : Alors là, ça y allait ! Il ne fallait pas toucher à ma copine…

Bambou : Mais jamais tu ne m'as dit un gros mot ou quoi que ce soit.

Lulu : Ah, non, non ! Mais bon…

Bambou : Le pire, c'est : « Tu me saoules, tu me mets la pression. Tu me saoules », même si ça veut dire autre chose dans sa tête. Tant qu'il ne me le dit pas, ça va. *(Rires.)* Lulu, on peut vraiment l'avoir facilement au niveau affectif. C'est son vrai problème. Il n'en a pas beaucoup, mais ce problème est lié à la mort de son père, et au niveau affectif, il est fragile. Je vois bien quand ça ne va pas, mais je suis obligée de me taire. J'attends qu'il vienne vers moi. En plus, à une époque, c'était compliqué parce que sa copine venait dormir ici. Je ne savais pas si les parents étaient au courant, elle avait seize ans… J'ai quand même appelé sa mère. Lulu venait juste d'être majeur ; ils avaient deux ans d'écart.

LULU : Avec Lucille ? Oui.

BAMBOU : Je me suis dit : « Lui, il est majeur, mais elle, elle est mineure. Je ne connais pas ces gens. » Et j'ai appelé la mère en lui disant : « Bon, vous savez, votre fille va dormir à la maison. Dans la même chambre que mon fils… dans le même lit… » *(Elle rit.)* Lulu me disait : « Il n'y a pas de problème, il n'y a pas de problème. » Pour moi, ça posait un petit problème… À l'époque, il l'a très mal pris.

LULU : Un an d'écart… Ça n'était pas dix ans d'écart !

BAMBOU : Tu l'as très mal pris.

LULU : Oui, c'est normal ! J'étais fou amoureux… On était dans le même lycée. Dès que je finissais les cours je l'attendais…

BAMBOU : J'essayais de te dire que plus tu étais comme ça, plus tu allais l'étouffer… Et que tu aurais l'opposé de ce que tu voulais.

LULU : En même temps, ça m'a servi de leçon. C'est en faisant des erreurs qu'on apprend. Ça a duré trois ans. J'ai appris avec cette relation à ne pas faire les mêmes erreurs. Depuis ma dernière rupture, j'ai une femme dans la tête… Enfin… j'en ai deux…

BAMBOU : Moi, d'où je venais, il n'y avait aucune raison pour que je puisse rencontrer ton père. Et pourtant, ça c'est fait. Je n'ai rien fait pour, mais au moment où ça s'est présenté, je n'ai pas raté le coche. Bon, je l'ai traité de « vieux con » ! À un moment donné, il est venu à ma table et m'a traitée de bouddha ! Voilà. Je donnerais ma vie pour Lulu, sans l'étouffer non plus. Maintenant, il est grand, j'essaye de le pousser, de le guider pour qu'il fasse des expériences. Ce qui est bien avec lui, c'est que si j'ai tort, il me dit les choses calmement. Il me dit de ne pas m'énerver et on parle. Chacun se remet en question. Si j'ai tort, je vais m'excuser, mais je fais ça depuis qu'il est petit. Ce n'est pas parce qu'on est parent qu'on a toujours raison. Les parents peuvent se tromper, souvent même. J'ai toujours envisagé notre relation comme ça. Si l'un de nous a tort, il doit s'excuser. Je ne lui ai jamais dit : « Je suis ta mère, j'ai raison ! »

LULU EST LE PLUS BEAU CADEAU DE MA VIE. SERGE M'A LAISSÉ UN ANGE.

LULU : Je dirais que maman est très simple. Elle n'est pas facile à vivre, mais elle a une grande vision des choses. Un peu comme mon père…

BAMBOU : Lucide.

LULU : Voilà, très lucide. Elle se trompe rarement. Ça lui arrive, comme tout le monde, mais très rarement. C'est quelqu'un de bien. Elle a un peu trop d'amour à donner…

BAMBOU : Il n'y en a jamais trop…

LULU : Oui, enfin… C'est quelqu'un qui pense toujours à voir le bien pour son prochain, mais… elle n'est pas Dieu, quoi, donc elle ne peut pas tout gérer en même temps ! C'est quelqu'un en qui on peut avoir confiance, à qui on peut se confier. Après, il faut apprendre à la connaître…

BAMBOU : Moi, je dirais de Lulu que c'est le plus beau cadeau de ma vie. Serge m'a laissé un ange. En dehors du fait qu'il m'ait sauvé la vie, il m'a laissé un ange… Lulu a un cœur grand comme celui de son père. Il me fait beaucoup penser à Serge, d'ailleurs. Il tient beaucoup, beaucoup de son père. Mais bon, on l'a fait à deux… Lulu est quelqu'un de droit, qui a souvent un raisonnement juste, beaucoup plus calme que moi. Il a de bonnes bases, depuis qu'il est né, de toute façon. Ça sera quelqu'un de bien plus tard, s'il ne change pas, s'il continue sur ce chemin. Je ne m'inquiète pas pour lui. *(Long silence.)* Je vois tellement de Serge dans Lulu que je vois très peu de moi. J'espère qu'on le mènera moins en bateau que moi, qu'il sera moins naïf.

LULU : Ça, c'est sûr !

Bambou : Il a une belle sensibilité. Il a cette lucidité que Serge et moi on avait. Ça, ça vient des deux. Serge pensait que j'étais encore plus lucide que lui. Il me disait toujours que ma lucidité allait me perdre. Je n'ai jamais su ce que ça voulait dire… Au fond de moi, je sais les choses, mais je veux voir le bon côté des gens. Même s'ils se sont mal conduits avec moi, ce n'est pas grave, je passe l'éponge. Je ne la passe pas qu'une fois ou deux, ça peut être cent fois. *(Rire triste.)* Un peu moins maintenant…

Lulu : Moi, je pardonne moins. Je pardonne – je ne suis pas rancunier du tout – mais quand on me cherche… je ne suis pas aussi gentil que ma mère.

Bambou : Tu n'es pas très méchant non plus.

Lulu : Je ne suis pas méchant, mais je te dis que toi tu es très gentille.

Bambou : Oui. *(Long silence.)*

Lulu : Ma mère, je ne sais pas ce qu'elle m'a transmis, mais je sais qu'elle m'a beaucoup appris.

Bambou : C'est déjà ça !

Lulu : Elle m'a élevé dans la simplicité… Je ne vais pas tous les week-ends chez Hermès pour m'acheter de belles fringues, je n'ai pas besoin de grand-chose, à part un grand forfait de téléphone ! J'ai toujours eu des problèmes avec le téléphone…

Bambou : Serge vivait simplement ; ça, c'est génial. Moi qui venais de la DASS… Bon, il n'y avait plus grand-chose qui pouvait me monter à la tête, mais ça aurait pu me monter à la tête. Serge vivait très simplement. On allait faire les courses. Une fois c'était moi qui faisais le dîner, une fois c'était lui. Je vois des gens qui ont chauffeur, cuisinière, qui ont des nurses… Avec Serge, c'était simple ! C'est bien de rester simple, de ne pas être tributaire et d'être autonome. Mais peut-être que la vie quotidienne saoule certaines personnes. Comme je viens de la rue, Lulu ne connaissait pas les marques. Avant que Jane lui offre une veste Hermès, il ne savait même pas qu'Hermès existait.

Lulu : Ma mère était juste mais sévère : par exemple, pour avoir ce que je voulais, il fallait d'abord que j'aie de bonnes notes. Il y avait toujours une carotte au bout. Jusqu'au jour…

Bambou : … où tu n'as plus eu de bonnes notes ! Est-ce que je t'ai donné des limites, appris le respect ? Je t'ai apporté tout ça ?

Lulu : Le respect, les limites à ne pas dépasser…

Bambou : Tu m'as dit un jour que tu mettrais beaucoup plus de limites à tes enfants que moi !

Lulu : Oui, si j'ai des enfants… Je ne vais pas prendre un autre chemin, je suivrai le même. Avec un peu de variantes peut-être, mais la base est parfaite !

Bambou : Parfaite ? Ouh là ! Ça n'existe pas la perfection sur terre, Lulu, mais c'est gentil de me le dire ! Il faudrait déjà trouver la femme, la maman.

J'AI APPRIS LE PARCOURS DE MAMAN AU FIL DU TEMPS. C'ÉTAIT COMME UNE HISTOIRE QU'ELLE ME RACONTAIT.

Bambou : Avant la naissance de Lulu, j'ai fait une fausse couche à six mois et demi. Je ne savais pas que j'étais enceinte parce que je n'ai jamais eu mes règles, donc je ne pouvais pas m'en rendre compte. On revenait d'Afrique et je pensais que j'avais attrapé des amibes parce que ça bougeait… On m'a appris que j'étais enceinte de six mois et demi ! J'étais un peu flippée parce que j'avais fait des bêtises et j'avais peur pour ce bébé, donc je n'en voulais pas. En fait, il était très petit. Personne dans mon entourage ne l'avait remarqué. J'avais pris un petit peu de poids, mais pas de quoi penser que j'étais enceinte de six mois et demi… Tout le monde est tombé à la renverse ! Le bébé est mort dans mon ventre. On m'a fait une césarienne. Je culpabilisais en me disant que c'était moi qui l'avais tué. Serge a décidé qu'il me ferait une petite fille. *(Elle rit.)* Je ne sais pas pourquoi il était parti sur une petite fille. Il voulait jouer à la poupée chinoise ! *(Elle rit.)* Finalement, il a joué au poupon chinois ! *(Rires.)* J'ai raconté cette histoire à Lulu. Quand je lui ai raconté que j'avais perdu un bébé, il avait quatre ans et il a dit : « Je sais, c'est moi qui suis revenu. » Je lui ai répondu : « Comment tu sais ? Je ne t'ai pas dit si c'était une fille. » Il m'a dit : « Non, c'était un garçon. » Voilà. Il avait des réponses très étranges, comme ça, quand il était petit. Il disait des choses, il ne se rendait pas compte de ce qu'il disait, mais c'était toujours dans le mille.

Lulu : Ah bon ? J'ai appris le parcours de maman au fil du temps. C'était comme une histoire qu'elle me racontait.

Bambou : J'ai raconté ma vie à Lulu quand il était en âge de comprendre. Quand il me reprochait des trucs, quand il me disait que lui, son père était mort. Quand on est enfant, on joue là-dessus : « Mais moi, mon père est mort… » Je lui disais que, quand j'étais petite, je n'avais ni père ni mère. J'étais à la DASS à six mois puis placée chez des gens pas sympathiques en plus, loin d'être sympathiques ! Je lui ai raconté petit à petit. Je lui disais : « Tu vois, il ne faut jamais se plaindre. Dans la vie, il y a toujours pire, il faut toujours être content de ce que l'on a. »

Lulu : La mort de mon père, c'était du vécu. Mais l'histoire de maman, c'était du passé, des histoires qu'on me racontait. C'est comme mon grand-père, le père de maman…

Bambou : Je l'ai retrouvé à trente-deux ans, juste avant la mort de Serge.

Lulu : Je n'étais pas proche de lui, mais je veux dire que j'étais toujours content de le voir.

Bambou : Oui, tu l'aimais beaucoup.

Lulu : C'est complètement différent avec ma grand-mère que je ne peux pas voir. Lui était gentil avec moi, il me faisait tout le temps rire. Chaque fois, il me racontait des histoires, quand il était à la guerre…

Bambou : Il était un peu foufou !

Lulu : Oui, il était fou, mais ça me faisait rire. Il me racontait des trucs et j'étais mort de rire. Des trucs horribles ! Mais c'était sa façon de me le raconter.

Bambou : Il les revivait à chaque fois. En fait, il n'est jamais revenu du Viêtnam. Il était dingue, mais pas méchant. Il ne se rendait pas compte. Moi, je l'ai retrouvé à trente-deux ans ; c'était difficile de rétablir un lien, comme ça, à trente-deux ans… Mais j'ai continué à le voir. Il est mort il y a deux ans. Et surtout, je voulais lui emmener son petit-fils, c'est la seule chose de bien qu'il ait eue dans sa vie. Je m'en suis occupé jusqu'à la fin. Il a été très malade pendant cinq ans. Je faisais des allers-retours. Au moins, il a eu une chose de bien dans sa vie, c'était Lulu. C'était pur et, pour lui, c'était son soleil. J'ai pu au moins lui donner ça.

NOS ÉMOTIONS ENSEMBLE.

LULU : Une émotion qu'on a vécue ensemble ? C'est assez triste… c'est la mort de Chocolat.
BAMBOU : C'est ce que j'allais dire ! *(Elle sourit.)* Je lis dans ses pensées, comme il lit dans les miennes ! *(Elle rit.)* Chocolat, c'était un ami que je connaissais depuis que j'avais seize ans. J'étais partie à Ibiza avec lui : il avait tellement noirci qu'il ressemblait à du chocolat noir… Du coup, ça lui est resté, c'était Chocolat. Lulu le connaissait depuis qu'il était petit. Serge ne pouvait pas le voir ! Il était jaloux de notre relation alors que c'était une relation amicale. Mais il pensait que ce passé était lié à la came et… il n'avait pas tort. Il ne voulait pas voir tous ces gens, il ne voulait plus que je les voie, et il avait raison. Mais Chocolat…
LULU : Il n'était plus dedans.
BAMBOU : Non, il s'en était sorti. J'ai continué à le voir jusqu'à sa mort il y a trois ans. À l'enterrement, au Père-Lachaise, Lulu est venu me dire : « Je vais porter le cercueil. » Je lui ai dit : « Tu es sûr que tu veux faire ça ? » Quand je l'ai vu arriver en premier, c'était un bébé qui portait un cercueil. Tu avais quoi, dix-neuf ans ? Il a éclaté en sanglots. J'étais à côté de lui, mais je ne pouvais qu'être là, je ne pouvais même pas le toucher à ce moment-là. Maintenant, Lulu me dit que ce serait bien qu'on meure ensemble. Alors, je lui réponds : « Tu veux me faire vivre jusqu'à quel âge ? » *(Elle rit.)*
LULU : Pour les émotions joyeuses, c'est chaque fois que je rentre de Boston. Tous les matins ou tous les soirs avant de m'endormir, je vais faire un câlin à ma mère.
BAMBOU : Ah, les câlins !
LULU : Je suis très câlin.
BAMBOU : Il m'a dit que ça allait durer toute sa vie, même quand il aurait soixante-dix ans ! Mais j'aurai quel âge ? *(Elle rit.)*
LULU : Quatre-vingt-seize ans.
BAMBOU : Quatre-vingt-seize ans ? Je ne demande pas mieux. Il est mignon parce que dès qu'il monte, il me dit : « Câlin, maman. » Il sait que je suis là. Il n'y a pas de problème, on est là pour ça, les mamans !
LULU : Oui.
BAMBOU : Je le laisse venir, voilà. Il sait que je suis là. Les mères possessives, ça me fait très peur, alors je reste très vigilante pour le laisser tranquille. Il sait qu'il peut monter, que je suis là. Aimer vraiment quelqu'un, c'est le laisser vivre. Ça demande des sacrifices, il faut prendre sur soi. Mais ça vaut le coup !

BAMBOU, de son vrai nom Caroline Von Paulus, mannequin, chanteuse et actrice, est née le 1er mars 1959 à Villeneuve-sur-Lot.

• En 1986, elle rencontre Serge Gainsbourg. De leur union naîtra Lucien, dit **LULU.**

LULU est né le 5 janvier 1986.

Pianiste, il suit aujourd'hui ses études dans une école de musique américaine.

HARDY DUTRONC

Françoise & *Thomas*

« Notre amour est sans limites, et depuis toujours. »

Il ouvre la bouche et Françoise rit. Il la met en boîte, note ses lubies, relève ses travers, et cette femme exigeante avec elle-même comme avec les autres accepte tout de lui, son « petit Dieu ». Thomas Dutronc et Françoise Hardy parlent de leur relation et se livrent sans fards et sans tricherie. Un moment exceptionnel de tendresse et d'admiration mutuelle.

Thomas : Mon enfance… C'est curieux parce qu'à la fois maman était présente, avec son caractère bien tranché, ses occupations, son emploi du temps dans lequel on ne pouvait pas vraiment intervenir. En même temps, je trouve qu'elle était quand même très « esclavagisée » par moi et mon père. Tu étais esclave, mais si je voulais partager des jeux ou des trucs avec toi, si ça ne t'intéressait pas, ça ne t'intéressait pas.

Françoise : Je peux faire une petite remarque là-dessus ? Contrairement à beaucoup de femmes, j'avais la chance de pouvoir travailler à la maison : l'écriture, l'astrologie… et l'écriture des chansons. J'avais ce travail à assurer et en même temps tout le travail domestique. Thomas, ce qu'il voulait, c'était que l'on joue ensemble. Quand, enfin, j'avais une minute à lui accorder, j'étais tellement épuisée par tout ce que j'avais déjà fait et tout

Mes photos préférées de Thomas.

ce qu'il me restait à faire qu'au bout de deux secondes je m'endormais, et ça le rendait fou. *(Elle rit.)* Je n'ai jamais été joueuse…

THOMAS : Le grand mystère, c'est pourquoi tu n'as jamais fait appel à quelqu'un pour faire les courses ou pour t'aider. Ça m'a toujours dépassé. Je n'ai jamais compris.

FRANÇOISE : On ne peut pas tout faire faire par quelqu'un d'autre, ce n'est pas possible. Je dis toujours qu'il faut vraiment que je ne sois pas bien pour accepter que l'on fasse les courses à ma place. Parce que j'ai besoin de voir pour acheter. Évidemment, je sais ce que je veux, mais je peux modifier selon ce que je vois.

THOMAS : En fait, j'ai rapidement compris que ma mère avait des lubies qu'il ne fallait pas contrarier… *(Il rit.)*

FRANÇOISE : Non, mais quelqu'un pour faire les courses, quelqu'un pour faire le ménage, on n'en finit pas…

THOMAS : Du coup, j'invitais des petits copains pour jouer avec moi. On habitait près du parc Montsouris, vers Denfert-Rochereau. Je me souviens quand même que tu me lisais beaucoup d'histoires ; c'était vachement bien. Tu me lisais plein de livres, le soir : *Le Petit Prince*… et les Mickey.

FRANÇOISE : Quand les enfants sont petits, il faut toujours leur relire les mêmes histoires. Un jour – il n'allait pas encore à l'école – je me suis aperçue qu'à force de regarder des bandes dessinées, il avait appris à lire tout seul ! Je trouve ça extraordinaire !

THOMAS : Bah ! ça arrive souvent. C'est très fréquent.

QUAND TU AS COMPRIS CE QUE L'ON FAISAIT, TU AS TROUVÉ QU'ON ÉTAIT BEAUCOUP TROP NORMAUX POUR DES VEDETTES !

THOMAS : Enfant, je n'avais pas l'impression d'être le fils de gens connus. J'ai un souvenir qui date de ma classe de onzième, j'avais six ans. Des gens sont venus me dire : « Ah, t'es le fils de Machin ! » Des garçons des classes au-dessus, et des filles aussi. À part ça, je pense que j'avais conscience d'être différent, mais dans le bon sens. Ça me faisait presque rouler des mécaniques. Mais tout ça est très périphérique dans la vie d'un enfant. Ma vraie passion, c'étaient les Lego® et les Playmobil®… La notoriété de mes parents, franchement, je m'en fichais.

FRANÇOISE : D'autant plus qu'on avait une vie très… banale. Je veux dire qu'on était tout le temps là. Son père n'était pas souvent là dans la journée, mais il était toujours là pour dîner.

THOMAS : Oui, le soir. Il râlait un peu, il ronchonnait.

FRANÇOISE : Comme dans toutes les familles. Moi, j'étais là tout le temps. Ta grand-mère venait les après-midi pour que je puisse travailler un peu. Et il me semble que quand tu as vraiment compris ce qu'on faisait, tu as trouvé qu'on était beaucoup trop normaux pour des vedettes. Tu as trouvé qu'on avait une vie vraiment morne. *(Elle rit.)* Ce qui était vrai, d'ailleurs !

Enfant, tu étais très câlin et en même temps très déterminé. Tu savais ce que tu voulais et ce que tu ne voulais pas. On ne pouvait pas tellement t'influencer.

THOMAS : D'ailleurs, je n'ai pas voulu aller à l'école tout de suite.

FRANÇOISE : Oh oui, ça a été un souci ! Forte de mes informations astrologiques, je m'étais dit : « Un Gémeaux, il doit aimer les copains et tout ça… »

THOMAS : J'ai beaucoup souffert de l'astrologie. Avoir des parents célèbres, c'est franchement super, mais avoir un parent astrologue, c'est un vrai problème en revanche ! *(Rires.)* Non, je dis ça pour rire, mais c'est vrai qu'on a tous nos filtres de compréhension des choses. À partir du moment où tu en viens au filtre astrologique, la discussion est close. C'est un peu hermétique…

FRANÇOISE : Donc, je m'étais dit qu'il fallait le mettre à l'école dès que possible, qu'il serait ravi avec d'autres enfants, mais il n'a jamais voulu ! Finalement, il est allé à l'école comme tout le monde, à cinq ans. Au départ, je voulais l'envoyer dans une école différente. Je ne voulais pas d'une école conventionnelle. J'ai essayé l'école bilingue, mais j'ai trouvé les locaux tellement exigus que je me suis dit : « Je ne peux pas le mettre là-dedans. » J'ai regretté après, d'ailleurs. Je voulais qu'il parle anglais couramment. Ça facilite la vie de parler deux langues couramment.

Moi, je baragouine, je ne comprends rien, c'est un supplice pour moi quand je suis avec un Anglais parce que les Anglais ont pour habitude de vous parler comme si tout le monde parlait couramment leur langue. Au début, on les reprend pour essayer de comprendre, et puis au bout d'un moment, on renonce à leur demander parce que blablabla… Ils ne se soucient pas du tout de votre degré de compréhension. *(Elle rit.)* On a des conversations qui sont des monologues, des dialogues de sourds complets ! On ne comprend rien : « *Oh, yes, yes, indeed !* »

THOMAS : Finalement, je suis entré au collège Sévigné à l'âge de six ans et je n'en suis jamais ressorti. Tu m'emmenais tous les matins à l'école.

FRANÇOISE : Oui. Ta grand-mère allait te chercher et moi aussi.

THOMAS : Après, j'ai pris le bus en sixième.

FRANÇOISE : Le bus ? Tu prenais le bus pour revenir de l'école ? C'est curieux… Alors là, il y a vraiment des choses dont on ne se souvient pas. Je n'ai pas le souvenir que tu aies pris le bus pour rentrer de l'école !

Thomas : Si, si. Et après, je rentrais en rollers ou à pied. Mais j'étais plus grand. Ça faisait chic de ne pas prendre le bus, je ne sais pas pourquoi. Le samedi, je voyais beaucoup de copains et, le dimanche, je déjeunais chez mes grands-parents, toujours. Beaucoup plus tard, quand j'avais quinze, seize ans, mon père venait déjeuner avec nous le dimanche midi. Et le dimanche soir, on était toujours tous les trois, on regardait des films, souvent des *Maigret*, et on s'endormait devant !

Françoise *(Elle rit.)* **:** Je n'avais aucune envie de voir ce genre de chose et ton père et toi vous endormiez instantanément !

Thomas : Pendant deux ans d'affilée, on n'a jamais vu un seul épisode jusqu'à la fin. Mon père s'endormait au bout de dix minutes, moi au bout de quarante, et toi dix minutes avant la fin ! *(Rires.)* C'était marrant.

Françoise : Je n'ai pas changé… Quand je regarde la télévision le soir, boum !

Thomas : Comme on avait une grande maison, j'ai eu mon espace de liberté assez rapidement. J'avais beaucoup de copains. J'étais un peu chef de bande parce que chez moi on pouvait boire des bières… Mes parents étaient très permissifs. Du moment que je travaillais bien à l'école, en gros, tout m'était permis. Du coup, à la maison, il y avait toujours beaucoup d'amis, j'avais beaucoup de jouets : j'avais, d'un côté, ma mère qui était très économe (« un sou est un sou »), alors je n'avais pas beaucoup d'argent de poche…

Françoise : Enfin, ce n'était pas une question d'économie, c'est parce qu'on voulait t'inculquer certaines valeurs !

Thomas : Alors que mon père, lui, arrivait de temps en temps avec des billets de 500 francs et il m'en donnait un. Moi, j'étais content. Donc j'avais un peu les deux. Je n'étais pas pourri gâté. On te charriait beaucoup. C'est vrai que tu étais quand même pas mal bouc émissaire dans la maison, mine de rien. Moi, je criais : « J'ai faim ! » ou : « *I am hungry !* »

Françoise : J'étais dans la cuisine et, du premier étage, j'entendais : « Maman, *hungry !* » *(Elle éclate de rire.)*

J'ÉTAIS UN PEU DICTATEUR. ELLE M'APPORTAIT DES PLATEAUX-REPAS OU DES QUATRE-HEURES.

Thomas : J'étais un peu dictateur. Elle m'apportait des plateaux-repas ou des quatre-heures.

Françoise : Le matin, pour son petit-déjeuner, il mangeait des carottes crues. Le matin ! Ce n'est pas moi qui voulais ça, c'était lui. Un lapin !

Thomas : Je me rappelle une année où, tout à coup, un matin, tu m'avais fait des petites bouchées de pain au fromage. J'aimais bien le pont-l'évêque. Tu m'enlevais aussi la peau des raisins.

Françoise : Ah oui, le pire, c'est ça ! Il fallait lui enlever tous les pépins des pastèques ; il fallait aussi lui enlever la peau des raisins. Tout petit déjà, j'ai eu très à cœur de le nourrir correctement. J'ai toujours eu des connaissances en diététique, enfin… plus ou moins valables. Comme je voyais que ses grands-parents mangeaient beaucoup de charcuterie, je leur interdisais de lui donner des rillettes. Naturellement, ses grands-parents le bourraient de rillettes dès qu'il était avec eux !

Thomas : Ce n'est pas qu'elle interdisait de me donner des rillettes. C'est qu'ils me donnaient des rillettes, et moi je disais : « Mmm, c'est bon. » On faisait les courses ensemble et ils me disaient : « Non, il ne faut pas de rillettes. » Et moi : « Si, allez ! » Maman est mère poule, elle n'arrête pas de me couvrir de conseils en diététique et en hygiène de vie. Elle m'envoie des mails, des trucs qui sont

sympathiques. Je ne les lis pas forcément, mais ça fait plaisir quand même. Le problème, c'est que « trop d'infos tuent l'info ». Tu lis tellement de trucs que maintenant ta manière de te nourrir est complètement abstraite.

FRANÇOISE : Oh, ça n'est pas mal quand même ! Tu as mal mangé à midi ?

THOMAS : Non, mais je veux dire que ta nourriture est très étrange.

FRANÇOISE : Là, on a mangé la même chose.

THOMAS : Mais le matin, tu manges des farines.

FRANÇOISE : Ah, mais non ! Le matin, je mange des flocons d'épeautre !

TU N'AS JAMAIS ÉTÉ DIPLOMATE, MAIS C'EST PLUTÔT BIEN COMME ÇA.

THOMAS : Ma mère a régulièrement des lubies qu'elle cherche à imposer ! *(Il rit.)* Non, mais c'est vrai, mon père et moi avons subi ça, toute ma jeunesse en tout cas ! *(Elle rit.)* C'est très sympa parce que ça fait partie de son enthousiasme, mais quelquefois elle n'est pas très adroite avec ses envies de partage. Alors que mon père ne dit rien sur rien. En ne disant rien sur ce qu'il pense ou sur ce qu'il aime, il a le chic pour qu'on se dise justement : « Ah, c'est du dernier chic ! »

FRANÇOISE : Oh, on ne sait jamais ce qu'il pense ou ce qu'il aime !

THOMAS : Mais justement ! Toi, d'un seul coup, tu dis : « Jean-Hugues Anglade est formidable. » On a envie de te dire *(Il soupire.)* : « Ouais, bon, bien sûr… » Ce sont de grands souvenirs de mon enfance. Par exemple, tu écoutais des chansons de Michel Berger très fort dans ta pièce. Tu mettais le son à fond, tu ouvrais les fenêtres, et nous, avec mon père, on fermait toutes les portes pour ne pas entendre !

FRANÇOISE : Ton père n'a jamais cherché à nous faire partager ses goûts sur le plan musical. Jamais. Un jour, une relation amicale est venue à la maison. À ma grande

surprise, il lui offre un disque de Ravel que jamais il ne m'avait fait entendre. Je ne savais même pas qu'il avait ça. Je l'ai très mal pris. Moi, à chaque fois que je voulais lui faire entendre une chanson, il n'y avait rien à faire. C'était quand même son domaine, la chanson ! Donc, je n'avais pas d'autre recours que d'écouter fort la chanson pour être sûre qu'il l'entende.

THOMAS : Moi, au milieu de deux parents à moitié fous, j'essayais de maintenir mon cap, mon petit îlot de raison. C'est vrai ! À une époque, j'étais un peu rude avec toi, je n'étais pas très gentil…

FRANÇOISE : Je n'en ai pas le moindre souvenir.

THOMAS : Tant mieux. Mais quelquefois, je t'envoyais un peu bouler vertement. Je me rappelle que mes copains me disaient : « Oh là là ! c'est dingue ! Comment tu parles à ta maman ! »

FRANÇOISE : Tu imitais ton papa qui me parlait très vertement aussi.

THOMAS : Exactement. Du coup, ça me paraissait naturel. C'est bizarre.

FRANÇOISE : Je me souviens qu'un jour, tu n'étais pas content après moi pour je ne sais quelle raison, et tu n'avais certainement pas tort. Tu étais assez petit. Tu t'es mis à me traiter de bécasse. Tu me dis : « Maman, tu es une bécasse. » Je me demandais d'où tu sortais ce mot et ça m'a fait rire ! Tu pensais proférer l'insulte suprême : « Tu es une bécasse. »

THOMAS : J'avais lu ça dans une BD. Enfin, tu as été très structurante pour moi. Très tendre, très présente. Très soucieuse de mes études et assez exigeante.

FRANÇOISE : Je ne me souviens pas d'avoir été exigeante.

THOMAS : Je veux dire d'une manière naturelle ; tu l'étais de manière générale. Papa aussi, d'ailleurs. C'est quand même quelqu'un d'assez exigeant intellectuellement.

FRANÇOISE : Ce n'est pas du tout mon souvenir. Mon souvenir, c'est que tu as tout de suite été très brillant à l'école. Je savais que ton grand-père paternel et ta grand-mère maternelle t'aidaient quand il le fallait. Moi, je ne me suis finalement jamais occupée de ton travail à l'école. Tu avais de bons résultats et j'étais très contente. Je me souviens que ton père, qui est le pessimisme incarné – enfin, l'optimisme si on veut se moquer de lui – disait : « Ça ne va pas durer, ça ne va pas durer. » Il pensait que c'était trop beau pour être vrai.

THOMAS : Mais je me rappelle avoir renoncé à essayer de partager ça. Je me rappelle quand je te faisais lire des rédactions.

FRANÇOISE : Oui, moi je butais sur des fautes d'orthographe énormes. Je lui disais : « Mais qu'est-ce qu'on t'apprend à l'école ? » *(Elle rit.)*

THOMAS : Pas du tout pédagogue ! Je me rappelle une de tes phrases : « Oh là là, mon petit chouchou, je m'inquiète à ton sujet ! » J'étais en CM2, je me suis dit : « Bon, OK », et je ne t'ai plus jamais rien montré. Tu n'as jamais été diplomate, mais c'est plutôt bien comme ça. Et puis je participais beaucoup à votre vie... C'était super-agréable. Je ne sais pas si j'étais collant, je n'en ai pas l'impression, mais, dans les dîners, j'aimais bien être là.

Françoise : On t'emmenait tout le temps avec nous, même au restaurant. On ne sortait pas beaucoup, mais quand on sortait au restaurant, on t'emmenait.

LA CORSE, ON A UN PEU NOS RACINES LÀ-BAS.

Thomas : En Corse aussi, j'étais tout le temps avec vous. D'ailleurs, encore maintenant, j'y vais tout le temps. J'ai une maison dans un village pas très loin de la maison familiale. C'est pratique. C'est la maison de ma copine, un endroit que j'aime beaucoup. La Corse, c'est devenu quelque chose de très important. J'ai un peu mes racines là-bas.

Françoise : Oui, j'ai eu ma maison en 1966.

Thomas : Même si on n'allait pas à la mer ensemble, j'allais me balader dans les collines à côté. Du coup, j'aime beaucoup me retrouver dans la nature, comme ça...

Françoise : Ah oui ! ton papa n'est jamais allé à la plage, en tout cas à partir du moment où il a été connu. Moi, j'y allais tous les jours à midi.

Thomas : Mes parents n'avaient pas vraiment d'activités en Corse. Ils n'allaient pas se balader, ni à la mer ni à la montagne. Ils ne disaient jamais : « Tiens, on va faire un pique-nique. » Rien. Maman lisait des bouquins, enfermée dans sa chambre toute la journée, et mon père...

Françoise : Oui, mais je m'occupais de tout le reste, les courses, la vaisselle, les repas...

Thomas : Et mon père faisait venir tous ses copains à la maison. Donc moi, j'étais leur barman. Je servais les pastis à midi à tous les copains de mon père et je demandais des petits pourboires. Je faisais ça pendant une heure ou deux. Et le soir, j'insistais pour que les gens prennent des cocktails, parce que c'est un peu ennuyeux le pastis ou le whisky alors que je voulais faire des curaçaos bleus... Je faisais ça tout le temps parce que, effectivement, toi, tu restais à lire.

Françoise : Je lisais au moment de la sieste qui était le seul moment où je pouvais me reposer un petit peu.

Thomas : On ne sortait jamais de la maison pour aller au resto par exemple.

Françoise : Mais c'est ton père qui ne voulait jamais sortir !

Thomas : Ah, il y avait la pétanque ! Ça, c'était sympa. On s'amusait bien. Il y avait mes grands-parents : on jouait aux cartes avec eux. Je faisais venir les copains aussi. Il y avait des amis que je faisais venir en vacances à partir de huit, neuf ans. Mais on était un peu enfermés. On se baladait moins que d'autres enfants qui pouvaient aller à la mer ou à la montagne.

TU AS UN ASPECT UN PEU BRUTAL MAIS AU FOND, TU N'ES PAS DU TOUT COMME ÇA.

Thomas : Tu as une personnalité assez particulière. Du fait de ta vie, de tes antécédents, de ta propre mère aussi. Je me souviens, il y a longtemps, tu étais dans un resto avec Daho. Tu étais pompette et, au téléphone avec moi, tu étais d'une gentillesse, d'une tendresse, d'un amour vraiment incroyables.
Françoise : Parce que j'étais ivre ?
Thomas : Non, ce que je veux dire, c'est que tu as un aspect quand même assez brutal dont tu ne dois pas te rendre compte, qui m'agace, mais dont je me fous éperdument parce que ce n'est pas du tout comme ça que je te vois, ou que je te connais, ou que je te sens. C'est juste que parfois, dans le quotidien, tu as un aspect un peu brutal. Mais en étant ivre morte, ça se voyait tellement qu'au fond tu n'es pas du tout comme ça ! Je sais que c'est une protection.

Françoise : C'est parce que je suis tout le temps sous tension.
Thomas : Tu es sous tension, angoissée… enfin, je n'en sais rien, moi. Évidemment, ça m'est égal. Je m'en fous de ce trait de caractère, mais je trouve ça un peu… triste quand même.
Françoise : Ah bon !
Thomas : D'ailleurs, dans tes chansons, tu n'es pas comme ça non plus. Tu as une vraie chaleur… Mais ça fait partie du personnage. J'ai passé ma vie à vous voir entourés de gens et d'amis charmants et très différents, super et tout ça, mais la plupart du temps, tout le monde est quand même très en admiration, très à l'écoute… Tu ne t'en rends sans doute pas tellement compte.
Françoise : Ah si, pour ton papa, je m'en suis toujours rendu compte !
Thomas : Mais même pour toi aussi, c'est un peu ça. Si tu veux, quand tu parles, on t'écoute, voilà. Et moi, quand je parlais, mes parents m'écoutaient parce que j'étais comme un petit Dieu pour eux. *(Elle rit.)* Mais, par moments, quand je parlais aux amis de mes parents, ils ne m'écoutaient pas du tout ; ils continuaient à écouter mes parents, alors j'étais obligé de mettre le poing sur la table, de parler un petit peu plus fort.
Françoise : Ah, c'est intéressant ça, je ne savais pas !
Thomas : Il fallait juste s'imposer à un moment, voilà. Mais c'est curieux comme phénomène parce qu'on ne peut pas se prémunir contre ça. Vous avez beau faire tout ce qui est en votre pouvoir, vous ne pouvez pas empêcher que les gens soient là à vous regarder, à vous écouter.
Françoise : Oui, c'est très agaçant. Le revers

que j'ai constaté souvent – je vais dire quelque chose d'une banalité affligeante – c'est que si un jour on n'est pas de très bonne humeur ou si on fait une critique, alors là, c'est comme si on condamnait la personne à perpétuité. Tout prend des proportions démesurées simplement parce qu'on est plus ou moins connu. Moi, ma notoriété, je l'ai toujours relativisée au maximum, donc ça me paraît étrange que ça modifie les rapports avec tout le monde, y compris avec sa famille. D'une certaine manière, ça intimide. Avec ma mère, j'ai constaté ça aussi : j'ai découvert qu'elle me cachait plein de choses pour ne pas me contrarier. *(Silence.)* Ça maintient en enfance quand les gens se comportent vis-à-vis de vous comme si vous étiez une sorte de Dieu le Père. Je dirais que ça maintient en immaturité.

THOMAS : Personnellement, je pense que tu es une personne excellente, douée et tout ça, mais je trouve que par rapport à ta célébrité tu as justement une exigence un peu élevée vis-à-vis du commun des mortels. J'ai vécu cette exigence. Et tant mieux parce que j'ai réussi à m'en sortir, mais je pense que tu es un peu dure avec les gens et peut-être avec toi-même. Je pense que tu es un peu dure avec la nature humaine.

FRANÇOISE : Mais par exemple ? À quoi penses-tu précisément ? Là, c'est abstrait pour moi ce que tu dis…

THOMAS : Je ne sais pas. Je sais que c'est un gros défaut de la famille. Et j'ai ce même défaut : celui de ne pas se mettre à la place des autres.

FRANÇOISE : Pourtant, moi, je fais des efforts ! Alors vraiment !

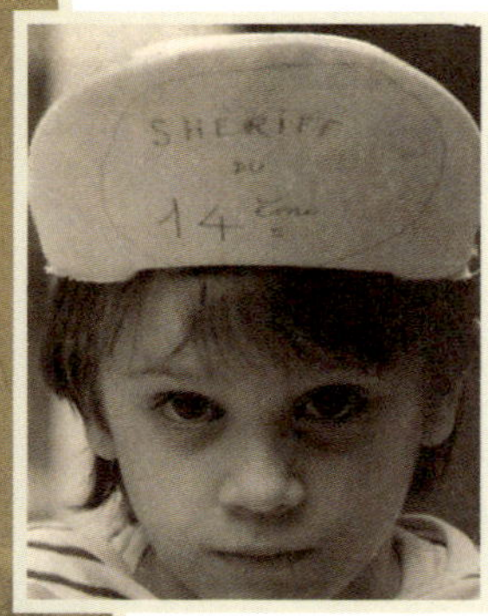

Thomas petit.

Moi petite.

THOMAS : Tu fais des efforts, oui. Je pense qu'on revient de loin. Tu fais des progrès.
FRANÇOISE : Quand je me mets à la place des autres, j'accepte de faire ce qu'ils veulent que je fasse. Mais quand je ne m'y mets pas, c'est non, systématiquement non ! *(Elle rit.)*
THOMAS : Oui, c'est ça.

JE NE SUIS PAS QUELQU'UN DE SOUPLE NI D'OUVERT À TOUT CE QUI SE PRÉSENTE. LA DISPONIBILITÉ BIENVEILLANTE DE THOMAS M'A TOUJOURS ÉPATÉE.

FRANÇOISE : Je dis très souvent que tu es beaucoup plus aimable et surtout plus ouvert à autrui que nous. Ça corrobore un peu ce que tu viens de dire. Il est certain que nous sommes assez fermés, assez misanthropes au fond. Et ton père pas plus ni moins que moi ! Nous sommes misanthropes mais Thomas est très, très différent. Il a beaucoup plus de « mobilité » que moi en tout cas. Son père a sûrement plus de souplesse que je n'en ai. Je ne suis pas quelqu'un de souple ni de mobile, et je ne suis pas ouverte à tout ce qui se présente. La disponibilité bienveillante de Thomas m'a toujours épatée, cette absence d'a priori vis-à-vis des autres. D'ailleurs, la plupart du temps, quand quelqu'un me parle de lui, c'est pour me dire : « Comme il est gentil, comme il est ceci, cela... » Ce que moi je ne suis pas. Moi, je me suis toujours tenue à l'écart, j'ai toujours été en retrait, j'ai toujours eu peur des autres, je ne me suis jamais mêlée aux autres. Mais par un inconfort psychologique profond.
THOMAS : Alors qu'au fond tu as une vraie gentillesse, un cœur en or, qui n'est pas forcément visible. Mais c'est la forme qui me fatigue. Maintenant ça fait longtemps que tout va bien, mais ça pouvait me fatiguer cette rigidité, comme ça, dans les rapports quotidiens.
FRANÇOISE : J'ai été élevée par une femme seule qui ne voyait personne. Jamais personne. J'ai eu une enfance en vase clos, ça ne favorise pas l'ouverture ! Finalement, il n'y avait pas plus différents de ma mère que les parents de Jacques, et pas plus différent de moi que ton papa. On est quand même très, très différents. Donc, il a eu affaire à deux catégories de gens excessivement opposés ! *(Elle rit.)* Il me semble, non ? Parce que tes grands-parents étaient très doux, très gentils, assez permissifs quand même.
THOMAS : Oui, alors que ta mère était très spéciale, vraiment très particulière. *(Silence.)* Adorable aussi, mais très solitaire.
FRANÇOISE : Solitaire et sauvage. C'était un dragon !
THOMAS : Elle lançait des éclairs avec les yeux.
FRANÇOISE : Oui, oui, elle pouvait faire peur !
THOMAS : En tout cas, elle vous a eues, toi et ta sœur, d'un type qui était marié par ailleurs, et elle n'a jamais vraiment été en ménage.
FRANÇOISE : Non, jamais, jamais.

QUAND SON ENFANT EST ADULTE, IL FAUT SE TENIR SUFFISAMMENT À DISTANCE.

FRANÇOISE : Au quotidien, on ne se voit pas beaucoup.

THOMAS : Non, malheureusement.

FRANÇOISE : Je suis obligée d'aller le voir sur scène maintenant. *(Elle rit.)*

THOMAS : Je travaille trop. Je n'ai le temps de voir personne !

FRANÇOISE : Moi, en plus, je suis très marquée par tout ce que j'ai vécu avec ma mère : je me dis que quand son enfant est adulte, il faut se tenir suffisamment à distance quand même. Parce que, malheureusement, ma mère a fait l'inverse *(Elle rit.)*... et ça s'est très mal terminé. Tu vois, par exemple, ça ne me viendrait pas à l'esprit – parce que je sais que tu es débordé – de t'appeler tous les jours pour te dire : « Alors, qu'est-ce que tu as fait aujourd'hui ? »

THOMAS : On s'envoie des petits mails. C'est vrai que j'aime avoir des nouvelles de temps en temps, mais je n'ai jamais le temps de dîner, je rentre épuisé...

FRANÇOISE : Je vais sur Internet pour avoir de ses nouvelles. *(Elle rit.)* C'est très pratique ! J'ai mis un site dans mes favoris : « Les concerts de Thomas Dutronc ». Alors, de temps en temps, je vais voir... Certains endroits sont marqués « complet » ; d'autres sont marqués « pas complet », ça me contrarie, alors deux jours après, je viens voir si ça a évolué !

THOMAS : En tout cas, ce que je sais avec toi, et avec papa aussi, même si c'est parfois un peu conflictuel, c'est qu'il y a vraiment un amour sans limites.

FRANÇOISE : C'est vrai.

THOMAS : Quoi qu'il arrive justement, les énervements, les fatigues ou les problèmes, notre amour est sans limites, et depuis toujours quand même !

FRANÇOISE : Thomas a une grande qualité : il peut arriver qu'il s'énerve, mais deux minutes après il s'excuse ! Ça, c'est génial. C'est vraiment génial. *(Elle rit.)*

THOMAS : Là où tu as été bien, quand j'étais petit, je trouve, c'est que tu as cherché à m'inculquer des principes. D'un côté, j'ai un père qui ne parle pas trop, avec qui on communique par blagues ou par non-dits ; et de l'autre côté, une mère un peu plus présente. Tu m'as toujours répété des phrases d'une grande sagesse. Tu lisais beaucoup, alors tu notais des phrases... C'était bien.

FRANÇOISE : Du genre : « Il est plus important de travailler sur le discernement que sur l'amour car l'amour qui n'est pas doté de discernement n'est pas du vrai amour ! » Moi je trouve cette phrase absolument sublime, j'y pense très souvent !

THOMAS *(il rit)* **:** Là, par exemple, je me dis : « Oh là là *(Il siffle.)* ! elle ne va pas mieux ! » Non, tu me disais : « Ce qui est important dans la vie, c'est le mouvement vers les choses », des phrases comme ça, tu vois.

FRANÇOISE : Ah oui ! « L'important, ce n'est pas que la branche casse au moment où on l'atteint, ce sont les pas que l'on aura faits pour l'atteindre. » Certaines personnes ne font aucun pas, ou un pas et demi, mais ils saisissent la branche... Et puis d'autres ont fait plein de pas, mais au moment où ils atteignent la branche, ça casse ! Ce sont les pas qui comptent...

Comme tous les parents, je voulais qu'il étudie la musique. Mais il n'a jamais voulu ! Je n'arrêtais pas de lui dire : « Tu sais, si on étudie la musique, si on joue d'un instrument, on ne s'ennuie jamais. » *(Elle rit.)* Il n'y avait rien à faire. Il s'y est mis quand il a vu son copain Matthieu Chédid s'y mettre.

THOMAS : Parce que tes démarches restent très intellectuelles, très dans la tête, jamais naturelles, quoi. Si j'avais vu mes parents faire de la musique ou si tu avais dit : « Faisons de la musique ensemble », là ça aurait été naturel, tu vois ?

Françoise : Oui, mais…

Thomas : Mais dire : « Il faut faire ci parce que c'est bien, il faut faire ça parce que c'est bien », ça ne marche pas. Ça, c'est ton côté à principes un peu lourd… Ce n'est pas que je ne voulais pas faire de musique. Mais tu m'as inscrit à des cours de solfège avec des adultes, ça ne m'a pas plu !

TU ME FAISAIS DES MASSAGES. IL Y A BEAUCOUP DE CHOSES QUI PASSENT PAR CE BIAIS.

Françoise : Je pense qu'il est assez sentimental. *(Silence.)* Je n'arrêtais pas de dire à son père de lui parler des histoires de sida, etc. Je ne sais pas s'il l'a jamais fait. C'était quand même très préoccupant. Ça me préoccupe d'ailleurs encore maintenant, quand j'y pense.

Thomas : Oui, mais ça, c'est rien, enfin...

Françoise : Si, quand même. Sinon, je n'ai jamais rien cherché à savoir. De toute façon, il a été très précoce et donc, à un âge très… précoce, il m'a annoncé…

Thomas : Stop ! *(Rires.)*

Françoise : Il m'a fait part de ce qui se passait dans sa vie personnelle et j'étais très contente pour lui parce qu'il était très content. Mais moi, je ne lui ai jamais dit quoi que ce soit par rapport à ça…

Thomas : Il y a un truc aussi : on a toujours eu un contact très câlin, très charnel aussi. On s'est toujours fait des câlins, des bisous avant de dormir.

Françoise : Oui, oui.

Thomas : On ne s'est jamais couchés fâchés.

Françoise : Oui, on s'endormait la main dans la main. *(Elle rit.)*

Thomas : Tu me faisais des massages aussi. Je pense qu'il y a beaucoup de choses qui passent par ce biais. Heureusement, parce que s'il n'y avait que le biais de la parlotte, je serais devenu complètement fou ! *(Il rit.)*

Françoise : Quand tu étais petit, pour confirmer ce que tu viens de dire, tu me surnommais « le monstre bisouteur ». L'humour vient de la famille de ton papa, ton grand-père, ton père, plus que de mon côté. Mais je l'appelle depuis des années « le lutin facétieux » ou « mon lutin préféré » ! Pendant longtemps, son père et moi l'entendions siffler quand il était dans sa chambre, dans la maison, qui était assez grande. Je ne sais plus à partir de quel âge ça l'a pris. Alors son père l'appelait « le merle » et je l'appelais « le pinson ». Il sifflotait tout le temps…

DANS LA VIE, ON SE CONSTRUIT AVEC SES PARENTS PUIS AVEC SES AMIS ET, APRÈS, AVEC CE QUE L'ON APPREND SOI-MÊME.

Thomas : On a plein de traits de caractère en commun. Toi comme moi, je pense, on est très scrupuleux. Ce n'est pas du tout le cas de papa. Nous, on est scrupuleux à tous les égards.

Françoise : Oui, c'est vrai.

Thomas : Parfois, l'absence de scrupules chez d'autres peut vraiment agacer. Je sais que je t'ai vue parfois t'agacer dans des promos. Moi aussi ça m'est arrivé devant un manque de travail ou de professionnalisme. Je suis capable de m'énerver, alors, du coup, je pense à toi qui t'énerves et je me dis : « Il ne faut pas s'énerver. »

Françoise : Tu as raison, il vaut mieux ne pas s'énerver. En même temps, ce n'est pas mal de s'énerver parce que si tout le monde dit amen aux gens qui font tout de travers et qui s'en foutent, si personne ne réagit, ça les encourage à continuer !

Thomas : En fait, on peut faire des remontrances ou remettre les gens à leur place s'il

y a un problème ou un manque de professionnalisme sans sortir de ses gonds !

FRANÇOISE : Mais moi, je n'y arrive pas parce que je me contiens longtemps, et quand ça sort, ça sort mal ! Les gens me disent : « Oh ! c'est le portrait tout craché de son père », mais sur le plan du caractère, tu n'as pas son cynisme. Je pense que tu n'es pas du tout quelqu'un de noir. C'est une qualité.

THOMAS : Je pense que dans la vie, on se construit avec ses parents puis avec ses amis et, après, avec ce que l'on apprend soi-même. C'est vrai que j'ai été très influencé, en étant en plus fils unique, par votre caractère. Mais il y a eu un moment dans ma vie où j'ai choisi de me tourner vers des choses que je sentais avoir en déficit dans mon caractère ou dans mon expérience. C'est pour ça que j'aime bien Brassens, par exemple, parce que c'est quelqu'un de très construit, serein, bienveillant…

C'est marrant parce que je pense qu'il y a énormément d'amour entre nous et, en même temps, chacun trace un peu sa route. Chacun a ses histoires, ses passions, ses centres d'intérêts, et essaye parfois de les partager mais sans que ça marche parce que les autres s'en foutent… En même temps, même si on se voit moins, on est quand même un clan. On s'appelle tout le temps.

FRANÇOISE : Oui, son père et moi devrions être séparés depuis longtemps, mais bon… nous n'avons jamais coupé les ponts. Comme tous les couples, nous avons passé des caps presque insurmontables et, finalement, nous n'avons jamais pu couper les ponts. Pourtant, je n'ai jamais eu l'esprit de famille, ni le sens de la famille, étant donné que j'ai été élevée par une mère seule et que, du côté de la famille de ma mère, c'était une catastrophe. Dès mon plus jeune âge, j'ai souffert d'avoir affaire à des gens qui ne m'aimaient pas, que je n'aimais pas, avec qui je n'avais aucun atome crochu et qu'il fallait supporter, qu'il fallait même aimer, parce que c'était la famille ! Pour moi, les seuls liens qui comptent, ce sont les liens du cœur. Naturellement, les liens du sang n'excluent pas les liens du cœur. Pour moi, il n'y avait que ma mère que j'aimais dans mon enfance. Je n'aimais personne d'autre. Ma sœur, je ne l'aimais pas vraiment. Elle ne m'aimait pas non plus d'ailleurs, c'était réciproque. Ma grand-mère ne m'envoyait que des messages excessivement négatifs. Ma tante avait fait je ne sais combien d'enfants coup sur coup et déjà, à l'époque, je voyais ça d'un très mauvais œil ; je fais partie des gens qui ne supportent pas les familles nombreuses. C'est plutôt ton père qui est famille, très famille !

Thomas : Oui.

Françoise : La famille Dutronc, c'est une grande famille. Avant ta naissance, ton père ne voulait pas entendre parler d'avoir une fille. Il ne voulait pas ! Comme si, quelque part, il savait qu'il aurait un garçon. Ça me traumatisait parce que je me disais qu'il y avait quand même une chance sur deux pour que ce soit une fille. Mais secrètement, j'espérais aussi que ce fût un garçon.

MA DERNIÈRE ÉMOTION AVEC TOI, C'EST QUAND J'AI REÇU TON DISQUE. C'EST LÀ QUE L'ON VOIT COMME LA JOIE FAIT DU BIEN AU CORPS !

Thomas : Notre dernière émotion ensemble ? Je ne sais pas. Le dernier Noël était particulièrement bien parce que ça faisait longtemps qu'on n'avait pas tous dîné ensemble. Ce que j'aime bien, c'est le côté « rester à la maison », parce que les restos sont toujours un peu fatigants : on n'est pas bien, il y a du bruit… Alors que là, c'était vraiment agréable.
Et surtout on a bien mangé ! Ce sont des repas qui me rappellent l'enfance… Je trouve tout très bon, bien meilleur que le resto. Ça me fait vraiment plaisir !

Françoise : Moi, c'est quand j'ai reçu son disque ! D'abord, quand j'ai su qu'il chantait, je suis tombée littéralement des nues !
Et quand j'ai reçu son disque, j'ai été très « émotionnée » avant et très émue pendant : ça a été très, très fort pour moi ; ça m'a amené beaucoup de joie ! Je ne me suis jamais aussi bien portée que dans le mois qui a suivi ! *(Elle éclate de rire.)* C'est là que l'on voit combien la joie fait du bien au corps…

Thomas : Ça m'a fait plaisir aussi que tu aimes bien mes titres !

Françoise : Pendant longtemps, je l'écoutais tous les jours, moins maintenant évidemment. Je l'écoutais le soir avant de me coucher… C'était mon dessert ! J'écoutais les trois chansons que je préfère sur son album. Je les écoutais tous les soirs. Ce sont toujours celles que je préfère d'ailleurs. *(Elle rit.)*

Ma photo préférée de nous deux.

FRANÇOISE HARDY est née le 17 janvier 1944.

- En 1962, elle chante *Tous les garçons et les filles* : plus de 2 millions d'exemplaires vendus.
- En 1967, elle rencontre Jacques Dutronc.
- En 1969, elle commence à s'intéresser à l'astrologie.
- En 1973, naissance de son fils **THOMAS** et, la même année, sortie du titre *Message personnel* enregistré avec Michel Berger.
- En 1981, elle épouse Jacques Dutronc après quatorze années de vie commune.
- En 2005, elle est nommée « artiste féminine de l'année » aux Victoires de la musique.

THOMAS DUTRONC est né le 16 juin 1973 à Paris.

- En 1985, collaboration avec son père, Jacques Dutronc sur l'album *Brèves Rencontres*.
- En 2001, il écrit *Mademoiselle* pour Henri Salvador.
- En 2002, il crée le AJT Guitar Trio et se produit comme guitariste dans des clubs de jazz.
- En 2007, son album *Comme un manouche sans guitare*, est disque d'Or.
- En 2008, il est nommé aux Victoires de la musique en tant qu'« artiste révélation du public » et « album de l'année ».

KLARSFELD

Arno & *Beate*

« Chez nous, tout est construit autour de la famille. »

Un piano, des dossiers qui s'entassent dans toutes les pièces et deux chats, un noir et un blanc, qui passeront l'interview sur les genoux d'Arno. L'appartement-bureau de la famille Klarsfeld a des allures de kibboutz. Serge, Beate et Ida, leur fille, s'y retrouvent chaque jour pour travailler, tandis qu'Arno y vit. Même regard, même sourire, Beate et Arno entretiennent une relation fusionnelle, quotidienne, mais pudique, basée sur le travail, le souvenir… et les animaux.

Arno : J'ai eu une enfance heureuse. J'ai toujours une nostalgie de cette époque relativement insouciante. Le premier souvenir que j'ai de toi, c'était à Berlin : tu me poursuivais parce que je t'avais dit que tu étais méchante comme la peste… Tu essayais de m'attraper sous le lit. Je devais avoir trois ou quatre ans.

Beate : Moi je ne m'en souviens pas, mais enfin…

Arno : Et toi, tu as un premier souvenir de moi ?

Beate : Ça fait pas mal de temps *(Rires.)*… Pour moi, le premier souvenir, c'est évidemment quand j'ai accouché. C'était à Paris en 1966. J'avais… je suis née en 1939… oui, j'avais vingt-sept ans. J'ai quitté Berlin en 1961 et mes deux enfants sont nés à Paris, dans la même clinique, près du Trocadéro. Quand j'ai commencé ma carrière politique en faisant campagne contre l'ex-chancelier nazi allemand, ma mère, qui vivait en Allemagne, n'était pas tout à fait d'accord. Mais ici, à Paris, Serge et moi habitions dans le même appartement que ma belle-mère, qui était vraiment une femme extraordinaire. On était très proches et elle soutenait notre combat, car elle avait perdu son mari en déportation. Son mari s'appelait Arno, comme toi. Elle avait également beaucoup de respect pour moi, pour l'action que l'on menait avec Serge. Et surtout, elle s'occupait beaucoup d'Arno, donc j'avais pas mal de liberté pour partir en Allemagne et ailleurs. Même si on prenait des baby-sitters pour les choses pratiques, Raya (c'est comme ça qu'on appelait ma belle-mère) était là pour te surveiller et je pouvais partir tranquille. Bien sûr, de temps en temps elle disait : « Vous engagez votre vie, c'est dangereux. » Il faut dire qu'on a quand même eu des bombes à la maison, que la voiture a sauté… Mais au fond de son cœur elle était d'accord avec notre engagement parce qu'elle savait que ce qu'on faisait était dans la « bonne ligne ».

TU M'EMMENAIS MANIFESTER. JE DEVAIS AVOIR TROIS ANS.

Arno : C'est drôle, j'ai quelques souvenirs d'Allemagne. Je me souviens que tu m'emmenais manifester. Je devais avoir trois ans.

Beate : Oh oui ! Souvent, je te prenais avec moi, surtout quand j'étais candidate contre Kiesinger, dans sa circonscription, dans le sud de l'Allemagne. Tu assistais aux réunions et aux manifestations avec moi, tu allais avec mes amis manifestants lancer des œufs et des tomates sur Kiesinger. D'ailleurs, il y a des photos où l'on voit les trois candidats des élections de 1969 : le chancelier Kiesinger du Parti démocrate, qui voulait renouveler son mandat, Liebram, qui était l'opposant du Parti socialiste, puis moi, qui étais dans un parti de gauche, pour pouvoir m'opposer à Kiesinger pendant la campagne officielle. Et on voit « la Klarsfeld » avec Arno dans les bras ! En campagne, nous n'avions qu'une seule voiture alors que Kiesinger et les journalistes avaient un grand car. Un journaliste m'a dit : « Écoutez, c'est quand même compliqué pour vous, madame Klarsfeld, de trimballer votre enfant. Donnez-le-nous, on va le prendre dans le bus. » Kiesinger a dit : « Non, non, j'ai peur qu'Arno me morde. » *(Rires.)*

Arno : À trois ou quatre ans, je n'avais pas tellement de conscience politique ! Elle s'est forgée petit à petit. On est imprégné peut-être par les choses qu'on vit, mais… tout doucement. Peut-être que cela m'a enseigné à ne pas trop respecter l'autorité, car je voyais ma mère manifester seule contre celui qui était chancelier, qui avait des voitures officielles… Peut-être que, comme pour un petit chat, il y a une imprégnation inconsciente. Ça marque *a posteriori*.

Nos photos préférées de nous deux.

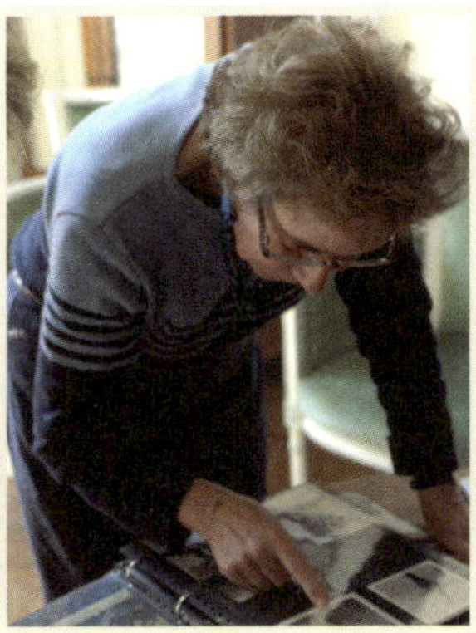

Beate : Petit, tu étais terrible.
Arno : Ah, j'étais terrible ?
Beate : Ah oui ! Pendant ma campagne, étant donné que je combattais le chancelier nazi ouest-allemand, les Allemands de l'Est étaient très contents parce qu'il était aussi leur cible. Donc on avait obtenu l'autorisation de consulter les archives de Postdam en Allemagne de l'Est, qui étaient des archives de la propagande, et on avait trouvé des choses sur Kiesinger. On a d'ailleurs fait des livres et des brochures contre lui pour demander qu'il démissionne. Et on passait facilement le *checkpoint* Charlie à l'époque, parce que j'étais française à cause de mon mariage.
Arno : Ah oui ! J'ai des souvenirs du *checkpoint* Charlie…
Beate : Donc, après la chute du Mur, des journalistes et moi-même avons demandé notre dossier à la Stasi, le service secret est-allemand. Dans le mien, il était écrit ceci : « La Klarsfeld arrive avec son fils Arno au *checkpoint* Charlie. Arno prend un verre d'eau et le jette à la figure de la police de la frontière. Puis il prend les tampons et il tapote partout. Quand la Klarsfeld et son fils sont partis, on a fait ouf ! » *(Rires.)*
Arno : À ce point ?
Beate : Tu as eu une éducation très « années 1970 », antiautoritaire. Enfin, tu étais quand même un enfant très turbulent. Mais gentil.

DANS LES KIBBOUTZ, LES ENFANTS SONT TRÈS PROCHES DES PARENTS, ILS LES RESPECTENT.

Arno : Ma mère est modeste, courageuse, tenace. Elle a du bon sens aussi. Elle est humaine, généreuse. Elle ne comprend pas grand-chose à l'Internet ni à l'ordinateur, mais…
Beate : Moi, si je devais décrire mon fils, je dirais qu'Arno est un enfant très attaché à

ses parents, très très attaché. À ses animaux aussi. L'amour des animaux, je crois que c'est nous qui le lui avons transmis. D'ailleurs, le premier cadeau que mon mari m'a fait, c'était un chat qui était plein de puces.
Je crois aussi qu'il est très attaché à la vie de famille. Ma belle-mère, c'est elle qui dirigeait la maison. Arno était vraiment son chouchou. Raya lui parlait russe. C'est comme ça qu'il a appris le russe. Moi, je ne comprenais rien, mais ils s'entendaient très bien.
Son amour pour Israël, ça vient de nous aussi. Tous ces voyages, ces vacances en Israël… On a passé nos étés à faire du kibboutzim. Je pense que c'était une bonne base : là-bas, les enfants sont très proches des parents, ils les respectent. On lui a enseigné le respect, l'amour et l'envie de faire des études. De toute façon, dans les familles juives, on dit toujours *(Elle change de ton.)* : « Il faut bien travailler, faire des études, pour être indépendant un jour. » Je n'étais pas une mère juive, d'ailleurs je ne suis pas juive à la base, mais quand même, je l'étais par le comportement.

Arno *(l'air amusé, un brin moqueur)* : Juive, tu ne l'es pas, non…

Beate : Non, mais te surveiller, ça oui, je t'ai surveillé, quand même.

Arno : Tu as raison, mais je ne t'ai jamais entendu dire : « Tu es le plus beau, tu es le plus intelligent. » Ça, je ne l'ai jamais entendu.

Beate : Tu as réussi quand même. Je crois que j'ai avec toi une relation comme celle que toute mère a avec son fils. Mais comme il n'est pas marié *(Elle rit.)*, il est davantage attaché à son père et sa maman.

ARNO, S'IL RACONTE C'EST BIEN, MAIS JE NE SUIS PAS D'UNE CURIOSITÉ HORRIBLE.

Beate : On se voit chaque jour, ce qui est extraordinaire, parce qu'ici ce sont à la fois nos bureaux et l'appartement d'Arno, sauf le week-end. Nous avons une maison de campagne, mais Arno n'aime pas trop y venir. Et on se téléphone deux ou trois fois par jour. Le soir, il téléphone à papa, puis à moi. Donc, c'est vraiment une relation très très proche. En revanche, nous n'avons pas de rituels comme le déjeuner du dimanche ou les fêtes de famille. Nous ne fêtons même pas les anniversaires !
Avec ma fille, c'est très différent. D'abord, il y a une différence d'âge : elle a sept ans de moins qu'Arno et elle n'a pas eu le même parcours. Elle n'a pas participé à nos actions en Allemagne, elle est moins attachée à cela. Elle a épousé un Italien, Carlo. Ils se sont mariés au mois de juin à Sienne. Maintenant j'attends des petits-enfants… Elle aussi a son bureau ici. Je la vois chaque jour. Nous habitons porte de Saint-Cloud et elle habite de l'autre côté de la place ! *(Elle rit.)*
Arno, lui, a partagé beaucoup de choses avec nous, avec moi. De toute façon, les relations mère-fille et mère-fils sont différentes. Avec ma fille, en principe, on se dit tout. Avec Arno… on se dit tout aussi, non ? *(Elle regarde Arno qui reste silencieux.)* Je ne sais pas. Arno est un peu discret. Moi, je ne suis pas la maman qui est toujours à dire « raconte, raconte ». S'il raconte c'est bien, sinon je surveille, mais je ne suis pas d'une curiosité horrible, non.

Arno : Moi, je dirais que notre relation est fusionnelle et à la fois pudique. Je ne te raconte pas mes histoires.

Beate : Physiquement, on se ressemble. Les gens me disent toujours : « Oh, c'est votre fils ! » Alors qu'avec ma fille, ils trouvent juste qu'il y a un air de famille.

Arno : Tu trouves que c'est moi qui te ressemble le plus ? Peut-être, oui, mais je ne sais pas si je ressemble plus à Serge ou à toi…

Beate : Du point de vue du caractère, tu ressembles peut-être plus à Serge. Tu fais les choses comme Serge. Tu es généreux, ouvert à beaucoup de problèmes. Je crois que dans notre famille, personne n'est homme ou femme d'argent.

Arno : C'est vrai, on n'est pas hypocrites.

Beate : Tu as étudié aux États-Unis et moi j'y suis souvent allée. Là-bas, l'argent compte énormément. Alors que, dans notre famille, finalement… on aime le confort, bien entendu, mais…

Arno : Ce n'est pas la reconnaissance par l'argent.

ON PEUT TRANSMETTRE SES ENGAGEMENTS.

Beate : Beaucoup d'autres choses nous réunissent. D'abord, il n'y a pas de relations froides entre nous, mais des sentiments. On est là pour s'épauler l'un l'autre. Quand tu es né, je ne savais pas ce que tu deviendrais plus tard. Parce que, quand je t'ai eu, je n'étais pas tellement bien préparée non plus ! On habitait chez ma belle-mère, un deux-pièces. *(Elle rit.)* Comme je le disais, elle a adoré tout de suite Arno, et je savais, étant donné qu'elle était là, que pour moi la vie serait beaucoup plus facile. Je me rappelle tout le travail qu'on ramenait… Quand nous nous sommes mariés en 1963, Serge et moi, à la mairie du 16e arrondissement, le maire, à l'époque Taittinger, nous avait dit : « Vous êtes un couple franco-allemand, je crois que vous devez faire quelque chose d'extraordinaire de votre mariage. » C'est ce qu'on a essayé de faire. Ensuite, avoir deux enfants comme Arno et Ida qui ont réussi et qui adorent leurs parents, dans la vie d'aujourd'hui, cela devient de plus en plus rare. Le travail a beaucoup uni notre couple mais nos enfants aussi.

Arno : Toi, tu m'as transmis, voyons… l'ordre ? Non ! *(Il rit.)* L'ordre, non, ni la propreté ! La ténacité, la générosité. Ne pas être hypocrite. Je ne sais pas si c'est un avantage ou non, mais je n'arrive pas à être hypocrite. Je voudrais bien, mais je n'y arrive pas.

Beate : Tu étais très indépendant, enfant. D'ailleurs, au début, tu partais seul – quelquefois tu pleurais – dans des colonies d'enfants juives. Tu passais tes vacances avec d'autres enfants, tu n'étais pas collé à nous. Puis, tu as fait tes études aux États-Unis, des cours d'été dans des universités américaines, tu as aimé ça. Ta sœur, quand je l'ai envoyée, elle pleurait, elle ne voulait pas. *(Rire.)*

Arno : Moi, je m'adapte. C'est Serge qui m'a poussé à faire des études.

Beate : Oui, bien sûr, mais de toute façon c'était normal que tu passes le bac. Ta sœur et toi vous n'étiez pas des scientifiques, vous êtes devenus avocats comme papa.

Arno : C'est venu comme ça. Je ne savais pas quoi faire après le bac. Je n'avais pas de dons particuliers dans quelque domaine que ce soit, donc mon père me poussait : « Avocat, pourquoi pas avocat ? Ce n'est pas difficile. » J'ai passé mes examens facilement sans travailler.

Beate : Tu es quand même allé aux États-Unis où tu as beaucoup travaillé.

Arno : Ah oui ! Aux États-Unis j'ai travaillé. À New York, j'ai fait un master dans une université américaine, après j'ai passé le barreau et comme j'avais peur d'échouer, j'ai travaillé, pour la première fois de ma vie. Six mois, huit mois, seize heures par jour. C'est la seule fois où j'ai autant travaillé, vraiment beaucoup. J'ai fini premier. C'est là que j'ai compris que, quand on travaillait, ça payait… Au bout de six mois, finir premier sur dix mille, ça n'était pas mal. Ensuite, je suis revenu en France où il y avait le procès Touvier. Serge m'a dit : « Tu le fais ? »

Beate : On peut transmettre ses engagements. Moi, j'ai commencé à m'opposer à un chancelier nazi. Puis on a mené un combat en Allemagne contre les hauts responsables qui étaient restés impunis et on a obtenu leur condamnation. Arno nous a rejoints… D'abord, il était venu avec nous manifester au procès et ensuite, il est devenu l'avocat du Ficifi dans des procès contre les Français qui ont collaboré avec les Allemands – l'affaire Touvier, l'affaire Papon… Il était libre de choisir ce qu'il voulait faire, mais il partageait complètement notre point de vue.
Arno : Toi, tu aurais été contente si j'avais été un grand pianiste.
Beate : Oui, mais là, on est tout le temps ensemble. On partage tout. On partage tout le travail, Arno sait ce que fait son père, ce que fait sa mère. L'avenir, on n'y pense pas trop. En principe, on n'a pas tellement le temps de penser à ce que sera demain. On est contents parce qu'on est en bonne santé, on est contents quand on est ensemble. Ma fille est mariée et j'espère avoir des petits-enfants bientôt. *(Elle rit.)* Je voudrais bien qu'Arno se marie, mais on ne peut pas forcer le destin.

JE ME SENS JUIF, MAIS PAS AU SENS RELIGIEUX DU TERME.

Arno : On n'a jamais parlé de religion à la maison. On parlait de vos combats, de la déportation des Juifs.
Beate : Ma belle-mère n'était pas croyante, elle n'était pas juive. Mais tu savais que ton grand-père avait été déporté, donc ça faisait une base. Et Raya, ma belle-mère, nous racontait. La première fois que je l'ai rencontrée, elle m'a raconté que mon beau-père avait sauvé sa famille à Nice en la cachant dans le double fond d'un placard. Elle n'était pas comme les gens qui n'aiment pas parler de ce qu'ils ont souffert pendant la guerre : ma belle-mère parlait de ça, donc les enfants vivaient avec ça.
Quand Serge, mon mari, est venu me voir la première fois à Berlin pour rencontrer mes parents, il a continué pour rejoindre Auschwitz ; il voulait absolument refaire l'itinéraire de son père. En arrivant, il a vu où son père travaillait, il a retrouvé le numéro de son tatouage, le dernier repas qu'il a pris… Nous parlions beaucoup de ça. Un peu plus tard, nous sommes allés en Israël.
Arno : Je ne sais pas si je suis croyant. Je ne sais pas… Je ne me pose pas trop la question.
Beate : Il y a eu ta bar-mitsvah quand même.
Arno : Oui, laïque.
Beate : Parce que tu n'étais pas de religion

juive. De toute façon, tu te sentais juif, pas juif selon la religion parce que ta mère ne l'est pas, mais par tout le reste.

Arno : Pour les religieux, je ne suis pas juif, mais j'ai un attachement. Je suis un peu comme dans une situation de bâtard. *(Silence.)* Je me sens israélien. Je me sens français, mais je me sens aussi israélien. Et aussi américain. Je n'ai pas vraiment eu une éducation culturellement juive. Il faudrait que je me convertisse. Alors, dans ces conditions, il faudrait que je fasse semblant de croire en des choses auxquelles je ne crois pas. Et je ne suis pas hypocrite.

Beate : Cela ne t'apporterait pas plus. Je ne me suis jamais convertie. À quoi bon ? Mon rôle est beaucoup plus important en tant qu'Allemande non juive, même en Israël.

Arno : Mais il vaut mieux être dans une situation qui est claire plutôt que dans une situation ambivalente, en général. Sinon, tu es entre deux meutes et les meutes se détestent.

Beate : Je ne crois pas.

Arno : Enfin, il vaut mieux appartenir à une meute dans le monde dans lequel on vit, non ?

Beate : C'est peut-être un peu plus facile, mais même si je vis dans la meute juive, je suis protestante. Luthérienne, avec baptême, confirmation… et j'ai été acceptée. Pour moi, cela n'a jamais été un problème. Mon mari n'est pas croyant non plus. On va dans les synagogues souvent pour des commémorations, mais pas plus. D'ailleurs, quand on va en Italie, on allume des cierges dans les églises catholiques qui sont souvent plus jolies que les synagogues. *(Elle rit.)*

ON VIT DANS UN PETIT CERCLE FAMILIAL ET ON NE CHERCHE PAS AILLEURS.

Beate : Tu es un séducteur, ça oui !

Arno : Moi ? Non, pas un séducteur.

Beate : Si !

Arno : Non !

Beate : Écoute, quand j'entends même les petites vieilles dire : « Oh, votre fils, on lui a demandé un autographe ! »

Arno *(qui s'énerve)* **:** Oui, mais un séducteur, c'est quelqu'un qui essaie de séduire. Qui j'essaie de séduire, moi ?

Beate : Oh ! Toutes les jeunes filles…

Arno : Alors, je ne les ai pas séduites.

Beate : On me dit toujours : « Oh là là ! Même en Israël, toutes les jeunes filles lui couraient après ! »

Arno : D'accord, mais ça ne veut pas dire que je suis séducteur. Un séducteur, c'est quelqu'un qui essaie de séduire, qui essaie de faire un jeu…

Beate : Bon, alors disons que les jeunes filles te courent après.

Arno : Je ne suis pas séducteur.

Beate : Je n'étais pas présente en Israël, mais je sais que tout le monde m'a dit : « Votre fils, il a un succès… » *(Elle rit.)*

Arno : Disons que, pour me caser, j'aurais bien aimé trouver une fille avec qui ce soit fusionnel. Les gens disent que les filles me courent après. Cela ne veut pas dire que je suis séducteur. Un séducteur, c'est quelqu'un qui marche comme ça, qui parle, qui raconte sa vie. C'est ça, un séducteur. Je n'aime pas le terme de « séducteur ».

Beate : Comme on dit, les filles te tombent dans les bras…

Arno : Mes parents se moquent de moi, toujours.

Beate : Non, mais non.

Arno : Si.

Beate : On travaille ensemble, mais on rigole quand même.

Arno : Non, vous vous moquez de moi. Serge se moque de moi.

Beate : Mais non.

Arno : Mais si, tu le sais bien, arrête…

Beate : Non, papa te conseille. C'est merveilleux ce rôle, non ? Avoir un papa qui peut te conseiller, qui peut être là quand tu en as besoin. Chez nous, il n'y a jamais eu de brouille comme dans ces familles où les enfants ne parlent pas aux parents, où les parents ne parlent pas aux enfants. Ça n'a jamais, jamais existé chez nous. Jamais. Même pas une heure.

ARNO : Si, une heure, quelquefois. On se chamaille de temps en temps, mais jamais sérieusement.

BEATE : Chez nous, tout est construit autour de la famille. Il y a les enfants, mais aussi les animaux. On vit dans un petit cercle familial et on ne cherche pas ailleurs.

ARNO : Moi non plus, je ne cherche pas tellement ailleurs…

BEATE : On n'en a pas envie. Pour nous distraire, pour être heureux, ce sont les réunions familiales qui nous donnent de la force. On a beaucoup de gens dans notre entourage, on a notre association, on agit avec eux, mais on n'a pas tellement d'amis… Ma belle-mère nous a appris que c'est la famille qui compte. J'avais des relations pas très intimes avec mes parents. Mon père est mort assez jeune et ma mère, je l'ai dit, était tout à fait contre mes activités politiques au début. Et puis, il y avait la distance géographique. Elle était à Berlin et moi, à Paris. Ce n'était pas le même rapport qu'entre moi et ma belle-mère. Le sens de la famille, c'est Raya qui me l'a donné.

VOS MEILLEURS AMIS, CE SONT LES ANIMAUX.

ARNO : Vos meilleurs amis, ce sont les animaux…

BEATE : Oui, parce qu'on a quatre chats à la maison, trois chiens…

ARNO : On a même eu un petit singe.

BEATE : Oui. Les chats commencent à vieillir, ils sont malades, il faut faire attention quand on veut voyager, il faut tout préparer, s'organiser… C'est une vie qu'on a voulue, qu'on assume à cent pour cent, ça nous rend heureux. Ma fille travaille avec la SPA. Elle est très engagée avec plusieurs associations pour les singes. Elle est allée au Congo, d'ailleurs. Arno, toi aussi tu es dans un comité d'honneur, non ?

ARNO : Moi, pour les gorilles. Je suis très engagé auprès de Nicolas Sarkozy pour que la France soit *leadership* concernant la défense des gorilles.

BEATE : Moi, je ne suis pas engagée. J'ai ramassé des chats abandonnés à la campagne que j'ai gardés chez moi…

ARNO : Tu te souviens à ce propos de notre dernière grande émotion ensemble ?

BEATE : Quand Poum est mort ?

ARNO : Oui, le petit chat qu'on avait ramené d'Israël et qui est tombé du balcon.
Je l'aimais tellement…

ARNO KLARSFELD, avocat, est né le 27 août 1965. Il est le fils de Serge et **BEATE KLARSFELD.**
- En 1994, il est l'avocat des parties civiles au procès de Paul Touvier.
- En 1998, il représente l'association des Fils et filles de déportés juifs de France (FFDJF) au procès de Maurice Papon.
- En 2002, à l'âge de 37 ans, il prend la nationalité israélienne.
- En 2007, il est candidat aux élections législatives dans le 12e arrondissement de Paris et est nommé conseiller au sein du cabinet de François Fillon, Premier ministre.

BEATE KLARSFELD, Allemande de religion protestante, est née le 13 février 1939 à Berlin. Elle épouse Serge Klarsfeld, avocat, en novembre 1963, dont elle aura deux enfants : **ARNO** (1965) et Lida (1973) tous les deux avocats.
- En 1966, elle débute son combat aux côtés de Serge pour traquer les criminels nazis cachés dans le monde entier.
- En 1968, elle gifle le chancelier de la République fédérale d'Allemagne, Kurt Georg Kiesinger, en le traitant de nazi.
- En 1971, elle obtient une nouvelle convention franco-allemande qui permet à la justice allemande de juger d'anciens nazis : Klaus Barbie, Kurt Lischka, Herbert Hagen…
- En 1979, création du Beate Klarsfeld Foundation – dont le siège est à New York – et, en France, de l'association des Fils et filles des déportés juifs de France (FFDJF) chargée de défendre la cause des descendants de déportés.

« Chez nous, tout est construit autour de la famille. »

RICARD

Matthieu & *Yahne Le Toumelin*

« Dans une forêt de bois de santal, même les bûches ordinaires prennent un peu du parfum. »

Huit heures du matin dans un appartement parisien qui accueille les bouddhistes de passage à Paris. Peu de meubles, mais beaucoup de photos de maîtres spirituels. Matthieu Ricard, moine, fils du philosophe Jean-François Revel et interprète du dalaï-lama en France, est déjà au téléphone. Yahne Le Toumelin, sa maman, quatre-vingt-cinq ans, peintre et nonne bouddhiste, affiche un visage radieux et malicieux, une vraie sérénité. Autour d'un thé, retour sur leur passion du Tibet, du bouddhisme et sur leur extraordinaire relation. À la fin de l'entretien, Yahne Le Toumelin nous saluera d'un lumineux « Bonne vie ! ».

MATTHIEU : Notre famille est originaire de Bretagne. Comme dit ma mère, elle me connaît depuis ma naissance. *(Il rit.)* L'un de mes premiers souvenirs avec elle, c'est la traversée de l'Atlantique sur un paquebot, les lumières de New York. Comme je devais être myope et que personne ne le savait, c'était tout flou, mais très joli. Ça a peut-être déclenché ma vocation de photographe. On est arrivés au Mexique, avec ma mère et ma sœur, et mon père est venu nous chercher dans une voiture rouge décapotable, ce qui m'a beaucoup impressionné. Il était professeur là-bas et on venait le rejoindre pour deux ans. Et puis je me rappelle un peu les quelques bêtises que j'ai faites à l'époque. Notamment, paraît-il, j'ai envoyé avec une fronde les quelques bijoux qui restaient à ma mère dans la rue !

YAHNE : Moi, je suis émigrée bretonne montée

à Paris, dans le 16e arrondissement. Ta naissance a été quelque chose de formidable ! *(Elle éclate de rire.)* D'abord, tu étais programmé, parce que ton parrain était une espèce de défricheur de la pensée que j'avais connu quand j'avais dix-huit ans et qui m'avait dit un jour que ça ne serait pas mal que j'aie un enfant. Alors, j'ai pris mon vélo et je suis allée voir l'homme le plus intelligent de Paris *(Rires.)*, que je ne connaissais pas.

Matthieu : On en apprend tous les jours !

Yahne : Mais on m'avait dit qu'il était génial ! Il avait dix-neuf ans et il s'appelait Jean-François Ricard.

Matthieu : À l'époque… Par la suite, il s'est fait appeler Jean-François Revel.

Yahne : Je devais l'interviewer. J'avais quand même une raison : je m'occupais pour la radio de la vie artistique à Paris. Alors, je suis allée lui demander ce qu'était l'existentialisme. Il était ami avec tous ces gens, Sartre et compagnie. Il a dû me trouver gentille parce qu'il m'a dit : « Mais je vous le ferai, l'article ! »

Matthieu *(en riant)* **:** Si vous voulez un fils en plus… qu'à cela ne tienne !

Yahne : Il m'a fait revenir trois, quatre fois et puis…

Matthieu : Je ne savais pas tout ça !

Yahne : Il y a eu la libération de Paris, on a fait la fête, et puis voilà ! *(Elle rit.)* Dans la liesse générale de la Libération, voilà l'arrivée de Matthieu. Son parrain m'a dit : « Eh bien, dans dix lunes, au lever de la pleine lune, il naîtra. »

Matthieu : Oh là là !

Yahne : C'est vrai, tout ça. Ça s'est passé exactement comme ça. J'avais une montre : à 16 h 24, à la dixième lune, Matthieu est né.

Matthieu : Tout ça, c'était à Aix-les-Bains.

Yahne : Oui, le père de Jean-François avait été nommé directeur de la reconstruction en Savoie. C'est pour ça que Matthieu est un bon skieur. Il est né à Aix-les-Bains, et c'était un bel enfant, il faut le dire. Il est né entre ses deux grands-mères. Une bonne sœur était là, elle l'a mis sur la balance. Il s'est relevé et il a regardé tout le monde. Alors la bonne sœur a dit : « Oh, c'est le diable, c'est le diable ! » Elle a eu peur ! *(Éclat de rire général.)* Un médecin a dit : « Oh, il nous juge ! Il sera juge. » L'accouchement a été le plus beau jour de ma vie. Matthieu était adoré par tout le monde. Il avait beaucoup de charme, il était très beau.

Matthieu : Je crois que je suis de trop, là ! *(Il rit.)*

Yahne : Il est sorti de chez les bonnes sœurs avec une colique. C'était terrible, plusieurs enfants à l'hôpital en sont même morts. J'ai fait un vœu : « Qu'il soit bouddha ! »

Matthieu *(en riant)* **:** Ils ont peut-être fait un échange de bébés !

Yahne : J'aime autant te dire que je surveillais ! Parce que c'était l'époque où on enlevait les bébés, alors j'allais voir pour être sûre… Ils avaient tous la colique, mais bon. Il en est sorti et, ce jour-là, j'ai reçu le *Padmasambhava*…

Matthieu : Il faut expliquer. Ce livre, c'est la vie de Padmasambhava, le maître spirituel qui a introduit le bouddhisme au Tibet. Un génie littéraire, Gustave-Charles Toussaint, à moitié diplomate, à moitié poète, a vécu à Pondichéry dans les années 1930 et a appris le tibétain. Il a traduit cette biographie de Padmasambhava qui faisait quand même cinq cents pages à une époque où la tibétologie était encore un domaine d'étude naissant. C'est un langage extrêmement poétique et incroyablement beau.

Yahne : Qui a inspiré Saint-John Perse.

Matthieu : Mon père a offert ce livre à ma mère. C'est amusant étant donné la suite des événements. J'en lisais quelques pages à l'heure du déjeuner quand j'avais vingt ans, après avoir rencontré mon maître lors de mon premier voyage. Je travaillais à l'époque à l'institut Pasteur. C'est un livre éminemment inspirant et qui est, disons, un livre important

dans la tradition tibétaine.

YAHNE : Et un des plus beaux livres en langue française. André Breton, à qui je l'avais prêté, m'avait dit : « Mais c'est un livre extraordinaire, un livre génial ! » Incompréhensible quand même pour quelqu'un qui n'est pas bouddhiste.

MATTHIEU : À l'époque, on ne savait pas trop ce qui se passait au Tibet, il y avait tout une aura de mystère. C'est quand même le « toit du monde ».

YAHNE : J'avais déjà lu un livre d'Alexandra David-Néel et je me souviens qu'en classe j'écrivais des « T » sur mes cahiers, « T » comme Tibet. Je n'avais qu'une envie, c'était d'aller au Tibet. J'étais inspirée. J'ai dû inconsciemment te transmettre ça, parce qu'on n'en a jamais parlé.

MATTHIEU : Non, je n'ai pas été influencé. Quand j'étais jeune, je n'étais pas du tout là-dedans.

YAHNE : Matthieu était très doué, enfant. Ça a disparu après, entre sept et quatorze ans ! *(Il rit.)* Tu te souviens peut-être seulement de cette période où tu étais un gamin effronté. En revanche, ton grand-père t'avait appris les échecs, les étoiles du ciel… C'est pour cette raison que tu aimais l'astronomie. Quand on est arrivés au Mexique, tu avais trois ans. Tu faisais des réflexions qui épataient tous nos amis. Ton père aussi était étonné. Sur le bateau, par exemple, tu m'avais demandé : « Pourquoi les Noirs se demandent pourquoi les Blancs sont blancs ? » *(Elle rit.)*
Nous sommes restés au Mexique deux ans et demi. Ensuite, nous sommes revenus en France, dans la banlieue de Chambéry. J'habitais avec ma belle-mère. Matthieu allait beaucoup skier à Courchevel, il était graine de champion. Tu étais flèche d'or ?

MATTHIEU : Mais non…

YAHNE : Mais si ! Il était très audacieux. Le matin, avant les championnats, il allait sauter sur les tremplins.

Matthieu et son papa.

Matthieu et sa sœur.

Matthieu : Ça, c'est de l'exagération maternelle !

Yahne : Mais non, j'avais tellement peur, ça m'a marquée !

Matthieu : À Chambéry, je me rappelle avoir tiré avec une carabine à air comprimé sur le postérieur d'un gros monsieur qui bêchait son jardin – ce qui n'a pas beaucoup plu audit monsieur. *(Il rit.)* Je me souviens aussi des draps gelés, l'hiver ; ils devenaient tout durs quand on les séchait. C'est à peu près tout ce dont je me souviens. Ensuite, nous sommes allés vivre à Valmondois, dans le Val-d'Oise, un petit village très mignon. Alors là, c'est un vrai souvenir d'enfance : des forêts, des jardins… Il y avait un petit ruisseau au bord duquel les vieilles lavandières tapaient sur le linge au lavoir ; il y avait l'école communale, on faisait des glissades, l'hiver, sur des plaques de glace ; il y avait les caïds de l'école, trois frères qui étaient des durs à cuire.

Yahne : C'étaient les grands amis de ta sœur Ève…

Matthieu : Et puis il y avait l'instituteur, avec sa fille, une petite blonde que tout le monde reluquait…

Yahne : L'instituteur te tapait sur les doigts…

Matthieu : Ah oui ! À l'époque, on nous tapait encore sur les doigts avec une règle. On avait les encriers avec l'encre violette, les plumes Sergent major et il fallait chanter : « Ne pleure pas Jeannette », des choses comme ça. Voilà, c'était la campagne.

Yahne : Oh, c'était une campagne très cultivée, Matthieu ! Tu y as appris la musique. C'était avant 1957. Et puis Jean-François, son père donc, venait le dimanche avec des intellectuels comme Pierre Nora.

JE NE SAIS PAS VRAIMENT COMMENT M'EST VENU CET AMOUR POUR LE TIBET. C'EST UN PEU COMME SI JE ME DEMANDAIS : « POURQUOI SUIS-JE NÉE ? »

Yahne : Ça allait, ça venait. J'essayais de pratiquer la méditation et je peignais. J'avais des enfants merveilleux et le temps passait.

Matthieu : Il faut dire aussi que tu ne lisais pas que des choses sur le Tibet. Il y avait aussi tous les livres sur le mystique chrétien, sur l'hindouisme, enfin un peu tout ce qui avait un rapport avec la spiritualité.

Moi, je m'intéressais à l'ornithologie, à la navigation. C'est vraiment à l'adolescence que j'ai commencé à lire d'autres livres que ceux que je devais lire pour mes études. Et puis, non seulement ma mère, mais son frère, c'est-à-dire mon oncle, Jacques-Yves Le Toumelin, un grand navigateur qui a fait le tour du monde en solitaire après la Seconde Guerre mondiale, avait aussi beaucoup lu tous ces livres pendant sa navigation. Quand j'avais quinze, seize ans, on allait en Bretagne chez mon oncle tous les ans, et tous les gens qui se réunissaient parlaient de spiritualité, d'ésotérisme…

Moi, je n'avais jamais été élevé religieusement, je vivais de façon laïque. Mon père, qui était libre-penseur, bouffait plutôt du curé, je dois dire.

Yahne : Toi aussi !

Matthieu : Tu t'en souviens ? *(Rires.)* Un jour, des scouts marins sont venus camper sur notre terrain et ils chantaient des cantiques. Alors, un matin, j'ai mis un panneau où j'avais écrit : « Dieu est un grand lapin ». Ce n'est pas de moi, mais de Prévert. J'étais un peu comme ça. Ce n'était pas très malin, mais on bouffait du curé dans ma famille, mon père en tout cas. Je m'étais inscrit au PSU – Parti socialiste unifié –, je suis allé à une réunion, c'était mortellement ennuyeux. Pareil pour la

Société astronomique de France, je suis allé assister à une séance, mais c'étaient surtout de vieux savants qui parlaient de choses que je ne comprenais pas très bien… Alors je voulais me construire un télescope. J'ai acheté le miroir, mais finalement je ne l'ai pas construit, je n'ai pas eu le temps. Au début, je voulais devenir médecin, chirurgien, depuis tout petit.

Yahne : Oui, tu soignais déjà les gens.

Matthieu : C'est la seule fois où mon père a vraiment influencé mon existence.

Yahne : Ah oui ?

Matthieu : Il m'a dit : « Les médecins, il y en a beaucoup. La recherche, c'est l'avenir. » Je voulais faire de la physique. J'hésitais entre la médecine et la physique. Je voulais faire physique et chimie parce que j'étais assez bon.

Yahne : Tu avais passé le concours général !

Matthieu : Je n'étais pas mauvais en physique, mais je n'étais pas très bon en maths, ce qui était le problème aussi. J'hésitais entre les deux. Mon père m'a dit : « Dans la recherche, l'avenir, en ce moment, c'est la biologie. » Je n'étais pas spécialement bon en biologie, mais, du coup, j'ai suivi son conseil. Après avoir fait Maths Sup, je suis allé à Jussieu et j'ai commencé mon certificat de biologie-physiologie.

Yahne : Mention très bien à tout…

Matthieu : Mais non, tu exagères… Il faut tout diviser par dix !

À PARTIR DU MOMENT OÙ MATTHIEU EST RENTRÉ DE SON PREMIER VOYAGE EN INDE, ON N'A PLUS EU BESOIN DE SE PARLER POUR SE COMPRENDRE.

Yahne : Pendant que je t'attendais, le seul livre que je lisais, c'était un livre de biologie.

Matthieu *(un peu moqueur)* **:** Alors voilà, les explications arrivent…

Yahne : Mais c'est vrai !

Matthieu : Un ami de la famille connaissait Jean-François Jacob, qui venait d'avoir le prix Nobel et était chercheur à l'institut Pasteur. Il lui avait dit : « Le jeune homme qui t'a déposé sa candidature, il construit un clavecin et un télescope. » Jacob s'est dit : « S'il construit un clavecin à vingt ans, il ne doit pas être mauvais. Donc je le prends. » Et je suis rentré à l'institut Pasteur. Ça s'est très bien passé, je suis resté six ans. Juste avant d'entrer à Pasteur, j'ai voyagé en Inde ; la première fois, j'avais vingt ans et demi. Tout a commencé parce que j'avais vu des films d'Arnaud Desjardins : il avait fait quatre films pour la télévision française d'une heure, à l'époque où il n'y avait qu'une chaîne, sur les grands maîtres tibétains qui avaient fui la révolution chinoise. Je me suis dit : « C'est vivant, c'est la première fois que j'ai accès à une tradition vivante. » Parce que tout le reste, c'était intellectuel. Je n'avais jamais été à l'église, je n'avais pas été élevé chrétiennement, donc je n'avais jamais eu un contact direct avec la spiritualité autrement que dans les discussions, avec les bouquins et intellectuellement. Donc là, il y avait vingt Socrate, vingt saint François d'Assise, en chair et en os, qui venaient de fuir le Tibet. J'en ai rencontré un certain nombre, dont principalement celui qui est devenu mon maître, Kanguiour Rinpotché. Ensuite, j'ai fait des allers-retours, mais ça n'a pas été un choc, ça a été une révélation. Ce qui m'avait le plus frappé – mais ce n'était pas formulé dans mon esprit –, c'est que j'avais rencontré tout ce monde qui passait à la maison, des gens très intéressants, des gens de tous les pays. J'ai eu la chance, par exemple, de déjeuner avec Stravinsky quand j'avais seize ans. Et puis il y avait mon oncle, le frère de maman, grand marin qui avait plein d'amis explorateurs peu ordinaires. Il m'a raconté qu'un jour, l'un d'entre eux avait laissé un message sur sa porte à Paris : « Je suis parti à pied pour Tombouctou… » En même temps, il y avait des mathématiciens un peu excentriques et d'autres grands génies

dans certains domaines. Mais il n'y avait pas de corrélation évidente entre leur génie spécifique et les qualités humaines. C'est-à-dire qu'il pouvait y avoir des musiciens absolument merveilleux et d'autres extrêmement pédants, comme chez les scientifiques, les jardiniers ou tout autre corps de métier. Toutes les combinaisons étaient possibles. Mais il n'y avait pas de rapport immédiat entre leur génie particulier et des qualités comme l'altruisme, l'ouverture aux autres et la compassion. La grande différence avec un maître spirituel, c'est qu'on ne peut pas être un maître spirituel authentique et en même temps être en colère tout le temps. Ça ne marche pas, il y aurait là une contradiction essentielle. J'ai rencontré des maîtres remarquables, qui, visiblement, étaient une grande source d'inspiration et qui, en plus, étaient l'illustration vivante de ce qu'ils enseignaient. On ne pouvait pas être en porte-à-faux avec la réalité. Il fallait qu'il y ait une adéquation parfaite. Ce que j'ai vérifié depuis quarante ans, c'est que, effectivement, ce n'est pas seulement une façade, un maître, c'est quelqu'un qui vous montre ce que vous pourriez devenir. C'est un exemple de vie, c'est tout autre chose que de savoir bien jouer aux échecs ou résoudre des équations différentielles… C'est donc ça qui m'a poussé à revenir chaque année pendant cinq ou six ans. Et puis, en 1972, dès que j'ai eu fini ma thèse, j'ai pris la poudre d'escampette et je me suis établi dans l'Himalaya.

YAHNE : Au premier voyage de mon fils, je me suis dit : « Bien joué ! » *(Elle rit.)*

MATTHIEU : Mon père n'a pas eu tout à fait la même réaction, il n'était pas très content.

MATTHIEU : C'est à Darjeeling, devant l'Himalaya.

YAHNE : Je me souviens de moi disant : « S'il y avait un seul être comme ça en Occident, tout changerait. »

MATTHIEU : Cette photo est devenue pour ma mère le déclencheur. J'avais passé trois semaines en présence d'un maître. Il vivait en dehors de Darjeeling, en dessous d'une forêt. Comme il était réfugié et très pauvre, il avait fui le Tibet avec sa famille. Il est venu du Tibet avec cinquante énormes ballots en cuir, plein de livres qu'il avait sauvés de l'invasion chinoise.

Il vivait avec ses cinq enfants dans deux petites pièces minuscules, des cabanes en bois, en lisière d'une forêt. Je suis arrivé en ne pratiquant absolument pas le tibétain. Je m'asseyais simplement devant lui et j'essayais de méditer toute la journée. Je ne faisais que ça, m'imprégner de sa présence. C'est à la fois indescriptible et, en même temps, c'est très simple. On a envie, je dirais, de mêler son esprit à son esprit. D'habitude, on a souvent une sorte de distance vis-à-vis des autres. Là, on a envie de se fondre en quelqu'un, intérieurement j'entends. Une méditation, c'est fondre notre esprit limité et confus dans un vaste esprit de sagesse. Toi, tu avais envie d'y aller depuis longtemps. Bien avant moi, en vérité. Ça s'est cristallisé quand je suis revenu. Tu t'es dit qu'effectivement c'était possible d'y aller, qu'il y avait un maître vivant, qu'on pouvait le rencontrer. Finalement, ce n'était pas si compliqué.

YAHNE : On n'a plus eu besoin de se parler à ce moment-là. À partir de là, tout a bien marché. C'est-à-dire que ma fille avait vingt ans, elle était fiancée, et j'ai pensé que je pouvais la laisser quelque temps à son destin.

YAHNE : Le père de Mathieu était très autoritaire. Et il était très : « Je vous rattraperai à la frontière ! » Parce que, moi, j'avais aussi assez envie de partir…

MATTHIEU : Tu es partie six mois après.

YAHNE : Je suis partie parce que… c'était irrésistible… À cette époque, j'habitais chez un ami dans un grand château. Je vois Matthieu arriver en autostop. On ne savait pas exactement quand il reviendrait, on était sur la terrasse du château et on voit un chevelu barbu, avec un sac à dos et une cithare enveloppée dans du velours rouge… au crépuscule. *(Il rit.)*

MATTHIEU : En rentrant d'Inde, je me suis dit que c'était trop bête de ne pas voir le pays, alors je suis descendu à Damas et j'ai fait de l'autostop. Puis j'ai continué à pied. J'ai vu le Krak des Chevaliers, Istanbul, et je suis rentré.

YAHNE : Quand il est arrivé, il nous a montré une photo de notre maître à tous les deux, qui était absolument irrésistible. Nous ne parlions pas tibétain, nous ne savions pas ce qu'était le bouddhisme, mais quand nous arrivions dans la petite cabane de notre maître, vraiment, nous étions au-delà du temps. Des nuages rentraient par la fenêtre dans sa cabane.

Et puis j'avais les moyens. J'avais vendu des tableaux au musée d'Art moderne, ça m'a donné la possibilité de partir.

Matthieu : Darjeeling était très près de la frontière tibétaine, donc on avait des permis spéciaux. C'était la croix et la bannière pour rester là-bas. Quand j'ai quitté l'institut Pasteur pour de bon, ma grande peur, c'était de ne pas pouvoir rester à Darjeeling. La secrétaire de François Jacob, qui était adorable, m'a dit : « Bon, on va laisser courir le salaire pendant six mois, ça ne te fera pas de mal. » C'est avec ça que j'ai vécu pendant dix ans. Je vivais littéralement avec l'équivalent de vingt euros par mois. Je n'avais pas besoin de grand-chose : j'avais un petit ermitage de deux mètres sur trois, je n'avais pas d'eau courante, pas d'électricité, j'étais parfaitement bien dans ma petite forêt au-dessus du monastère. Ce sont les années les plus riches de mon existence, mais effectivement, je n'avais pas beaucoup de frais généraux ! *(Éclat de rire général.)*

Yahne : Je n'ai pas vu Matthieu pendant dix ans.

Matthieu : Au début, on s'est croisés.

Yahne : Oui, parce que je suis restée quatre ans… En plus, je suis devenue nonne, mais ils n'ont pas voulu renouveler mon visa. C'est trop long à expliquer, mais on m'a cachée pendant quatre ans dans le monastère de notre maître.

Matthieu : Je ne me rappelais pas que tu étais partie aussi longtemps.

Yahne : On se voyait peu !

Yahne : J'ai pris des vœux de nonne auprès d'un autre très grand maître, le 16e Karmapa, puis je suis rentrée en France. C'était le 6 mai 1968. Je suis allée directement dans le Quartier latin, j'ai vu quelqu'un qui enlevait les pavés. Je lui ai dit : « Tu es revenu à l'âge de pierre ? » Puis j'ai retrouvé Maurice Béjart, avec qui j'ai eu un coup de foudre – et avec qui j'ai fait un opéra après. Le soir, nous sommes allés à la salle Pleyel où l'on a vu le premier film sur sa sainteté Karmapa avec des centaines de personnes.

Matthieu : C'était notre ami Arnaud Desjardins qui montrait ses films pour la première fois en public.

ON NAGE DANS LE MÊME OCÉAN DE SAGESSE.

Matthieu : Je ne sais pas comment on pourrait définir notre relation. C'est un peu comme avec mon père. En Amérique, quand notre livre a été traduit [*Le Moine et le Philosophe*], tout le monde voulait mettre l'accent sur la rencontre père-fils. Je n'arrêtais pas de leur dire : « Mais absolument pas, le fait d'avoir été père-fils a donné effectivement une relation de complicité, de proximité. Mais ces entretiens, ce n'était pas du tout pour expliciter nos relations père-fils. » C'étaient deux courants d'idées qui se rencontraient et qui étaient facilités par notre relation personnelle. Ce n'était pas du tout le fils qui retrouve le père au bout de trente ans et qui donne une explication du pourquoi il est parti de l'institut Pasteur. Moi, personnellement, je ne réfléchis pas à comment je me sens « vis-à-vis de… ». Ce n'est pas du tout ma démarche. Je n'ai pas le goût de la rumination.

Yahne : Il ne parle jamais de son passé. Vous savez, le bouddhisme, c'est quand même le présent. Le passé, c'est un peu comme la poubelle. *(Il rit.)*

Matthieu : Oui, on ne va pas fouiller dans les poubelles. Ça ne sert à rien. Si, ça sert peut-être à certaines personnes quand il y a un problème dans les poubelles. Quand les éboueurs ne passent plus et que vous avez une accumulation, il faut faire quelque chose. Il faut commencer à mettre la main à la pâte. Mais quand les poubelles s'accumulent et se vident en même temps, il n'y a pas besoin de s'inquiéter.

Yahne : Oui, il y a le tout-à-l'égout tranquille. *(Éclat de rire général.)*

Matthieu : Pour moi, notre relation, c'est la vie. Une vie d'affection, une relation très riche, mais qu'il n'est pas nécessaire de traduire en un flot de paroles. L'affection n'a pas besoin de grands discours. Lorsqu'on a des problèmes avec ses parents, on commence à se dire : « Pourquoi ? Comment ? A-t-on manqué quelque chose ? » Mais je crois que quand les choses sont naturelles et harmonieuses, il n'est pas nécessaire de conceptualiser tout cela. Si les relations entre parents et enfant se passent mal et ont un impact douloureux, il faut certes essayer de résoudre ces problèmes et de réparer le tort qui aura pu être commis. Mais quand ce n'est pas le cas, les relations évoluent naturellement. Donc, quand je viens en France, j'essaie de voir ma mère. Cette fois-ci, elle est très gentiment montée à Paris pour que nous passions un peu de temps ensemble. En gros, nous passons deux à trois semaines ensemble chaque année. Heureusement, je vais en Dordogne tous les ans pour traduire un enseignant tibétain qui est un grand maître de philosophie. J'accepte volontiers d'y aller parce que ça me donne aussi l'occasion de voir ma mère. Mais nous avons aussi souvent vécu ensemble en Orient. Quand j'ai habité au Bhoutan, auprès de mon deuxième maître, Dilgo Khyentsé Rinpoché, elle est venue passer six mois là-bas. Mais il y a eu aussi des périodes où, pendant des années, on se voyait très peu. Pourtant, cela n'apparaît pas dans mes souvenirs comme une sorte de rupture ou d'absence, parce que nous nous consacrions tous deux à un chemin spirituel très riche.

Yahne : On barbote dans le même océan de sagesse ! *(Rires.)* De temps en temps : « Ohé, du bateau ! » Et de temps en temps, il y a des vagues…

Matthieu : Il est vrai que notre entourage a été un peu surpris du fait que nous avions tous les deux choisi le bouddhisme. Mais, avec le temps, ils s'en sont remis.

Yahne : J'ai entendu parfois : « Yahne est folle ! » J'ai perdu tous mes amis, à part Soulages, le peintre. Certains changeaient même de trottoir quand ils me voyaient. Eh oui ! ils faisaient leur révolution à leur manière. Moi, je trouve que la révolution de 68, c'est le bouddhisme. En ce qui concerne Jean-François Revel, le père de Matthieu, j'étais divorcée depuis deux ans. Mariée à vingt et un ans et puis deux ans après le divorce, tout s'est bien passé, j'ai pu partir sans rendre de comptes à personne…

Matthieu : Vous aviez déjà deux chemins de vie différents.

Yahne : Complètement différents.

Matthieu : Il pensait que tu étais timbrée mais *(Rires.)* ça ne l'influençait pas dans la vie de tous les jours. Puis il s'est remarié avec Claude Sarraute. Au moment de mon départ, mon père était très triste, mais heureusement, il ne l'a pas manifesté de façon dramatique.

YAHNE : Il pleurait…

MATTHIEU : Il a pleuré mais je ne l'ai su qu'après. Il n'a pas pleuré devant moi mais auprès d'un ami. Nous marchions dans une forêt quand je lui ai appris que je partais. Il s'est glacé, il y a eu un silence lourd, mais il n'a pas fait de drame. Comme je n'aime pas les drames, je lui en suis très reconnaissant. Je ne pense pas que j'aurais renoncé à mes aspirations, mais ça m'aurait coûté plus s'il s'était mis en colère ou s'il avait fait un drame. Le fait qu'il n'ait rien dit, tout en me désapprouvant, m'a permis finalement de partir l'esprit tranquille. Il était catastrophé, mais, comme il l'a expliqué plus tard à un journaliste – quand nous avons fait *Le Moine et le Philosophe* –, il s'était dit : « Il a vingt-six ans, après tout, c'est à lui de décider de sa vie, ce n'est pas à moi de l'influencer. » Il est venu nous rendre visite une fois au Darjeeling, une fois au Bhoutan, et après nous avons fait *Le Moine et le Philosophe* au Népal. Il a bien vu que j'étais parfaitement heureux de faire ce que je faisais, et que, finalement, après avoir vécu sept ans dans l'isolement au Darjeeling, j'avais commencé à travailler pour reproduire de précieux textes tibétains, pour imprimer des livres, que je m'engageais dans beaucoup d'activités passionnantes.

YAHNE : Oui, mais il a vu aussi que là où tu étais, tu vivais dans des conditions difficiles.

MATTHIEU : Par la suite, j'ai développé une trentaine de projets humanitaires et il a vu que non seulement j'étais content mais qu'aussi je faisais des choses utiles. À la fin de sa vie, il était tout à fait heureux de ce que je faisais. Je ne dirais pas fier…

YAHNE : Si, si, si.

MATTHIEU : Sans doute un peu. Quand nous avons fait *Le Moine et le Philosophe*, il était très content. Il ne me l'a pas dit, mais il a dit à d'autres que ce livre avait été une étape très importante pour lui aussi. J'étais en retraite au Népal quand j'ai appris qu'il était mourant. Je suis venu. J'ai passé quinze jours avec lui à l'hôpital, jour et nuit, vers la fin. Je l'ai accompagné, j'étais là, complètement à son service. Et c'était très harmonieux. Il est parti en paix. Moi aussi. Je n'étais même pas triste. À quatre-vingt-un ans, sa vie s'est terminée de façon harmonieuse.

AVEC L'ÂGE, MA MÈRE EST DE PLUS EN PLUS LUMINEUSE.

MATTHIEU : Je dirais tout d'abord de ma mère que c'est quelqu'un avec un cœur immense, d'une très grande créativité. Elle est intimement concernée par tous. Quand nos amis arrivent en Dordogne, la première chose qu'ils font, c'est d'aller prendre une bonne soupe chez ma mère. C'est un endroit

où l'on peut toujours aller, où l'on est accueilli. J'ai vu mon père perdre un peu ses facultés intellectuelles avec l'âge – il ne pouvait plus écrire, ce qui lui manquait beaucoup –, tandis que j'ai l'impression que ma mère est de plus en plus lumineuse.

Yahne : Elle est très contente. *(Elle rit.)*

Matthieu : Je crois que quand on perd la faculté de poursuivre nombre d'activités habituelles auxquelles on s'accroche, le fait d'avoir cette richesse intérieure devient encore plus évident. Faute d'avoir une telle richesse, quand le reste s'en va, on est un peu abandonné à soi-même et, si l'on manque de ressources intérieures, ce n'est pas très gai.

Yahne : Oui, c'est un cadeau.

Matthieu : L'aspect lumineux d'une recherche spirituelle ressort encore plus quand les autres activités, naturellement, diminuent. Je suis donc très heureux que tu poursuives ta vie en continuant à t'épanouir de cette façon, j'espère encore pendant longtemps. C'est ressenti de façon très positive par tout le monde, y compris par moi-même. Tu es quelqu'un qui rayonne, d'une grande gentillesse, d'une grande chaleur, un bon cœur et une présence réconfortante.

Yahne : Matthieu sait exprimer tout ce que j'aurais voulu exprimer dans ma vie. Son père avait un très beau cerveau, il s'est occupé des opinions, de la pensée ; et Matthieu s'occupe de l'origine de la pensée, de la nature de la pensée. C'est plus efficace, c'est incomparable. Je me réjouis tellement de la mission de Matthieu.

Matthieu : Mission… attention, entre guillemets !

Yahne : Oh ! mais, tu sais, un astrologue avait dit que ton thème était missionné.

Matthieu : Enfin bon, je ne suis pas un fan d'astrologie. Je n'ai pas de mission, je n'ai aucun agenda pour faire ceci ou cela. J'essaie d'improviser au mieux au fil des jours. J'ai mon agenda personnel : c'est de pratiquer le plus possible dans mon ermitage et de poursuivre des projets humanitaires. Le reste, c'est de l'improvisation.

Yahne : Bravo ! Tu montres que tu es un homme ordinaire, bon et sage, et s'il y en avait beaucoup comme ça… *(Il rit.)*

DANS UNE FORÊT DE BOIS DE SANTAL, MÊME LES BÛCHES ORDINAIRES PRENNENT UN PEU DU PARFUM…

Yahne : Je ne sais pas ce que je lui ai transmis. En tout cas, il m'apporte beaucoup. C'est pour ça que je voudrais écrire un livre qui s'appellerait *Le Capital*, parce qu'on a tous, au plus profond de nous-même, ce bonheur.

Matthieu : Oui, tu vas écrire *Le Capital* numéro 2 ! *(Rires.)*

Yahne : Oui, parce que le vrai capital, ce n'est pas l'argent, ce n'est pas le pouvoir…

Matthieu : C'est le capital intérieur.

Yahne : Voilà, c'est ce que je voulais te transmettre. J'avais l'impression que je ne pouvais pas y arriver moi-même et que je ne pouvais pas l'exprimer, parce que je suis un peu timbrée. *(Silence. Il esquisse un sourire.)* C'est d'ailleurs pour cette raison que je fais de la peinture parce que, là, je suis tranquille.

Matthieu : Ma mère m'a transmis cette richesse extrêmement chaleureuse. Elle manifeste constamment ça. Ce sont toujours avec les êtres qui inspirent une sorte de contagion émotionnelle – si quelqu'un est constamment méchant ou en colère – qu'on finit par être contaminé. À l'opposé, les bonnes qualités déteignent aussi. On dit que dans une forêt de bois de santal, même les bûches ordinaires prennent un peu du parfum…

Yahne : Eh bien, c'est le cas ! *(Elle rit.)*

Matthieu : Un environnement, même si on n'y réfléchit pas, crée une contagion. Si on pense que certaines qualités, disons de chaleur, de gentillesse, sont la manière d'être normale, alors on les adopte sans y réfléchir.

Si on est dans une maison très violente, par exemple, on a sans doute tendance à résoudre tout ce qui se passe par la violence.

Yahne : Vous savez, avoir les mêmes maîtres et baigner dans les mêmes océans de sagesse, c'est formidable.

NOTRE PLUS GRANDE ÉMOTION.

Matthieu : Notre plus grande émotion ensemble, alors là… *(Rires.)* Pour moi, ce sont les six mois passés auprès de Khyentsé Rinpoché au Bhoutan. Nous étions ensemble auprès d'un très grand maître, dans un pays extraordinaire. Nous recevions des enseignements tout le temps. Pour moi, c'est un moment particulièrement harmonieux.

MATTHIEU RICARD, né en 1946 à Aix-les-Bains, est le fils du philosophe, essayiste et journaliste Jean-François Revel et de la peintre **YAHNE LE TOUMELIN.**

- En 1966, premier voyage au Tibet à l'âge de 20 ans.
- En 1972, à 26 ans, Matthieu s'installe au Népal pour sept années sans retour en Occident. Il y rencontre l'un des grands maîtres spirituels, Kangyour Rinpotché, et sera ordonné moine en 1978.
- En 1989, il devient le traducteur et interprète français officiel du dalaï-lama.
- En 1991, il publie *Le Moine et le Philosophe* où il confronte ses idées avec celles de son père qui est athée.

YAHNE LE TOUMELIN, peintre, aquarelliste, décoratrice de théâtre, est née à Paris le 27 juillet 1923. Elle a deux enfants : Matthieu et Ève.

- En 1945, rencontre avec Jean-François Revel qu'elle épouse.
- En 1957, première exposition à Paris préfacée par André Breton.
- En 1968, nonne bouddhiste, elle est rattachée à un monastère tibétain. Elle vit aujourd'hui au sein d'un ermitage dans une forêt en Dordogne.

SANSON

Véronique *& Christopher Stills*

« À quelqu'un qui ne la connaîtrait pas,
je dirais : " Tu vas l'adorer." »

Un soir d'avril, dans la maison au bord de l'eau de Véronique. Christopher vient d'arriver de Los Angeles où il vit avec sa femme et ses deux filles. Véronique a donné un concert la veille. Ils ont les mêmes yeux « Sanson », le même amour de la musique. Fous rires, souvenirs et gestes tendres ponctuent leur conversation où l'émotion est palpable tant ils se racontent l'un à l'autre sans tricher. Jusqu'à ce cadeau, tard dans la nuit : au piano, côte à côte, mère et fils jouent et chantent ensemble. Magique !

CHRISTOPHER : Moi, mes premiers souvenirs d'enfance, c'est le Colorado. Maman me faisait manger une espèce de soupe de tomates, j'étais tout bébé et je me souviens de cette énorme cuillère *(Il rit.)* avec cette soupe rouge. J'étais dans ma petite chaise. Il y avait une fenêtre, j'avais l'impression qu'il faisait froid. Ensuite, mes souvenirs de *happy days*, c'était à Los Angeles.

VÉRONIQUE : Les jours heureux…

CHRISTOPHER : Oui, les jours heureux, quand on habitait à Bel Air. Mon père [Stephen Stills du groupe Crosby, Stills & Nash] avait une Bentley verte.

VÉRONIQUE : Verte et beige. Chaque fois que je la prenais, je me faisais arrêter par les flics.

CHRISTOPHER : Une blonde super-mignonne dans une Bentley à Los Angeles, ça se fait arrêter tout de suite…

Véronique : Ils voulaient savoir ce que c'était que cette voiture. Elle était sublime.

Christopher : Et puis j'admets que j'ai quand même un petit souvenir de quand mes parents se sont séparés… J'avais quel âge ? Deux ans ?

Véronique : Mais pas du tout ! Quatre, cinq ans. Tu ne voulais pas parler français, mais tu comprenais absolument tout. Un jour, on est allés chez des amis, il y avait des enfants. Tout le monde parlait français et je dis à Christopher quelque chose du genre : « Est-ce que tu peux me passer le beurre ? » et il me répond : « Mais bien sûr. » Puis il s'est mis à parler français avec tous les enfants… Il connaissait le français, mais il ne voulait pas le parler parce que son père, avec qui je n'étais pas en très bons termes, lui disait qu'il ne fallait pas parler français.

Christopher : Oui, je me souviens. J'étais entouré de tous ces enfants qui, en plus, se foutaient de moi. Ils disaient : « Ah ! il ne parle pas français, c'est l'Américain ! On peut t'appeler Trou-du-cul, nananère… » Je me disais : « Mais ils sont cons ces *stupid French kids* ! » Donc, en fait, pour me défendre, même pour me venger peut-être, j'ai dit : « OK, maman, je vais aller jouer avec les enfants. » Pas content, je m'y suis mis quand même parce que je n'avais pas le choix !

Véronique : Quelquefois, il dit « une couteau » et « un fourchette », mais bon… *(Silence.)* Christopher était un petit garçon, franchement, d'une beauté incroyable. Quand j'ai accouché de lui, dans le Colorado, il avait des cheveux pas blonds mais blancs, et un œil fermé, un œil ouvert… mais les deux étaient bleus !

Christopher : Tous les enfants naissent avec les yeux bleus.

Véronique : Moi, je savais que tu aurais les yeux bleus. Son enfance a été très bizarre parce que… *(Silence.)* Ton père était…

Christopher : Il y a eu des histoires assez sordides que j'entendais… Jamais de mon père parce que lui, il ne s'en souvient pas…

Véronique : Oui, mais nous on s'en souvient… Ça a été très dur : quand on a divorcé, comme j'étais française, je n'avais qu'un droit très limité. Je ne pouvais pas partir au début. Finalement, j'ai gagné mon procès qui a duré quatre ans. En fait, on avait des procès tout le temps parce que Stephen avait payé de faux témoins pour dire entre autres que je faisais dormir Titou [Christopher] dans des tiroirs.

Christopher : Dans le tiroir à chaussettes, quand je pleurais…

Véronique : Des trucs dingues… C'étaient mes amies en plus, qui venaient de Hawaï où on a habité pendant un an, ces amies-là – enfin, celles que je croyais être mes amies – qui sont toutes venues témoigner en disant que je prenais de l'héroïne, alors que je n'en ai jamais pris, et qui ont témoigné contre moi pour des histoires tout aussi stupides que stupéfiantes. Enfin, c'était bien malheureux. Finalement, j'ai gagné ce procès parce qu'on nous a envoyés pendant un an chez un psy, mon mari et moi. Et le type a dit : « Il est incapable de s'occuper de son fils, mais elle, elle est bien. » Titou a été obligé de témoigner ; il avait six ans.

Christopher : Non, non, c'est beaucoup plus tard que j'ai témoigné.

Véronique : À huit ans.

Christopher : Oui, c'est ça, j'avais huit ans. J'avais déjà passé une année en France avec ma mère. J'avais fait le CM2. On habitait ici. J'allais à l'école américaine. Mais cette année-là, on repassait au tribunal : on m'a fait entrer dans le bureau du juge, sans Véro, sans Stills, juste moi, les avocats et le juge. Le juge m'a posé des questions : « Alors, qu'est-ce que tu veux faire ? Tu veux aller vivre où ? » J'étais tellement jeune, sans réel jugement de valeur, enfin comme un enfant. Je me disais : « En France, on ne peut pas aller dans les salles de jeux vidéo avant dix-huit ans. »

Ça m'énervait, donc je voulais retourner aux États-Unis pour ça. Je te jure, c'était pour cette raison. Je me disais : « On a le droit de faire moins de trucs en France, alors je veux rentrer aux États-Unis vivre chez mon père. » J'ai donc témoigné comme ça – après, je l'ai regretté. Finalement, le juge a dit : « D'accord, tu passes entre trois et six ans avec ton père. » Et de huit à douze ans, je suis resté chez mon père. C'était une période assez sordide pour lui.

Véronique : Du coup, je suis repartie moi aussi à Los Angeles. J'avais loué une petite maison géniale, en forme de U, avec une piscine qui était plus grande que la maison ! Tu te rappelles quand il y a eu le tremblement de terre ?

Christopher : Los Angeles, c'est sur la faille de San Andreas. À l'école, on vous répète chaque semaine qu'il « faut aller sous la table quand il y a un tremblement de terre ». Il y avait des exercices et tout ça…

Véronique : Un jour, le sol a tremblé, puis tout est tombé de la bibliothèque : les verres, les trucs, les machins… Et moi, j'étais…

Christopher : Elle était tétanisée !

Véronique : J'étais tétanisée et Chris m'a dit : « Maman, viens sous la table. » Il était petit à cette époque-là, mais moi j'étais blanche, livide, rouge, violette…

Christopher : Toute l'eau de la piscine est venue dans la maison. Ça faisait des vagues qui s'engouffraient dans la maison.

Véronique : J'étais partie de Bel Air parce que j'avais demandé le divorce à Steeve, mais lui qui connaissait très bien les lois, m'avait fait porter une lettre. Je ne savais pas qu'à partir du moment où je prendrais cette lettre, je serais la défenderesse, donc j'aurais à prouver que tout ce qu'il me reprochait était faux. Ça a duré des années. J'ai eu un avocat minable. Moi, je n'avais qu'un témoin alors qu'en face les faux témoins affluaient. Et puis mon mari voulait me faire la peau. Il n'était pas dans un très bon état. Aujourd'hui, je me dis qu'il m'aimait beaucoup, énormément, et qu'il ne voulait pas me voir partir. Je le sais parce que chaque fois que je prenais mes valises, il était terrorisé que je m'en aille. Il voulait me casser les mains, pour ne pas que je joue du piano. C'était passionnel… C'est ça, c'est par amour qu'il voulait me tuer. *(Elle rit.)* Mais j'aime toujours bien son père, et c'est vrai que quand on se voit, ce qui est assez rare, on rit beaucoup et on a une terrible complicité.

Christopher : Moi, j'attendais que ces trois ans se terminent chez mon père pour rentrer en France. Ce n'était pas super. Il nous réveillait à quatre heures du matin, avec mon cousin, en nous disant : « Il faut que je vous parle. » Il était fêlé. Et la fêlure fait si peur parfois. En fait, avec mon cousin, on était morts de rire, mais tétanisés en même temps. Il nous parlait du Viêtnam, du karaté, de ses victoires.

Véronique : Oh là là ! Il nous a gonflés avec ça, parce qu'il n'est jamais allé au Viêtnam pendant la guerre. Sa mère disait qu'il n'avait même jamais fait son service militaire. Et du coup, je repense à mon papa qui était un fantastique résistant, maman aussi. Ils sont allés dans des camps français, dénoncés par des Français, par la milice. Mes parents avaient un sens de l'honneur extraordinaire, et Steven leur a fait croire qu'il avait été au Viêtnam, qu'il avait vu tous ses potes avec les tripes à l'air et tout ça… Ce qui n'était pas vrai. Il avait des fausses décorations et papa était vraiment en admiration. Et quand il a su que ce n'était pas vrai du tout, il était triste, très triste, mon papa.

CHRISTOPHER : Surtout Gapa.
VÉRONIQUE : C'était mon papa. Et Gama, c'était ma maman.
CHRISTOPHER : Et tu y croyais aussi à tout ça ?
VÉRONIQUE : Bien sûr que j'y croyais !
CHRISTOPHER : Quand j'ai vécu aux États-Unis avec mon père, toutes les vacances, je les passais ici – Noël, Pâques et les étés… toutes les vacances scolaires. Mon billet était pris le lendemain du dernier jour d'école. Après, quand j'ai habité avec ma mère, c'était l'inverse : j'allais passer les vacances avec mon père. On allait à Aspen, à Orlando où il jouait au golf, à Disney World pour moi… L'été, je partais en tournée avec lui. On venait me chercher à l'aéroport et je rejoignais le bus de la tournée.
Et puis après, je suis resté en France pendant six ans. L'école était à Garches. Pour gagner une heure de sommeil par jour, j'allais passer la semaine chez mes grands-parents. C'était quelque chose d'important pour moi parce que je passais beaucoup de temps avec eux. Ils avaient des valeurs de grands-parents. C'étaient de vrais personnages, des résistants et des personnes très cultivées. Mon grand-père était avocat, diplomate, et ma grand-mère était avocate aussi. C'était vraiment, pour moi, très marquant ; j'ai beaucoup de chance d'avoir vécu ça. Ils m'ont élevé, appris comment il fallait se tenir à table, par exemple. Ils m'ont beaucoup donné. Mon grand-père me faisait faire des dictées. Ça m'emmerdait royalement, mais je le faisais quand même. Et puis tous les matins, ma grand-mère me réveillait avec le petit-déj'…
VÉRONIQUE : Moi aussi, enfant, elle me disait : « Ouvre la bouche, mâche ! »
CHRISTOPHER : Moi, elle ne me faisait pas ça. *(Il rit.)* Elle donnait des coups de pied dans le lit : « Allez, debout ! » Et moi, je ne voulais pas. Pour ça, on est pareils. Pour se lever… Mais l'odeur du petit-déj', ça me réveillait parce qu'elle le faisait tellement bien ! Elle me faisait un chocolat chaud avec des tartines beurrées, toastées ; elle me mettait quatre ou cinq sucres dans le chocolat… En fait, c'était l'appât *(Il rit.)* : « Allez, viens petit, tu vas voir que tu vas te lever ! » C'était tellement sucré et bon ! Moi, elle ne m'a jamais fait le coup de « ouvre ta bouche ! », tu devais être pire que moi…
VÉRONIQUE : Moi, je piquais l'argent *(Il rit.)* dans les sacs des copines de maman qui étaient très riches alors que, nous, on ne l'était pas ! Et je prenais des taxis pour aller à l'école, pour justement, comme toi…
CHRISTOPHER : Dormir plus longtemps !
VÉRONIQUE : Je ne me suis jamais fait pincer. Mais je ne piquais pas dans son sac, juste dans celui de ses copines ! Quelques années après, je lui ai dit : « Maman, j'ai fait ça. » Elle m'a dit : « Mais tu sais, je le savais. » Tout ça rien que pour dormir un peu plus parce que, nous, on est des dormeurs !

**MA MÈRE A UNE VRAIE COMPASSION POUR LES GENS.
ET ÇA, C'EST QUELQUE CHOSE QU'ELLE M'A DONNÉ.**

CHRISTOPHER : Je pense qu'on est assez têtus.
VÉRONIQUE : Mais je ne suis pas têtue, moi. Je dis oui à tout même quand je pense non.
CHRISTOPHER : Ah bon ?
VÉRONIQUE : Têtu, c'est le mauvais mot.
CHRISTOPHER : On est… tenaces.
VÉRONIQUE : On est tenaces et on est…
CHRISTOPHER : Obstinés ! Et passionnés.
VÉRONIQUE : Je ne suis pas tellement obstinée.
CHRISTOPHER : Ah bon ? Mais si, quand même.
VÉRONIQUE : Pas trop.
CHRISTOPHER : Alors, je dois tenir ça de mon père.
VÉRONIQUE : Non, c'est vrai. On n'est pas têtus, mais on est tenaces. Pour la musique, par exemple. Quelquefois, je lui dis des trucs sur sa musique – que j'adore vraiment,

mais quand quelque chose me gêne, je le lui dis. Et lui, quand je lui joue une chanson pour voir ce qu'il en pense, il dit : « Oui, mais là… » On se dit toujours la vérité. Moi, je ne t'ai jamais menti.

CHRISTOPHER : Mais moi non plus ! Je suis tellement content que l'on ait ça. Ça rend la vie simple. Toutes les conneries que j'ai pu faire… j'ai toujours tout, absolument tout avoué, et sans hésitations, parce que je savais que tu n'allais rien faire *(Il rit.)* et que tu allais comprendre. Parce que ma mère est une des personnes les plus compréhensives que je connaisse. Elle a une vraie compassion pour les gens, elle voit toujours le côté humain. Et ça, c'est quelque chose que l'on a en commun, qu'elle m'a donné. C'est vraiment cool. Personne n'est parfait, alors il ne faut pas se prendre la tête, il faut être soi-même. Il ne faut jamais se mentir et toujours être vrai envers soi-même. Il n'y a aucun intérêt à avoir honte de quoi que ce soit. Quand je me faisais attraper pour je ne sais quoi à l'école, je lui expliquais tout. Elle se mettait de mon côté : « Alors, qu'est-ce qu'on va dire au proviseur ? – Bon, alors, tu vas dire ça et ça… » Quand elle venait à l'école, elle avait encore plus les jetons que moi !

VÉRONIQUE : Un jour à l'école, il a bu de la bière !

CHRISTOPHER : Je lui expliquais : « Il faut que tu dises que j'étais ici à telle heure. – Bon, bon, d'accord. » Le proviseur : « Est-ce que votre fils a été absent à tel cours ? » Elle : « Non, monsieur, non. »

VÉRONIQUE : Je l'ai toujours sauvé. Je l'ai toujours protégé.

CHRISTOPHER : Ah oui, plus d'une fois !

VÉRONIQUE : La tête sur le billot, je n'aurais jamais avoué qu'il buvait de la bière…

MA MÈRE, C'EST MA PROTECTRICE, MON DÉFENSEUR… C'EST MON PILIER !

CHRISTOPHER : On est potes. Nous sommes de vrais amis. C'est ma mère, mais c'est ma protectrice, mon défenseur… C'est mon pilier, quoi !
VÉRONIQUE : C'est une relation tellement fusionnelle.
CHRISTOPHER : Complice.
VÉRONIQUE : Complice.
CHRISTOPHER : Dévouée.
VÉRONIQUE : Non, « dévouée », ce n'est pas un joli mot…
CHRISTOPHER : Fidèle.
VÉRONIQUE : Jamais je ne le laisserai tomber et jamais il ne me laissera tomber. Lui est archi-protecteur aussi. En tout cas, je sais qu'il est assez vieux maintenant, mais ce sera toujours mon bébé. C'est mon petit bébé. Même quand il aura cinquante ans et que je serai morte, évidemment.
CHRISTOPHER : Non, tu ne seras jamais morte.
VÉRONIQUE : Mais bien sûr que je ne serai jamais morte.
CHRISTOPHER : Moi non plus, d'ailleurs : des aliens vont venir nous prendre juste avant la fin ! *(Il rit.)*
VÉRONIQUE : Alors je suis « inmourable ». Non, mais écoute, la vie, la mort, on s'en fiche. On se verra dans une autre vie. Encore que je n'y crois pas du tout. Je crois que quand on meurt, c'est comme quand on dort. Et au moins, on ne vous réveille pas. Ça, c'est le plus grand cadeau du monde. C'est qu'on ne vous réveille jamais, ni l'aspirateur, ni les chiens, ni la poule… *(Elle rit.)* Je crois à ça. Mais j'aimerais tellement croire le contraire.

TU ES L'HOMME LE PLUS COMPRÉHENSIF, LE PLUS GENTIL ET AUSSI LE PLUS DUR AVEC MOI.

CHRISTOPHER : Ma mère est une force de la nature. À quelqu'un qui ne la connaîtrait pas, je dirais : « Tu vas l'adorer » parce que tout le monde adore ma mère. Tous mes potes disent toujours : « *Your mum is great. I love your mum.* » (J'adore ta mère.) Elle est drôle, très intelligente. Je dirais juste ça : « Tu vas l'adorer. » Parce qu'il n'y a rien à jeter. Elle est très désarmante, très humaine, c'est quelqu'un de vrai, de pur… qui fait super bien la cuisine ! *(Il rit.)* C'est vrai, tu sais très bien cuisiner. Et quand j'essaie de décrire sa musique aux États-Unis, je dis toujours : « Un peu d'Elton John mais chanté par une femme très française. »
VÉRONIQUE *(émue)* **:** C'est gentil ce que tu dis de moi.
CHRISTOPHER : Mais c'est vrai ! Tous les gens que tu as rencontrés en venant à Los Angeles m'en parlent encore. « *Oh your mum !* » Elle marque les gens qu'elle rencontre. On ne s'y attend pas. Comment peut-elle être aussi cool ? Elle est toujours désarmante, très conviviale. Très gentille, très aimable… enfin, parfois. *(Il rit.)*
VÉRONIQUE : Parfois ?
CHRISTOPHER : Oui, la plupart du temps.
VÉRONIQUE : Oh, je sais très bien pourquoi tu dis ça !
CHRISTOPHER : Pourquoi ?
VÉRONIQUE : Parce que, quelquefois, pour ta musique, je te dis : « Ta structure, travaille ta structure. »

CHRISTOPHER : Oui, mais travailler, c'est trop dur !

VÉRONIQUE : En tout cas, je dirais exactement pareil sur toi. Je pense que c'est un homme heureux, même si c'est quelqu'un qui a aussi des problèmes comme tout le monde.

CHRISTOPHER *(étonné)* **:** Des problèmes ? *(Il rit.)* Alors tu t'arrêtes là, maman, s'il te plaît, tout de suite !

VÉRONIQUE : Quelquefois, il a mal dans son cœur. Voilà ce que je voulais dire. En plus, c'est un hypocondriaque incroyable ! *(Elle l'imite.)* « *Oh, my God !* »

CHRISTOPHER : Mais attends, c'est pas vrai !

VÉRONIQUE : « *Oh, my God !* »

CHRISTOPHER : C'est pas vrai !

VÉRONIQUE : Rappelle-toi Saint-Barth…

CHRISTOPHER : Mais j'avais 45 °C de fièvre ! J'ai chopé un truc, je ne sais pas ce que c'était. J'avais 45 °C de fièvre, on est partis pendant six jours et pendant cinq jours j'ai eu de la fièvre. Je n'arrêtais pas de dire : « *Oh, my God !* » J'avais treize ou quatorze ans, j'étais petit. Un jour, je sors – j'en avais marre ! –, j'ai dit « je sors » et je te jure, sur la tête de mes enfants, j'ai plongé dans la piscine, j'ai sorti la tête de l'eau et c'était fini. C'était incroyable.

VÉRONIQUE : Les hommes sont de très mauvais malades.

CHRISTOPHER : Je voudrais apporter une précision sur ce que je disais tout à l'heure. Ma mère est super-sympa, elle est chaleureuse et désarmante, mais attention quand même ! *(Éclat de rire général.)* Aucun scrupule et surtout aucune mesure. Démesurée même.

VÉRONIQUE : C'est l'homme le plus compréhensif, le plus gentil et aussi le plus dur avec moi parce qu'il ne laisse absolument rien passer. Parce qu'il m'engueule, faut pas croire, beaucoup quelquefois ! Il me…

CHRISTOPHER : Je te dis la vérité.

VÉRONIQUE : Il me sermonne. Et c'est vrai, tu me dis la vérité. Un jour, ce qu'il a fait… C'est terrible ce que je vais dire… On était ici, on dînait avec mes parents, mon neveu, ma sœur… toute la famille qui me reste. Papa apportait toujours du vin merveilleux, des bourgognes extraordinaires.

CHRISTOPHER : Exceptionnels même.

VÉRONIQUE : Vraiment. On était très bourgogne dans la famille. Christopher sert le vin à tout le monde, mais pas à moi. Je lui dis : « Et moi, j'ai vendu du beurre aux allemands ou quoi ? » Il s'est levé et il a dit à tout le monde : « Vous le savez, vous le savez. »

CHRISTOPHER : Ce qui était vrai, tout le monde le savait.

VÉRONIQUE : Mais personne ne voulait accepter d'avoir une fille alcoolique ; d'avoir une sœur alcoolique ; d'avoir une mère alcoolique. En plus, Christopher a

un père alcoolique. Ça commençait à faire beaucoup… Il m'a dit : « Voilà, je t'ai réservé une chambre dans une clinique et tu vas y aller. » Je suis partie dans le Sud pour ne pas y aller. Tu te rappelles ? Tu es venu me chercher pour me ramener. J'y suis allée, bien sûr. Je trouve que c'est… un cadeau. Il m'a sauvé la vie. Bon, je n'allais pas mourir non plus, il ne faut pas exagérer quand même.

CHRISTOPHER : Il faut dire comment ça s'est passé.

VÉRONIQUE : Quand tu es dans un total déni…

CHRISTOPHER : Explique le dîner un petit peu plus.

VÉRONIQUE : Le dîner ou le déni ?

CHRISTOPHER : Les deux. Explique, dis ce que tu avais à dire.

VÉRONIQUE : J'étais dans un total déni. Je disais : « Mais pas du tout, tout va bien. » Maintenant, continue avec le dîner…

CHRISTOPHER : J'avais orchestré tout ça, j'avais prévenu un peu tout le monde. Je me disais : « Au secours, il faut qu'il se passe quelque chose », et j'ai organisé une « intervention » : tu t'entoures des gens qui t'aiment, ta famille, les gens les plus proches, et tu expliques aux personnes intéressées que maintenant, justement, il faut qu'on dise la vérité. Tout ce que j'ai dit c'est : « Écoute, maman, on est tous au courant. Et on est tous d'accord. D'abord, il faut que tu saches qu'on t'aime à la folie, on est avec toi, on te soutiendra jusqu'au bout, mais maintenant il est temps que l'on mette la vérité sur la table : tu as un problème, on veut tous t'aider et on est là pour toi. On est là, on t'aime, on ne te laissera pas tomber. On t'a trouvé cet endroit et il faut que tu y ailles. »
Ce qui comptait, c'était surtout d'essayer de lui montrer qu'on était tous au courant.

VÉRONIQUE : Oui, mais personne n'entendait et tous étaient inconsciemment aveugles et sourds. Et concernés en secret.

CHRISTOPHER : Personne ne disait rien parce que…

VÉRONIQUE : Tout le monde avait peur de moi.

CHRISTOPHER : Oui et non. La famille était toujours tout sourire, à regarder la vie avec des… lunettes roses. On n'en parlait pas. On n'en parle pas, mais ça existe pour beaucoup de gens dans le monde entier. C'est une démarche très difficile parce qu'il faut remettre la personne en question, il faut exposer l'éléphant qui se trouve dans la pièce avec toi. C'était un moment très difficile à vivre pour elle et pour nous aussi. Mais c'était incroyable parce que quand même, autour de cette table, il n'y avait que des gens qui t'aimaient comme une martienne que tu étais, qui t'aiment et…

VÉRONIQUE : Je pense qu'ils ne voulaient pas savoir…

CHRISTOPHER : Qu'ils ne voulaient pas savoir ! Mais, maman, ils étaient tous au courant ! C'était juste qu'il fallait le formuler. Il fallait le dire, il fallait faire le premier pas dans la bonne direction, dans la direction du sauvetage. C'est vrai qu'autour de cette table je n'ai jamais ressenti…

VÉRONIQUE : C'était un silence de mort.

CHRISTOPHER : Mais c'était soudé, tu sais. Il y avait une puissance d'amour indestructible autour de cette table. C'était vraiment un moment très fort à vivre, avec ta famille, avec tes proches. Cette vérité pesait tellement lourd, c'était poignant et terrifiant. Les gens sont intelligents, mais bon, les plus intelligents, les plus habiles du monde entier, une histoire comme ça, ils n'ont pas appris à la résoudre. Surtout dans un pays comme la France qui a une vraie culture de la table, avec de très grands vins. On t'a donné la plus grande preuve d'amour. La plus grande !

J'AI TOUJOURS VÉCU UNE VIE CHAOTIQUE À CAUSE DE MES PARENTS. MAIS J'AI TOUJOURS VEILLÉ À METTRE DE L'ORDRE LÀ-DEDANS, À CONTRÔLER L'INCONTRÔLABLE.

VÉRONIQUE : Il l'a fait. Mon petit, à moi. Tout le monde le savait, mais je me disais : « Puisque personne ne me dit rien, donc ça va. Tout va bien. » Il a dit : « Mais non, tout va mal ! Maman, tu ne te rends pas compte comment tu es ! » Quelquefois, il est dix fois plus adulte que moi. Bien des fois.

CHRISTOPHER : Parfois, ça m'arrive.

VÉRONIQUE : Quelquefois c'est moi, mais c'est normal. Mais quelquefois, tu me tues avec tes réflexions, et quand je dis « réflexions », c'est « réfléchir ». Il est tellement mûr. Or il n'a que… Tu as quel âge ?

CHRISTOPHER : Trente-quatre. De toute façon, j'ai toujours vécu une vie chaotique à cause de l'alcool et de la drogue. Donc j'ai toujours veillé à mettre de l'ordre là-dedans, à trouver un sens, à contrôler l'incontrôlable. Seulement, tu passes tellement de temps sur les autres que tu t'oublies toi-même. Tu peux devenir tellement conscient de l'état d'un autre que tu peux oublier d'être conscient de toi-même. Tu perds tes émotions, tu perds ton identité. Surtout quand ça se passe à un âge très jeune et que ça dure des années. Ce n'est pas facile pour moi de rester fidèle à moi-même parce que j'ai un côté très soucieux des autres. Je rentre dans le chaotique très facilement parce que quand j'ai grandi je n'avais que ça. Je me suis construit sur le chaos : ce ne sont pas des bases vraiment constructives pour un enfant… Quand tu grandis, ce n'est

pas toujours évident d'identifier ce que tu ressens. Je travaille là-dessus, mais en regardant un peu dans le passé, je pense que je ne changerai pas grand-chose parce que je suis un peu fan, quand même, de ce côté chaotique. Je suis quand même assez équilibré, c'est l'impression que je donne, c'est ce que je suis la plupart du temps, mais quand quelque chose m'arrive, parfois, c'est difficile de m'en sortir. Quand ça arrive aux autres, il n'y a pas de problèmes, mais quand ça m'arrive à moi, je me dis : « Bon, qu'est-ce que je fais ? » Je crois que j'ai été trop jeune l'adulte de la famille.

ON EST DES GENS PASSIONNÉS.

CHRISTOPHER : Je voudrais transmettre à mon tour l'honnêteté à mes filles Jaccoa – qui a trois ans – et Sarenne – qui a un an et demi. Et la musique. Et la confiance, la confiance en elles, sans faille, presque aveugle même, pour leur donner confiance dans la vie. Et mes oreilles, mon cœur, mon temps. Mon argent ! *(Il rit.)* Tout ce qu'elles veulent, quoi ! Je suis un papa gaga. « Tu veux ça ? Oui, mon amour. » Plus tard, ça va être : « Je peux avoir les clés de la voiture ? – Oui, mon amour. »

VÉRONIQUE *(attendrie)* **:** Tu es un merveilleux papa. Je n'ai jamais vu un papa comme ça. Moi, ce que je pense avoir transmis à Chris, c'est la folie ! Je lui ai transmis la folie, je lui ai transmis *(Silence.)*... *ma* folie.

CHRISTOPHER : J'adore l'entendre dire : « Suis ta musique où elle va. » Ça me touche. Pour moi, ça ne vient pas du tout de Michel [Berger] ; pour moi, c'est très elle, c'est quelque chose qu'elle m'a transmis. Quand tu es conscient de toi, quand tu as des convictions, que ce soit ta musique, ta passion, tu la suis tant bien que mal, sans te laisser faire, sans l'arrêter...

VÉRONIQUE : Je crois que je lui ai transmis ma passion, mais il la tenait déjà de son père, de moi et de ses grands-parents qui avaient bien d'autres passions aussi, dont la musique. On est des gens passionnés. Voilà.

CHRISTOPHER : Oui, ça ne rigole pas. C'est du vrai de vrai. Il y a une vraie magie dans la musique, une magie propre, intouchable, qui n'a pas de frontières. Il n'y a pas de portes que ça ne peut pas ouvrir. Un pouvoir vient avec, le pouvoir de l'attraction. Un pouvoir qui fait penser les gens, qui peut ouvrir les esprits. Pour ça, mes parents étaient très forts. C'était la magie que je voyais, que j'ai vécue. C'est un talent, mais c'est presque un devoir. Quand tu as ce talent, il ne faut pas y manquer, il ne faut pas manquer l'occasion d'y participer.

VÉRONIQUE : On a toujours su, nous, ses parents, qu'il avait ce pouvoir. Tout petit, il avait ce truc, il l'avait. *(Elle claque dans ses doigts.)* Tout de suite, il a joué, il a appris à jouer du piano et bien d'autres instruments comme la basse, la batterie...

CHRISTOPHER : Elle m'a appris deux, trois chansons comme ça. C'est comme ça que tu m'as appris. Toujours par les chansons. Jamais de gammes ! Pour moi, c'était la *Marche turque, le prélude N°1 de Bach* et Gershwin. *Carmen*, c'est ma première chanson.

LA CONFIANCE, LA VÉRITÉ, C'EST CE QUI NOUS UNIT.

VÉRONIQUE : Une grande émotion commune, c'est chanter ensemble. Sur scène, par exemple.

CHRISTOPHER : On a eu pas mal de grandes émotions quand même. Je pense à quand tu as gagné la Victoire de la musique, pour *Sans regrets*.

VÉRONIQUE : Nos rituels, c'est s'embrasser le matin, s'embrasser le soir, s'embrasser tout le temps et se donner une confiance extraordinaire. Parce que je sais qu'il a confiance en moi. Et je sais qu'il sait que j'ai confiance en lui.

Ma photo préférée de maman et moi.

CHRISTOPHER : Oui, c'est vrai.

VÉRONIQUE : La confiance, la vérité, je crois que c'est ce qui nous unit tellement, mais tellement ! Quelquefois, on n'ose pas se dire les choses non plus. On n'ose pas parce qu'on se dit : « Oh, ça va faire de la peine… » ou « Maman va s'inquiéter ».

CHRISTOPHER : Dans ce milieu, dans ce business, il y a beaucoup de gens qui disent oui à tout, qui disent : « Tu es génial ! C'est génial, c'est super ! » C'est très difficile parfois – je suis très conscient de ça – de rencontrer des gens qui sont honnêtes, qui te disent la vérité, qui peuvent te dire : « Ça, c'est pas super, il y a un manque de ça. » Les gens que je respecte le plus, ce sont les gens qui te disent : « Là, tu t'es trompé, il ne fallait pas faire ça, il fallait plutôt faire ça. » Ça te permet d'apprendre parce que quand on te lèche les bottes, tu dois être le plus fort de la terre, car tu n'as que tes bases à toi !

VÉRONIQUE : Quelquefois, je te dis : « Ta structure est trop longue. », et tu me dis « ouais »… *(Elle l'imite en train de râler.)* Mais un mois après, je vois que tu m'as écoutée… *(Silence.)* Tu sais, qui peut t'aimer plus que moi ?

CHRISTOPHER : Personne.

VÉRONIQUE : Mais c'est vrai, personne. Ou alors le diable peut-êre…

« À quelqu'un qui ne la connaîtrait pas, je dirais : " Tu vas l'adorer. " »

VÉRONIQUE SANSON est née le 24 avril 1949 à Boulogne-Billancourt.

Auteur, compositeur, interprète, elle sort son premier album *Amoureuse* produit par son compagnon Michel Berger.

- En 1972, départ pour les États-Unis où elle rejoint le musicien américain Stephen Stills du groupe Crosby Still Nash & Young.
- En 1973, elle épouse Stephen Stills.
- En 1974, elle donne naissance à **CHRISTOPHER** et, la même année, sort son album *Le Maudit* enregistré avec les musiciens de Stephen Stills.
- En 1979, elle se sépare de Stephen Stills.
- En 1983, retour en France.
- En 2004, elle sort un nouvel album *Longue Distance*.

CHRISTOPHER STILLS est né le 19 avril 1974 à Denver (Colorado). Auteur, compositeur, interprète de nationalité américaine, il est père de deux petites filles : Sarenne (1 an et demi) et Jaccoa (3 ans).

- En 1998, sortie de son premier album *100 year Thing*.
- En 2005, aidé de J.-L. Murat et S. Eicher pour les titres en français, Chris sort un nouvel album.
- En 2009, il sera Jules César dans la prochaine comédie musicale *Cléopâtre*.

SÉBASTIEN

Patrick & *Andrée Boutot*

« Notre histoire, c'est la plus belle histoire d'amour du monde. »

Assise bien droite sur le canapé, dans le salon de son fils, Andrée (« la Dédée ») est un vrai personnage. Élégante, un visage fin éclairé par des yeux bleus, la maman de Patrick Sébastien n'a peur de rien ni de personne. Fille-mère à dix-huit ans, elle a transmis à Patrick l'horreur des conventions et le goût des gens vrais. Entre ces deux fortes personnalités que la vie n'a pas épargnées, un amour plus fort que la mort, qui se passe de mots et de gestes.

PATRICK : Je n'ai vécu qu'avec des femmes toute ma vie. Ma grand-mère s'était mariée avec un boulanger et avait été servante au mariage de l'écrivain Colette. Colette avait épousé Bertrand de Jouvenel, qui avait un château.

ANDRÉE : Mes grands-parents étaient gardes-barrière sous le château.

PATRICK : Mes grands-parents habitaient dans le petit village de Juillac, en Corrèze, à côté de Pompadour. Ils avaient cinq filles. Quand elle est sortie de l'école, ma mère s'est retrouvée à l'usine.

ANDRÉE : À quinze ans ! Tu te rends compte, j'étais jeune…

PATRICK : C'est vrai… J'ai été conçu… dans le jardin du curé ! C'est très bizarre parce que Nana, ma femme, aussi. C'est quand même rare d'être conçu dans un jardin de curé !

ANDRÉE : J'avais dix-huit ans et demi quand

tu es né. À cet âge, je n'avais le droit de sortir que le samedi soir. Ton père était au régiment et on ne se voyait que le samedi soir. C'était le 19 février, je m'en souviens précisément parce que c'était son anniversaire ; nous avions un peu bu. Ça n'était pas du champagne, ça devait être du vulgaire mousseux ! *(Elle rit.)* Puis nous sommes allés dans le jardin du curé… Tu es né au mois de novembre ! Ton père a commencé à dire : « Attends, je vais voir avec ma mère. »

Patrick : Elle travaillait à l'usine alors que l'autre famille était bien considérée dans le village…

Andrée : Ils étaient commerçants.

Patrick : Être fille-mère, ce n'était pas comme aujourd'hui. Ma mère m'a raconté des choses hallucinantes. Dans la maternité où elle est allée accoucher, il y avait trois filles-mères qui ont été mises à part. Ils ont même testé des antiseptiques sur des filles-mères…

Andrée : Pas sur moi !

Patrick : J'aurais dû naître deux jours avant, mais la bonne sœur qui a accouché ma mère lui a dit : « Vous avez fait une faute, maintenant il faut souffrir. »

Andrée : Elle m'a dit : « Ce n'est pas la peine que tu cries – parce qu'elle me tutoyait –, que tu t'épanches, tu n'accoucheras que demain. » Quand on n'a que dix-huit ans et que l'on sait que l'on est en tort…

Patrick : En tort ! Quel tort ? Pour moi, c'est ce qui a tout déterminé ensuite, toute mon attitude, tout le caractère que j'ai aujourd'hui.

Andrée : Ma sœur aînée m'avait dit : « Tu gardes bien tes forces pour accoucher. Il ne faut pas que tu t'énerves. Tu te calmes. » Maintenant, avec le recul, j'ai complètement occulté les mauvais moments, je n'ai pas mal vécu tout ça. Personnellement, je n'en avais rien à faire de ce que pouvaient dire les autres.

Patrick : Ils parlaient quand même !

Andrée : Ils parlaient, ça me faisait du mal, mais je n'ai gardé que les bons souvenirs.

Patrick : Mais tu avais mauvaise réputation : tu étais forcément une « salope » puisque tu avais eu un enfant toute seule. Tu ne pouvais pas être quelqu'un de bien.

Andrée : Les gens étaient méchants. Il n'y avait pas beaucoup de filles-mères à cette époque. J'étais peut-être la seule du pays. Alors, toi, tu étais le bâtard. Une assistante sociale qui m'aimait bien m'avait dit : « Si tu veux, viens avec ton fils. Je t'emploie comme bonne – comme on disait à l'époque – et tu peux garder ton fils avec toi. »

Patrick : Heureusement, il y avait ma grand-mère parce que, toi, tu travaillais. J'étais très attaché à ma grand-mère. C'est marrant d'ailleurs, l'autre jour, je me suis aperçu que la première image que j'ai de ma grand-mère, c'est celle d'une vieille dame avec des cheveux blancs et un tablier. J'ai pris conscience qu'elle avait l'âge que j'ai aujourd'hui, cinquante balais ! *(Il rit.)* Ça fait drôle !

J'AI TOUJOURS GARDÉ UNE GROSSE COLÈRE CONTRE TOUT CE QUI EST ORDRE ÉTABLI, TOUT CE QUI EST JUGEMENT DES AUTRES.

Patrick : J'ai des souvenirs d'enfance formidables, malgré tout. Ma mère a toujours été présente… en plus des autres femmes. J'ai très vite compris ma différence parce que ce n'était pas simple à l'école. Je m'appelais Boutot, comme ma mère. Il y a quand même un bon côté à cette histoire : comme mon grand-père a eu cinq filles, le nom de la famille se serait éteint si le « type » qui m'a conçu m'avait reconnu ; grâce au fait qu'il ne m'ait pas reconnu, j'ai porté le nom de la famille. Les filles se sont mariées et tous leurs enfants ont le nom des maris, donc je suis le seul à porter le nom de la famille. Le nom continue à se transmettre puisque j'ai eu des

garçons ! Dans le village, c'était particulier, ce n'était pas comme aujourd'hui. Les mômes disaient : « On joue ? Non, toi, tu ne viens pas. » Et les profs à l'école : « Pourquoi vous ne mettez pas le nom de votre père ? » C'était une tarte dans la tronche. Ils étaient très cruels à l'époque. C'était douloureux, mais c'est ce qui m'a construit. Parfois, la parano me prend parce que j'ai été brimé. Quand j'étais à l'école, je ne supportais pas qu'on dise du mal de ma mère, qu'on la juge mal. J'ai toujours gardé une grosse colère contre tout ce qui est ordre établi, les flics, tout ce qui est bourgeoisie, tout ce qui est jugement des autres, parce qu'il y avait une injustice. C'est comme être black ! Moi, je suis arrivé, je n'avais rien demandé à personne, et je me retrouvais mis à part. Un soir, des gamins m'ont chopé, m'ont mis des tartes dans la tronche en me disant : « Va te plaindre à ton père ! De toute façon, tu n'en as pas… » À dix ans, ça marque. Ça te chauffe et tu te dis : « Non, je ne vais pas me venger… » J'ai appris plus tard que mon père était le boucher du village.

Andrée : À l'époque, tout le monde le savait. Petit à petit, ça s'est tassé. Alors, les gens ont inventé… Tu en as eu, des pères !

Patrick : Ils m'en ont inventé plein ! Sept ans après ma naissance, ma mère s'est mariée à un monsieur formidable. Il vit toujours à la maison. C'est lui qui m'a élevé, en fait. Ma mère a eu deux enfants avec lui, qui sont donc mon frère et ma sœur.

Andrée : Michelle et François.

Patrick : Ma frangine bosse avec moi aujourd'hui. C'est un peu une histoire à la Pagnol, ces histoires de famille, de village… Ma mère m'a transmis des valeurs formidables : le travail, le respect des autres, l'honnêteté. En même temps, elle me disait : « J'ai confiance en toi, amuse-toi ! Profite ! » Et surtout : « Il vaut mieux passer pour un con que pour un salaud. On est toujours gagnant au bout du compte… » Dans notre famille, on

est généreux. Ma mère a tenu un restaurant, mais c'était impossible de gagner des sous ! Si un type arrivait en disant : « J'ai faim », il bouffait gratuitement pendant un mois.

Andrée : Mes parents étaient comme ça.

Patrick : Il y avait quinze mecs à table qui venaient bouffer parce qu'elle donnait ce qu'elle avait et ce qu'elle n'avait pas. J'ai grandi avec ça. C'était un cadeau d'avoir une vraie mère comme ça. Ses enfants sont toujours passés avant tout.

Andrée : Ah ça !

Patrick : Elle aurait pu partir, sacrifier ses enfants à des histoires d'amour, mais ça a toujours été « mes enfants d'abord ».

Andrée : Il y a des gens qui ne peuvent pas faire autrement. Mais abandonner un enfant, je trouve que c'est la pire des choses.

QUAND LES GRANDS-MÈRES NE ME VOYAIENT PAS, JE TE PRENAIS DANS MES BRAS POUR TE FAIRE DES CÂLINS.

Andrée : Quand il était enfant, Patrick était un peu renfermé. Il n'était pas toujours souriant. À l'époque, ce n'était pas comme maintenant : les bébés, on les prenait, on les faisait déjeuner, on les emmaillotait, le rot, et après, au lit !

Patrick : Il ne fallait pas nous embrasser.

Andrée : Si, mais en cachette.

Patrick : Tu m'embrassais en cachette ?

Andrée : Oui ! Quand je te prenais, je t'appelais « mon chéri », je te faisais des bisous et des bisous. Les grands-mères et ma mère me disaient : « Oh, mais on n'embrasse pas les bébés ! » Alors, la nuit, quand il n'y avait personne, quand les grands-mères ne me voyaient pas, je te prenais dans mes bras pour te faire des câlins…

Patrick : En Corrèze, c'était très rude. D'abord, on ne parlait pas. Mon grand-père, par exemple, ne parlait pas. L'affection n'était pas dite. On ne disait pas « je t'aime » aux enfants, on ne les embrassait pas.

Andrée : Ce n'était pas méchant, c'était comme ça. Il fallait que les enfants mangent, dorment et qu'ils ne bougent plus.

Patrick : La Corrèze, c'est dur. Moi, je suis allé travailler à douze ans. Ma mère m'a mis au boulot pendant les vacances. J'ai été limonadier pendant deux mois : je portais des sacs de charbon et des caisses de bière pour cinq francs, huit heures par jour. Mais ça m'a fait du bien ! Toute cette éducation par laquelle on nous a appris à bosser dur, à gagner notre argent… J'ai un rapport très sain avec l'argent parce que j'en connais la valeur. Je sais ce qu'est un vrai boulot ! Nous, ce qu'on fait aujourd'hui, ce n'est pas un travail… Le travail, par exemple, c'est boulanger : il faut se lever à trois heures du matin et puis trimer jusqu'à midi. Ça, c'est du boulot. Le vrai boulot, tu n'as pas envie d'y aller. Quand j'en vois certains se plaindre dans notre métier… Faut pas déconner !

Andrée : Il y avait aussi l'école…

Patrick : Je savais que le seul moyen de m'en sortir, c'était de bien bosser à l'école. J'étais un très bon élève. Mais je me suis arrêté parce que j'ai reproduit d'une certaine façon ce qu'avait fait ma mère : je me suis marié. J'étais le plus jeune marié de France – seize ans ! Des gens qui ont fait des enfants tôt, il y en a eu plein, mais marié à seize ans ! C'était mon côté « je vous emmerde, je ne ferai pas comme vous ». Et j'ai fait un enfant à seize ans. Si ça avait continué, je pourrais être arrière-grand-père aujourd'hui. Toi, tu es arrière-grand-mère.

Andrée : J'étais grand-mère à trente-cinq ans et arrière-grand-mère à cinquante-cinq ans.

Patrick : Mon fils Sébastien avait mis une fille enceinte juste avant de mourir. Ma petite-fille a dix-sept ans aujourd'hui. Si donc elle tombait enceinte demain, je serais arrière-grand-père. Et toi, arrière-arrière-grand-mère ! C'est un truc de fou ! À seize ans, quand ma fiancée est tombée enceinte, on s'est demandé ce qu'on allait faire. Je suis allé voir ma mère – c'était ma confidente – et je lui ai dit : « Qu'est-ce que je fais ? Je crois qu'elle est enceinte… – Eh bien, on va chez le docteur tous les trois ! » Je ne suis même pas entré dans le cabinet, c'est elle qui est entrée avec ma fiancée. Elle est ressortie en me disant : « Elle est enceinte et on le garde ! »

Andrée : Elle avait deux ans de plus que lui. Elle pleurait : « Mes parents ne veulent rien faire… Vous ne connaissez personne ? »

Patrick : À l'époque, il y avait quand même quelques tricoteuses…

Andrée : Je lui ai dit : « Si ta mère veut en prendre la responsabilité, elle le fait. Quant à moi, non. Je t'emmène chez le docteur, je fais ce qu'il faut, je vais t'aider, je vais vous aider tous les deux, mais il n'est pas question que je te donne des adresses… » Et elle l'a gardé.

À DIX-SEPT ANS ET DEMI, J'AVAIS UN APPART, UNE FEMME, UN GOSSE. POUR MOI, LA VIE ÉTAIT FINIE.

PATRICK : Mes moments les plus heureux remontent aux années 1970. C'était d'abord l'insouciance. Et puis tu tenais ce snack-bar où on était si heureux. Le soir, on était à la terrasse en train de t'attendre. On buvait un coup. On avait des boulots faciles, on ne pensait qu'à « tirer un coup », manger, travailler – à cette époque, il était assez facile de travailler… Et on riait ! On se marrait ! Quelque chose m'a marqué, tu ne t'en souviens peut-être pas, mais le premier film que je suis allé voir au cinéma c'était *La Violetera*. Tu m'avais emmené avec une bande de copains.

ANDRÉE : Ah oui, c'était avec ton oncle !

PATRICK : En sortant du cinéma, ils ont fait déborder les fontaines. Comme j'étais avec ma mère, ça m'a marqué !

ANDRÉE : Ma sœur a six ans de plus que Patrick. Ils ont été élevés ensemble. Il y avait aussi mon beau-frère, ma sœur et tous les copains de leur âge.

PATRICK : En 1970, au bar, c'était formidable. J'avais quatorze, quinze ans. Toutes les copines de ma mère, qui avaient trente et quelques années, y venaient. Je me suis régalé. À l'école, je bossais très bien. Je me faisais taper dessus par mes copains parce que j'étais premier en classe ! Pour eux, ce n'était pas normal puisque je n'étais pas le fils de qui il fallait. Mais je savais qu'il fallait que je m'en sorte. J'adorais les lettres, j'adorais lire, donc j'ai eu mon bac. Ça aussi, ça a été un film… Quand j'ai su que ma femme était enceinte, j'étais en première au lycée et je venais de passer la première partie du bac : 17 en français, 17 à l'oral et 17 à l'écrit. Ce qui n'est quand même pas mal ! Le proviseur a convoqué ma mère : « Je ne veux pas d'homme marié dans mon établissement. On va faire redoubler votre fils et il sera obligé de partir travailler pour nourrir sa famille. » Alors, j'ai passé le bac en candidat libre. Et je l'ai eu ! Je voulais nourrir mon gosse tout de suite. À dix-sept ans et demi, j'avais un appart, une femme, un gosse. Pour moi, la vie était finie. Ma vie s'arrêtait là. Je suis monté en fac à Limoges ; en même temps, j'étais pion dans un lycée. Je gagnais donc de quoi nourrir ma femme et mon enfant. Ça a duré deux ans. J'ai commencé des études de lettres, mais ça devenait très pénible parce qu'il fallait que je fasse deux cents bornes par jour en train. Avec le gosse, ça devenait infernal. Ensuite, j'ai fait du droit, mais j'ai fini par tout lâcher parce qu'il fallait que je bouffe. Donc, j'ai lu les petites annonces et je me suis retrouvé à vendre des encyclopédies en porte-à-porte. C'est comme ça que j'ai perdu toute ma timidité. Le porte-à-porte m'a tout appris ! J'ai commencé à faire de petites imitations parce que j'écoutais des chansons, j'allais dans les bals et les boîtes. J'ai dit à maman : « Qu'est-ce que je fais ? J'ai envie de tenter le coup. Je monte à Paris. Si ça ne marche pas, je redescends. »

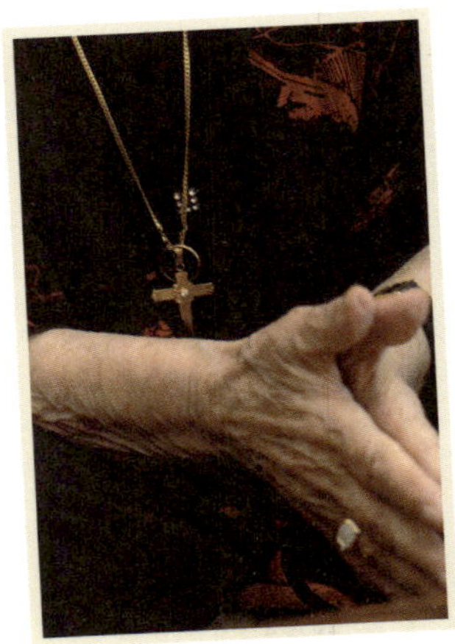

ANDRÉE : Je lui ai dit : « Vas-y ! »

PATRICK : Ça s'est passé vraiment comme dans les films : ma mère a rempli ma valise avec deux slips, deux paires de chaussettes, deux pantalons, deux chemises… et 600 francs. Et aussi : des boîtes de conserve, des raviolis… Je suis monté avec la valise pleine de boîtes de conserve ! Elle m'a dit : « Je te fais confiance. »

ANDRÉE : Au bout de deux mois, il m'a téléphoné : « Maman, je crois que je vais lâcher. » Je lui ai dit d'aller voir aux Halles. C'était mon

rêve d'aller travailler aux Halles…

Patrick : Je suis allé aux Halles pour voir si je pouvais trouver du boulot en attendant. Et mon premier spectacle de cabaret a eu lieu ce jour-là !

Andrée : Le 14 novembre, jour de son anniversaire ! Il m'a dit : « Maman, je vais gagner trente francs par jour ! » Il était content !

Patrick : J'étais collé au plafond ! Trente francs par jour ! Le Smic était à 1 300 francs et, moi, je gagnais 30 francs en un quart d'heure de spectacle ! Alors je calculais : « Trente francs en un quart d'heure, ça fait 120 francs en une heure, multipliés par huit, ça fait 900 et quelques… » C'était royal ! C'était le luxe. J'ai toujours gardé ce rapport très sain avec l'argent parce que je ne regarde pas. Le luxe que me rapporte l'argent, c'est de ne pas m'en occuper. Si je perdais tout ce que j'ai aujourd'hui, ça ne serait pas grave parce que je suis monté à Paris avec 600 balles ! Nos valeurs, elles sont là. C'est pour ça que je n'ai jamais eu de problèmes par rapport à l'argent. Et puis j'ai toujours gardé des rapports avec ma famille, c'est-à-dire que je m'occupe d'eux parce que j'ai été responsable très vite. J'ai toujours porté les gens et je m'occupe maintenant de toute la famille parce que c'est normal. Notre famille fonctionne un peu à l'italienne : s'il y en a un qui a la chance de réussir, il faut qu'il aide les autres. Ma sœur, je lui ai trouvé sa maison, mon frère aussi. Je m'occupe d'eux, comme de tout le monde.

MA MÈRE, C'EST LA FEMME DE MA VIE.

Patrick : J'ai encore dans la tête les robes que ma mère portait quand j'avais sept ans ! Je la vois dans une robe à pois, dansant sur du paso, du mambo ou du tango sur le parquet d'un dancing… J'aurais bien aimé avoir vingt ans en 1950. Elle était très jolie, ma mère. Beaucoup d'artistes la connaissent. Chez Michou, c'est une star. Elle les connaît tous et ils l'adorent. Comme Bouglione, les gens de cirque, les travelos, les voyous…

Andrée : J'ai toujours aimé les gens du voyage.

Patrick : L'autre jour, dans une de mes émissions, il y avait un vieux morceau. Je l'ai fait danser ! Je ne l'avais pas prévenue. J'ai le souvenir d'avoir dansé avec elle quand j'étais tout petit…

Andrée : Oui, il y a très longtemps.

Patrick : … dans sa fameuse robe à pois.

Andrée : À l'époque, on n'avait pas de radio et il ne se passait rien l'après-midi. Pendant le Tour de France, on jouait de l'accordéon et de la musique en attendant les coureurs. On dansait…

Patrick : Nos rapports sont un mélange de droiture, d'honnêteté. Ce que je trouve choquant – ça m'a influencé aussi –, c'est que la haute société chez qui tu as travaillé s'est toujours plus ou moins mal conduite avec toi, d'abord en te jugeant. Quand tu as rencontré des voyous, des mecs à part, ils ne t'ont jamais manqué de respect ! Pour moi, c'est important. Toi, tu as toujours aimé les gitans, les marginaux, qui sont restés ma famille. Entre nous, il y a un vrai code de l'honneur, comme chez les vieux bandits, chez les vieux voyous que l'on connaît. Il y a aussi la liberté de profiter de la vie. Je n'ai jamais été jugé par toi, sur les jeunes filles que j'ai ramenées comme sur tout ce que j'ai fait.

ANDRÉE : C'est vrai, ces gens-là m'ont toujours respectée. Et moi, je leur disais : « Je vous aime bien, on est très amis, je ne veux pas savoir ce que vous faites ! Je m'en fous royalement ! »

PATRICK : Dans le bar que tu avais en 1972, il y avait une bagarre tous les soirs, mais c'est toi qui te battais, pas nous ! Tu emplâtrais les flics… On est tous passés au tribunal pour coups et blessures sur agent de la force publique.

ANDRÉE : Moi, surtout ! *(Éclat de rire général.)*

PATRICK : C'était en face d'une caserne. Il y avait des militaires et des rugbymen. Quand la bagarre éclatait, c'était marrant parce que les rugbymen, qui étaient nos potes, s'asseyaient et attendaient que ça se passe.

ANDRÉE : Après, il fallait que je fasse le ménage ! J'étais toute seule…

PATRICK : C'est un caractère ! D'ailleurs, à Brive, tous les gens qui la connaissent l'appellent « Dédée », « la Dédée ». C'est un personnage ! Ça a toujours été le western chez nous…

ANDRÉE : Avec des coups de gueule !

PATRICK : C'est Pagnol. Ma mère, c'est César : exactement le même profil, la même tendresse, les mêmes excès que César dans la trilogie de Pagnol. C'étaient des coups de gueule, mais jamais des méchancetés.

ANDRÉE : Je n'ai jamais été sévère avec Patrick.

PATRICK : Il y en a un qui a été sévère…

ANDRÉE : C'est mon mari.

PATRICK : Sévère, mais en bien. Extraordinaire.

ANDRÉE : Il voulait que tu sois quelqu'un de bien !

PATRICK : J'ai un vrai respect pour cet homme. On ne se parle pas, je ne l'ai jamais appelé « papa », mais c'est lui qui m'a inculqué la discipline. C'est quelqu'un que j'aime énormément. D'ailleurs, la maison où je vais les week-ends, ce n'est pas une maison d'artiste, c'est une maison qu'on a achetée parce qu'on a toujours vécu chez les autres jusqu'en 1978. On était toujours en location parce qu'ils galéraient. Mon beau-père, enfin mon « père » – je vais l'appeler comme ça –, Camille, a été boucher, maquignon, routier… Alors, on se baladait d'endroit en endroit, sans beaucoup d'argent. Depuis 1978, j'ai une maison où je descends tous les week-ends pour retrouver ma mère et Camille… On est en famille. Pour en revenir aux valeurs, j'ai eu la chance de grandir avec beaucoup d'amour, de protection, des valeurs qui étaient comme une espèce de revanche contre le système établi. En ce moment, par exemple, on n'est pas d'accord politiquement. Ma mère est une vieille gaulliste.

D'ailleurs, tu m'as présenté au Général, enfin, tu m'as emmené le voir à Tulle.

ANDRÉE : Oui, il t'a mis la main sur la tête.

PATRICK : Je me souviens de ça ! J'avais un éléphant devant moi !

ANDRÉE : Il était impressionnant !

PATRICK : C'est grâce à toi aussi que j'ai connu Chirac. Tu militais, tu collais les affiches UMR – à l'époque UPR. Chirac était maire d'un petit village de haute Corrèze.

ANDRÉE : J'ai fait campagne pour lui !

PATRICK *(en riant)* **:** Tu es sûre que je ne suis pas le fils de Chirac ?

ANDRÉE : J'aurais bien aimé ! *(Elle éclate de rire.)*

PATRICK : Il n'y a pas eu une seule fois où il ne m'a pas demandé des nouvelles de « Dédée ».

ANDRÉE : Il était bel homme...

PATRICK : Ma relation avec ma mère est fusionnelle.

ANDRÉE : Oui, et complice.

PATRICK : C'est plus que ça. J'ai cinquante-quatre ans et il ne se passe pas deux jours sans que j'appelle ma mère, à n'importe quelle heure, même en pleine nuit.

ANDRÉE : Toutes les nuits quelquefois.

PATRICK : Je l'appelle toutes les nuits, à n'importe quelle heure ! Si je ne l'appelle pas, elle m'engueule.

ANDRÉE : Il me réveille à 4 heures du matin, 3 heures et demie... Après, je me rendors.

PATRICK : C'est un truc entre nous depuis toujours.

ANDRÉE : D'ailleurs, je ne supporte pas qu'il ne m'avertisse pas qu'il est bien arrivé à Paris.

PATRICK : Quand j'arrive quelque part, je l'appelle. Mais ce n'est pas une mère juive. Ce n'est pas ça. Ce sont d'autres rapports. C'est la femme de ma vie. Un point, c'est tout. *(Silence.)* Vingt fois j'ai eu des coups de désespoir et elle le sait : j'avais envie de me filer une balle dans la tronche. Mais ça n'arrivera jamais tant qu'elle est là. Après, ce n'est pas sûr, mais tant qu'elle est là, c'est impossible.

ON A DE LA CHANCE : ON N'A JAMAIS DIVORCÉ, ON A TOUJOURS VÉCU ENSEMBLE !

ANDRÉE : Je dis que Patrick est un gentil, c'est tout. Quand on me demande : « Tu es fière de ton fils ? » Non, pas fière, je n'aime pas ce mot. Je suis…
PATRICK : C'est une revanche quand même.
ANDRÉE : Je suis tellement heureuse que tu aies réussi que les gens doivent bien s'en apercevoir quand même. Je n'ai pas besoin de leur expliquer.
PATRICK : Moi, je suis heureux pour nous, par rapport à ce que l'on a connu. À chaque fois que ça fonctionne, je suis heureux pour nous. Par revanche, non par vengeance parce que je ne veux pas de mal aux gens qui nous en ont fait. Finalement, tout ce qui m'est arrivé, c'est à ma mère que je le dois, à personne d'autre. Tout ce que j'ai, toute ma fierté, c'est pour nous deux. Ma mère, c'est « mon fils, ma bataille » ; mon caractère s'est forgé parce que j'ai vu la bassesse des gens. Je me suis battu, au lycée, quand on disait du mal d'elle. Tout petit déjà, je me disais : « Je vais être quelqu'un pour elle parce qu'on le mérite. » Voilà. Et ça m'est resté, vraiment. Parfois, ça prend des proportions paranoïaques de ma part, je le sais. Mais c'est parce que l'enfance m'a conditionné pour le reste de mes jours. J'ai eu la chance que le « mec » qui m'a conçu ne me reconnaisse pas. Si jamais il m'avait reconnu, je n'en serais jamais là. Ça a été mon moteur. Cette envie de revanche, c'est mon moteur de tous les jours, tout le temps. Chaque fois que c'est difficile. Et puis je veux qu'elle soit fière. C'est aussi bête que ça.
ANDRÉE : Alors je suis fière.
PATRICK : S'il y a une personne que je ne veux pas décevoir, c'est elle. Même si j'allais en prison, elle serait fière – tout dépend quand même de ce que j'aurais fait ! Si j'avais volé des voleurs, oui. J'aurais pu d'ailleurs, je ne suis pas passé loin. Elle savait que je m'en sortirais bien, mais j'aurais très bien pu basculer dans l'illégalité. J'aurais pu basculer parce qu'elle avait beaucoup d'amis là-dedans. *(Silence.)* Mais on est honnêtes. Voler des voleurs, ça va : des banques, des assureurs… *(Elle rit.)* Ça, c'est des voleurs. Mais on a toujours été très attentifs aux gens malheureux, aux pauvres gens. On s'est fait aussi avoir dix mille fois ! Dix mille fois ! Il suffit qu'un type m'appelle en disant qu'il ne va pas bien...
ANDRÉE : Oui !
PATRICK : J'ai eu beaucoup de chance de tomber sur cette femme. On a des rapports très fusionnels, essentiels pour moi. Le jour où elle ne sera plus là… Je lui souhaite de partir avant moi parce que… *(Silence.)* On a connu tous les deux…
ANDRÉE : La mort du « petit ». [Sébastien,

le fils aîné de Patrick, s'est tué dans un accident de moto à 19 ans.]

Patrick : La mort du « petit », c'est quelque chose de tellement atroce, pour elle comme pour moi. Elle l'a élevé aussi. C'est tellement…

Andrée *(tout doucement)* **:** Je n'ai jamais pu m'en remettre.

Patrick : Il ne faut surtout pas que je parte avant elle.

Andrée : Je vis vraiment avec ça. Je vais au cimetière à Juillac tous les quinze jours.

Patrick : Le jour où elle ne sera plus là, ce ne sera plus la même vie. Mon regard sur les femmes passe aussi à travers elle. Comme pour tous les hommes. C'est ce que les femmes ont du mal à comprendre : la mère est notre mètre étalon. Le premier regard de femme qui se pose sur nous, c'est celui de notre maman. Il faut que la compagne ait beaucoup des qualités de la mère. C'est une drôle de concurrence ! Même s'ils ne le disent pas, pour les forts à bras, les caïds, les costauds, c'est la référence. En ce qui me concerne, c'est ça. Ma mère, c'est la référence parce que quelles que soient la vie qu'elle a eue, les choses qu'elle a faites, c'est une vraie maman. Ce n'est pas une copine ! Le cordon est toujours là, imaginaire, mais toujours là. On a une relation animale. Je n'ai pas besoin de dire à ma mère que je ne suis pas bien.

Andrée : Même au téléphone, je le sais. Je ne lui pose pas de questions, je le laisse venir. Il me dit ce qu'il a envie de me dire.

Patrick : En tout cas, cette relation dure depuis toujours. Quelles que soient les

femmes qui sont passées, la vie qui est passée, il y a toujours eu nos rapports au téléphone et on a rarement passé plus de quinze jours sans se voir.
Andrée : On a de la chance : on n'a jamais divorcé, on a toujours vécu ensemble ! *(Elle rit.)*
Patrick : C'est vrai, on n'a pas divorcé. On n'a pas d'enfants ensemble, mais…

LA MORT DU « PETIT » A TOUT CASSÉ.

Patrick : Mon audimat à moi, c'est ma maman et mes copains de Carcassonne. Ça fait trente ans que ça dure, donc je pense que je ne me suis pas trop trompé. Quand je fais un spectacle, je vais toujours chercher l'avis de ce qu'on appelle la « France profonde ». Je me suis fait critiquer partout. Depuis trente ans, j'entends que je suis ringard mais je suis toujours là ! C'est peut-être que ce n'est pas si idiot que ça de fonctionner comme ça. J'en ai vu passer, des donneurs de leçon qui ne sont plus là ! Mais c'est vrai que je ne suis pas très bien dans mon époque. J'ai la nostalgie de mes vingt ans, du bistrot que l'on avait.
Le « petit », quand il est mort, ça a tout cassé, ça nous a blessés… toute la famille… Mais on a la force du clan. Par exemple, à la maison, ce n'est pas moi qui suis en bout de table, c'est ma mère. Un jour, je prendrai sa place, mais pour l'instant, c'est elle qui se met en bout de table. C'est important. Moi, je suis en coin de table, et elle, elle est au bout. Ce sera toujours ainsi tant qu'elle sera là.
Andrée : Pour le « petit », on a été tous anéantis.
Patrick : C'est moi qui lui ai annoncé. C'était dur, très dur. Déjà moi, j'étais dans un état…
Andrée : Je t'ai dit : « Ne t'inquiète pas, je te rappelle… » Et je suis vite allée te rejoindre.
Patrick : C'est quelque chose de difficile à expliquer aux gens qui n'ont pas vécu ça.
Andrée : On est forts…
Patrick : Oui, on est forts pour ça. À l'enterrement, j'ai essayé de faire sourire tout le monde parce qu'on n'a pas le choix. Mais un enfant qui meurt, ce n'est pas normal, pas naturel.
Andrée : Ça nous a vraiment cassés.
Patrick : C'est d'une violence énorme. On la traîne tous, mais on ne la traîne pas triste, quoi.
Andrée : Ah non, pas en pleurant tous les jours ! Moi, je vis avec lui parce que j'ai des photos… C'est vrai que parfois, on parle de Sébastien comme s'il était là…
Patrick : Toute notre histoire était tellement liée… Je veux dire qu'on n'avait que seize ans d'écart, c'était mon pote. Tout ça, c'est lié : moi qui n'ai pas de père, lui qui est arrivé… On est un clan, c'est sûr.
Le jour de l'enterrement de mon fils, j'ai vu mon père biologique sur le trottoir et je lui ai dit : « On va aller discuter. » On est montés dans ma voiture. Je lui ai demandé si j'étais son fils. J'étais devant le cercueil de mon fils, et le père qui ne m'a jamais reconnu me répond « non » les yeux dans les yeux… C'est fou… Mais la vie, c'est comme ça.

JE SUIS UN SOLITAIRE, PAS DU TOUT CE QUE LES GENS CROIENT.

ANDRÉE : Je ne lis pas tes livres. Peut-être que j'ai peur, je ne sais pas de quoi. J'ai une appréhension.

PATRICK : Alors que c'est ce que je préfère faire.

ANDRÉE : Moi, je te préfère en train de chanter, je trouve que tu es heureux sur scène quand tu chantes.

PATRICK : Le succès ne m'intéresse plus. Je préfère faire le spectacle en confidence avec les gens, j'ai envie de boucler la boucle, de retourner au point de départ. Je me dis parfois que je n'aurais jamais dû partir. C'est le syndrome « auprès de mon arbre ». Quand j'ai passé le bac en candidat libre, le prof de philo était un pochtron, un vieil ivrogne qui venait de Paris, qui jouait au poker et qui nous avait dit en secret : « Les petits, il ne faut pas vivre pour penser, il faut penser à vivre. » Ça nous avait marqués. On avait dix-huit ans. À cette époque, on profitait vraiment de tout. Nos sentiments étaient vrais, en amitié et en amour. Et j'ai réalisé mes rêves, c'est fantastique. Mais la famille, pour moi, c'est capital. Je descends tous les week-ends, je passe du temps, je me balade… Je suis un solitaire. Tu le sais, je ne suis pas du tout ce que les gens croient.

ANDRÉE : Oui, quand les gens disent : « Il fait un break », ça me fait rire !

PATRICK : J'ai besoin d'être tout seul, d'écrire… Je suis amoureux de notre région. J'ai besoin des odeurs, de l'air. Le béton, je ne supporte pas ! J'ai besoin de voir de l'herbe, de sentir de l'herbe, j'ai besoin qu'il y ait l'eau et les arbres. Je ne suis pas écolo, mais j'ai besoin de la nature. Je suis un mec de la terre. Quand je voyageais, avant de devenir claustrophobe – parce que je le suis devenu en avion –, j'avais un blues terrible au bout de quinze jours passés dans un pays étranger. Je suis attaché à ma terre. On a de la chance, la région où l'on est se situe à dix kilomètres de Rocamadour. C'est magnifique ! C'est la Dordogne, les pierres, les arbres…

ANDRÉE : Moi, je préfère Juillac.

PATRICK *(désespéré)* **:** Elle préfère le fond de la Corrèze !

ANDRÉE : Juillac, j'y suis née. Pourtant, je suis un petit peu en dehors.

PATRICK : Tu as acheté la plus belle maison du village… la maison du notaire.

ANDRÉE : Oui, enfin, du docteur…

PATRICK : Ou du docteur ! À Juillac, elle a la maison avec l'étang qui appartenait au docteur. C'était la belle maison du village.

ANDRÉE : Je ne vois pas ça comme une revanche. Ça me plaît, Juillac.

PATRICK : La maison qu'on a dans le Lot, qui est gigantesque – trente-cinq hectares – on l'a achetée avec rien parce que je n'avais pas d'argent à l'époque. On l'a construite au fur et à mesure. Petit à petit, on a monté des pièces et, aujourd'hui, elle est immense. Mais tu préfères ta maison.

ANDRÉE : C'est vrai que Juillac me plaît bien. Sur mes dernières heures, n'oublie pas, tu m'emmèneras là-haut parce que le cimetière est à Juillac.

PATRICK *(en plaisantant)* **:** Oh, je ne sais pas !

ANDRÉE : Moi, je ne veux pas mourir.

PATRICK : Moi, ce que je ne veux pas, c'est me sentir diminué. Tant que ma mère est là, je ne ferai rien, mais dès que ma mère ne sera plus là, si je commence à dégénérer un peu… Je n'ai pas choisi de venir, mais je choisirai quand je pars. *(Le ton se durcit.)* C'est certain, je l'ai toujours dit. Et puis cette époque ne me plaît pas. Le but est de séparer les gens pour qu'ils rentrent chez eux et qu'ils rapportent à des grands groupes. Il faut écarter tout ce qui est artisanal, c'est-à-dire les bars, les bistrots, les restaurants. Les gens ne sont même pas assez lucides au point de s'apercevoir que c'est ce qu'ils sont en train

de faire. C'est comme ça qu'on empêche les gens de gueuler, en les séparant.
Moi, que je sois à l'Élysée avec Chirac, ou avec le Prince Albert, ou avec des putes ou des voyous, je suis le même. C'est ce qui fait que j'aie des amis partout. Pour mes cinquante ans, c'était le pied ! *(Il rit.)* Nana m'avait fait une surprise. Elle m'avait mis un bandeau sur les yeux.
Quand elle me l'a enlevé, j'ai vu Bernadette Chirac, Denise qui tenait une boîte échangiste, le maire de Toulouse qui avait en face de lui le plus grand bandit de Toulouse mais qui ne le savait pas. Tous étaient ravis, ça fonctionnait. Et moi, la vie, je ne la vois que comme ça. Il n'y a que ça qui m'intéresse.

PATRICK SÉBASTIEN est né le 14 novembre 1953 à Brive-la-Gaillarde. Sa mère **ANDRÉE BOUTOT** avait 18 ans et il ne sera jamais reconnu par son père.

- En 1970, âgé seulement de 16 ans, il devient – sur dispense de Georges Pompidou – le plus jeune marié de France.
- En 1972, naissance de son fils Sébastien.
- En 1974, il monte à Paris où il fait ses débuts dans les cabarets.
- En 1976, il se produit en première partie de Michel Sardou à l'Olympia.
- En 1984, *Carnaval*, sur TF1, est sa première émission en tant qu'animateur.
- En 1990, son fils Sébastien se tue dans un accident de moto.
- En 1992, rencontre avec Nana sa femme.
- En 1996, il fait une tentative de suicide.
- En 1998, premier numéro du *Plus Grand Cabaret du monde* sur France 2.

VEIL
Simone, *Jean & Pierre-François*

« Une mère absolument somptueuse et qui nous a appris à savoir dire "non". »

Elle est la voix de la sagesse pour tous les Français. Simone Veil n'a pas voulu choisir entre Jean et Pierre-François, les deux inséparables avocats, pour parler de sa relation avec ses fils. Tour à tour sérieux, moqueurs, attendris et attentionnés, Jean et Pierre-François entretiennent avec leur mère un lien particulier, dans lequel bonheurs et douleurs sont intimement liés. Deux heures de conversation dans l'appartement du clan, où la morale et la pudeur cohabitent avec une élégance amusée.

Simone : Mes trois fils sont nés à Paris, à l'hôpital Beaujon.

Pierre-François : C'est mon père qui m'a mis au monde. C'est la première personne que j'ai vue ! *(Rires.)* Je me souviens bien, c'est pour ça que j'ai crié !

Simone : Aujourd'hui il y a très peu de couples qui se marient très jeunes. Nous, on s'est connus à Sciences Po. Du fait de la guerre, de la déportation, on s'est mariés très vite et on a eu des enfants très jeunes. On était encore en train de faire nos études. Antoine, mon mari, préparait l'ENA, l'École nationale d'administration, et il fallait être aidé par la famille ou travailler parce que les bourses ne suffisaient pas. Du coup, Antoine a travaillé en Allemagne pendant trois ans.
Maintenant les jeunes se marient beaucoup plus tard, et encore, quand ils se marient… Mais tout de même, nous, quand on s'est

mariés, nos camarades de Sciences Po étaient très étonnés. Ça a bousculé notre vie, mais ça a eu plutôt des effets très positifs.

Pierre-François : Oui, ça permet de voir grandir ses arrières-petits-enfants.

Simone : Je crois qu'il y a eu entre Jean et Pierre-François une relation très particulière. Jean est l'aîné, il a six ans de plus que Pierre-François, et il y avait aussi Nicolas [décédé en 2004] qui était entre les deux.

Il y a toujours eu, je dirais presque dès la naissance de Pierre-François, un attachement très particulier entre eux. C'était une période où j'étais très prise. Je rentrais quelquefois tard à la maison et Jean avait pris l'habitude de s'occuper de son petit frère. Quand il avait quatre ou cinq ans, par exemple, il lui donnait la becquée alors qu'il pouvait très bien manger tout seul. Il aimait vraiment s'occuper de lui, je pense. J'étais même étonnée parfois parce qu'il y avait tout de même assez souvent quelqu'un à la maison. J'ai surtout le souvenir qu'une fois, Pierre-François avait mis la main dans une porte vitrée qui menait à la cuisine et s'était blessé assez grièvement. Jean l'avait emmené immédiatement chez un pharmacien qui était tout près et qui lui avait dit : « Il faut l'emmener à l'hôpital, il faut qu'il soit soigné, opéré. » Quand je suis rentrée à la maison, tout était fait. Jean ne m'avait pas attendu. Tout était fait. Quel âge avais-tu ?

Jean : Je devais avoir dix, douze ans.

Simone : Il s'était occupé de tout. Il avait pris un taxi, emmené, ramené…

Pierre-François : Au fond, aujourd'hui il y a trois générations ! Ma mère, c'est Jean ! *(Rires.)*

Simone : Mais oui, mais oui, d'une certaine façon. Nicolas, qui était entre les deux, s'est senti certainement un peu isolé par rapport à cette relation qui est toujours restée si forte. Le fait qu'aujourd'hui ils travaillent ensemble, qu'ils prennent des vacances ensemble, que leurs enfants se voient beaucoup, n'est pas un hasard. Il y a vraiment une relation de frères très dense, très affectueuse, et je dois dire que je m'en réjouis beaucoup pour eux – et pour moi aussi.

Jean : Il faut dire qu'après deux garçons, toute la famille espérait beaucoup que le troisième soit une fille. Donc je m'en suis longtemps occupé comme si c'était une fille ! *(Rires.)*

Pierre-François *(en riant)* **:** C'est surtout ton goût naturel pour l'autorité ! Nicolas se défendait, lui !

Simone : Non, il se sentait un peu à part parce que c'était le seul qui faisait des études brillantes dans la famille. C'est pour ça qu'il était tout à fait particulier et spécifique. C'était le seul à travailler.

Jean : C'est vrai que j'étais très responsable de mes frères. J'avais tout à fait conscience que mes parents travaillaient et étaient très occupés. Et, dans une espèce de tradition familiale, on a tous fait du scoutisme : ça vous oblige à vous responsabiliser. Enfin, ça ne vous empêche pas de faire les quatre cents coups…

Simone : C'est ce que j'allais dire. Quand tu n'étais pas rentré et que Pierre-François se mettait dans ton lit pour dissimuler ton abscence…

Pierre-François : Oui, mais il n'y avait jamais d'édredon assez gros ! *(Éclat de rire général.)*

Simone : Il y a toujours eu une solidarité entre vous. Moi, j'étais idiote, je marchais !

Jean : C'est vrai.

Simone : Je vous faisais confiance…

Jean : Je me sentais responsable de ceux qui m'entouraient. C'est d'ailleurs quelque chose qui continue à prédominer dans mon caractère.

Pierre-François : On voit ça chez tes enfants ! Les aînés se sentent responsables des petits, voire un peu trop parce qu'il y a une espèce de protection…

Jean : Je considère que mon droit d'aînesse,

Notre photo préférée de nous trois avec maman.

Ma photo préférée de mes trois fils.

c'était ça. Je ne sais pas si c'est particulier. Je considérais que Simone travaillant…

Simone : Oui et je sortais aussi pas mal…

Jean : Vous sortiez beaucoup, donc je m'occupais de mes frères. Je ne m'occupais pas de leurs devoirs parce que ça, ça me rasait, mais je m'occupais de faire la cuisine, de surveiller qu'ils dînaient. Quand on est louveteau, on apprend aussi à coudre, et aujourd'hui encore, quand l'une de mes filles se prépare pour aller en pension et qu'il faut repasser son chemisier, c'est moi qui le fais.

Simone : Oui, en revanche, vous n'étiez tout de même pas des élèves brillants !

Jean : Non, on ne peut pas dire ça… on ne peut pas dire ça ! *(Rires des deux fils.)* Il y a une meilleure formule, maman : je suis un « paresseux contrarié » ! C'est infiniment mieux que de dire que l'on a fait des études catastrophiques.

Pierre-François : Les gens nous prennent au sérieux, qu'est-ce que tu veux ? Enfin, j'ai fait de très mauvaises études, mais j'ai fini par passer le bac !

Simone : Dans des boîtes à bachot !

LE SOUVENIR D'UNE MÈRE ABSOLUMENT SOMPTUEUSE.

Jean : J'ai des souvenirs très précis de quand j'avais deux ou trois ans. Maman ne travaillait pas et je me souviens d'elle découpant des articles de journaux qu'elle mettait dans des dossiers pour aider mon père à préparer ses concours. Ça, je m'en souviens très bien. Mes parents étaient étudiants. On a vingt ans de différence, donc quand je suis né, mes parents étaient à Sciences Po. Je me souviens qu'en Allemagne tu aidais Antoine à préparer le concours de l'ENA.

Simone : En Allemagne, tu allais à l'école maternelle, tu parlais très bien allemand.

Jean : Oui, je me souviens très bien de ça. Ensuite, je me souviens de quand tu as commencé à travailler en 1954. Avant, tu étais à la maison ; et là, tu n'étais plus à la maison parce que tu étais au ministère. Le problème de l'agacement que pouvait provoquer le fait que tu travaillais, que tu rentrais tard, que tu n'étais pas là, c'est infiniment plus tard. Et, en même temps, on était extraordinairement fiers ! D'abord, Simone était absolument somptueuse.

Pierre-François : C'est surtout de ça dont j'ai le souvenir.

Jean : C'est surtout ça qui t'a frappé ?

Pierre-François : C'est-à-dire que, comme on ne me parlait pas, je ne pouvais pas me rendre compte de son travail ! *(Rires.)*

Jean : Une mère magistrat, à l'époque, ça ne courait pas les rues… D'ailleurs, quand nos copains venaient à la maison, ils étaient assez épatés. J'ai gardé beaucoup d'amis de mon adolescence qui me parlent encore des relations ou des conversations même brèves qu'ils pouvaient avoir avec Simone et avec

Antoine quand ils venaient dans notre appartement. J'étais très très fier de ça ! Heureusement, ma mère est devenue ministre quand j'avais vingt-sept ans, donc c'était plus facile à assumer. La notoriété est venue infiniment plus tard, à un moment où normalement on est relativement mature.

Pierre-François : Moi, avec maman, j'ai d'abord des images de vacances. On partait en Espagne et à l'heure où il fait très chaud, c'est-à-dire entre midi et deux heures, les autres n'en pouvaient plus, ils remontaient à l'hôtel. Les seuls qui restaient sur la plage, c'étaient maman et moi. Je restais seul avec elle. Ça, c'était absolument génial… Je me souviens très bien de la plage sous l'hôtel.

Simone : Toujours en Espagne, quand tu avais deux, trois ans, je t'avais emmené acheter des chaussures. On nous avait apporté des chaussures de petite fille, car tu avais les cheveux bouclés. Tu étais un très joli enfant et on te prenait pour une petite fille…

Pierre-François : Il a fallu le prouver ! *(Éclat de rire général.)*

Simone : Mais tu étais déjà très charmeur.

Pierre-François : Moi, j'ai des flashs comme ça, j'ai effectivement des images de quand ils sortaient le soir. Je revois papa s'énervant pour enfiler ses boutons de manchette et maman…

Jean : …. se changeant dans l'ascenseur.

Pierre-François : … se changeant dans l'ascenseur et repartant… *(Rires.)* Alors peut-être qu'on projette, je n'en sais rien, mais repartant avec des tenues que l'on ne voit plus maintenant : des robes absolument merveilleuses ! Je me souviens que tu avais une robe de Balanciaga bleue, longue.

Jean : C'est beaucoup plus tard.

Pierre-François : Je ne sais pas. Avec de grands gants… C'était somptueux ! Ça, je me souviens très très bien !

POUR MAMAN, C'ÉTAIT LA MORALE AVANT TOUT.

Jean : Maman n'est pas vraiment… Ce n'est pas facile d'en faire une description. C'est quelqu'un de tout à fait atypique, au-delà du fait maintes fois répété que tu es une rebelle, n'est-ce pas ?

Simone : J'ai l'esprit de contradiction.

Jean : Enfin, disons rebelle. *(Il rit.)* Simone pose un regard tout à fait spécifique sur les choses et fait assez rapidement le tri entre l'essentiel et l'accessoire. Alors, l'essentiel, c'est quand même relativement petit ; et l'accessoire, c'est un territoire, c'est vaste.

Pierre-François : Mais avec, en même temps, un côté sérieux.

Simone : Je ne sais pas si je vous ai donné à lire la lettre d'un type après l'émission…

Jean : Ah, elle est formidable ! C'est Antoine

qui me l'a envoyée ! Elle est formidable !

SIMONE : Oui ! *(Elle rit.)*

JEAN : Simone a reçu une lettre après une émission de Drucker où nous sommes apparus tous les cinq. Enfin… elle en vedette américaine et nous en faire-valoir ! La lettre dit : « Je vous admirais beaucoup depuis la loi sur l'avortement, mais alors maintenant je comprends mieux : vous êtes ce que vous êtes grâce aux hommes Veil ! Ils sont tellement drôles, tellement sympathiques ! » *(Éclat de rire général.)*

SIMONE : C'est vrai que je prends beaucoup de choses au sérieux.

PIERRE-FRANÇOIS : Tu es capable de démarrer au quart de tour sur des sujets qui n'ont aucune importance, qui ne sont pas du tout, comme dit Jean, dans l'essentiel, mais sur lesquels tu ne peux pas supporter que l'on dise une ânerie ou ce qui te paraît être une connerie ! On ne dit pas de bêtises sur quelque sujet que ce soit.

JEAN : Non.

PIERRE-FRANÇOIS : Voilà, tout est sérieux.

JEAN : Tu as un sens de l'humour qui est relatif.

SIMONE : Relatif.

JEAN : Mais elle a pour nous une affection extrême, donc elle nous passe absolument tout !

PIERRE-FRANÇOIS : Moi, je suis pareil ! De ce point de vue, je suis comme maman. Je suis capable de démarrer à deux cents à l'heure sur n'importe quel sujet, y compris ceux qui n'ont aucun intérêt !

JEAN : Le fait que nous étions enfants de parents très jeunes faisait qu'au fond, nous avons beaucoup participé, dans la cellule familiale, à ce qu'étaient les évolutions de carrière, les choix. Mon père était relativement sévère, il répétait à loisir que les enfants ne parlent pas à table, ou seulement au dessert et « si on les en prie », pour reprendre son expression, mais, au fond, nous écoutions beaucoup ce qui se passait, nous participions à la vie et aux conversations à la fois sur la politique et sur les sujets de société. J'ai toujours été très frappé par le jugement que portait Simone sur les gens et sur les choses. Un jugement très libre mais en même temps très sérieux et toujours extraordinairement fondé, raisonné. Beaucoup moins conventionnel que celui de mon père qui, en même temps, était à certains égards…

SIMONE : … plus cool.

JEAN : Oui, quelquefois.

SIMONE : Oui, plus cool.

PIERRE-FRANÇOIS : Pas plus cool, moins strict…

JEAN : Oui, moins strict. Pour moi s'est forgée petit à petit cette image tout à fait particulière de maman qui est très structurée. Mais alors, c'est un truc que je n'ai pas raconté l'autre jour à la télévision au moment où Simone s'est fustigée, s'est autoflagellée, en disant qu'elle s'était très peu occupée de nous, alors que Pierre-François expliquait que pas du tout, qu'elle compensait la quantité par la qualité, etc. Il m'est revenu à ce moment-là une histoire que j'avais oubliée depuis longtemps, mais que depuis j'ai en mémoire tout le temps : c'est l'histoire du Salon de l'enfance. Je devais avoir onze ans et, à l'époque, le Salon de l'enfance se tenait au Grand Palais. C'était ouvert toute une semaine. Le jeudi – puisque le jeudi, c'était le mercredi de l'époque –, le samedi et le dimanche tous les enfants se précipitaient au Salon de l'enfance. Ça consistait à prendre un grand sac en plastique dans lequel on mettait tous les prospectus et quand on rentrait à la maison on les jetait. Enfin, bon. Alors je dis à maman : « Ce serait bien que tu nous emmènes au Salon de l'enfance jeudi. » Maman me répond : « Le Salon de l'enfance, je reconnais que c'est très bien, mais c'est quand même un truc où on se perd. Le mieux pour ne pas se perdre, c'est que vous y alliez seuls. » Alors ça,

ça m'est resté ! Plus j'y pense, plus je trouve cette réponse formidable ! Effectivement, je suis parti avec mon frère, bras dessus, bras dessous. On ne s'est d'ailleurs pas perdus, on a passé une journée absolument exquise, et, pendant ce temps-là, Simone était tranquillement en train de travailler au ministère !

Pierre-François : Je crois qu'on a eu en réalité une éducation assez stricte. Mon père a énormément d'humour et est extrêmement primesautier, mais avec des principes d'éducation assez stricts. C'était pareil évidemment chez nos grands-parents paternels et ça aurait été pareil chez nos grands-parents maternels s'ils avaient été encore en vie. Une éducation stricte, avec des principes qui étaient probablement les principes de l'époque.

Simone : Oui, mais je voudrais compléter. C'étaient des principes pour ce qui concerne la morale, l'attitude dans la vie, mais pas du tout stricts sur le plan scolaire.

Pierre-François : Non, sur le plan scolaire, on faisait ce que l'on voulait.

Simone : Ce n'était pas le plus important.

Pierre-François : Enfin… quand je dis qu'on faisait ce que l'on voulait… On était assez peu poussés au fond. Est-ce que c'était par conviction, en se disant que de toute façon on s'en sortirait toujours ?

Simone : Non…

Pierre-François : Est-ce que c'était ce que disait papa : ce n'est pas grave parce que l'agriculture manque de bras ?

Simone : Non, mais c'était tout de même plus moi qui avais, sur ce plan-là, une position. On était sûrement plus stricts chez mes beaux-parents que dans ma famille. Dans ma famille, ce qui comptait c'étaient la morale, en premier – très importante –, la politesse, etc. Mais dans ma famille nous n'avons jamais été de très bons élèves, aucun de nous quatre. On suivait, de classe en classe. C'était mieux que vous, mais ce n'était pas… On ne nous poussait pas. Ce qui était vraiment important, c'était

la culture. Ton grand-père était très attentif à la culture, et au sens moral. Je me souviens, enfant, avoir dit que je n'avais pas cassé un vase alors que c'était moi qui l'avais cassé. Ce mensonge, je m'en souviens encore !

Pierre-François : C'était beaucoup plus l'éducation civique, la morale.

Simone : Oui, mais pour les études, on ne nous a jamais tellement poussés. Pas assez, d'ailleurs.

Jean : Je vais te dire, si on avait fait de très bonnes études, d'encore meilleures études, on aurait peut-être fait l'ENA, mais on serait beaucoup moins heureux. Dans le fond, je suis très content du métier que j'exerce [tous deux sont avocats]. Quand je vois les gens de ma génération qui prennent leur retraite, bien obligés, et qui voudraient essayer de devenir avocat pour prolonger un peu leur vie active, ils sont emmerdés. Donc finalement, à tout prendre…

Simone : Oui, cela ne t'a pas du tout pesé, au contraire.

UNE RELATION DE PUDEUR.

Jean : Une fois, il y a quinze, vingt ans, j'ai travaillé pour mon père. C'était compliqué de travailler avec son père et de l'appeler « papa » devant ses collaborateurs. C'était facile de l'appeler Antoine. Et quand les gens parlent de maman, ils l'appellent Simone. Ils me disent : « Comment va votre mère ? » et, à la deuxième phrase, c'est Simone, donc je fais comme eux. Les portraits publics qui ont été faits de Simone décrivent relativement bien ce qu'elle est. En privé, il est vrai qu'il existe une relation particulière entre Simone et Pierre-François. Mais sinon, nous sommes tous des gens relativement pudiques et je crois que les traits d'humour qui sont les nôtres permettent de dissimuler une réelle affection. Au fond, c'est au travers d'amabilités amusées que l'on traduit l'amour que l'on a les uns pour les autres. D'ailleurs, ça doit se sentir.

Simone : Oui.

Jean : C'est une manière de traduire avec pudeur la considération – réciproque je crois –, l'amour que nous avons les uns pour les autres. C'est très difficile pour un fils de soixante ans de dire qu'il trouve que sa mère est absolument épatante, qu'il n'y a rien à en dire d'autre que des qualités. Normalement, je devrais avoir pris un tout petit peu de distance par rapport à mon complexe d'Œdipe. Certains diraient qu'il n'est pas totalement réglé.

MAMAN NOUS A APPRIS À SAVOIR DIRE « NON ». C'EST SA MARQUE DE FABRIQUE.

PIERRE-FRANÇOIS : Je ne trouve pas que maman soit très différente dans la vie privée de ce qu'elle est dans la vie publique. Je pense du reste que c'est ce qui fait sa singularité. Dans la vie publique, elle est ce qu'elle est dans la sphère privée. Elle dit les choses avec la même… : certains disent virulence, moi je dirais spontanéité, au moment où elle a envie de les dire. C'est ça qu'elle nous a appris, à dire « non » quand on a envie de dire « non » et au moment où on a envie de dire « non ». Je trouve que c'est sa marque de fabrique. Ça s'est encore manifesté récemment.

JEAN : Comme l'a noté le président de la République !

PIERRE-FRANÇOIS : Comme l'a observé avec beaucoup d'esprit le président de la République ! *(Éclat de rire général.)*

PIERRE-FRANÇOIS : Il a assez bien réagi. Mais voilà, quand on a quelque chose à dire, on le dit ! Moi, tous les matins, je remercie maman de nous avoir appris ça. Et je suis extraordinairement frappé, dans ma vie professionnelle, du nombre de gens qui, dans une réunion, sur des choses toutes petites parfois, ne posent pas de questions alors qu'ils ne comprennent pas. Ou qui ne disent pas « non ». Alors, bien sûr, quand on finit par dire « non » tout le temps, c'est plus compliqué. Mais voilà. Ça, c'est ta marque de fabrique. Tu émets un avis sur les choses et sur les gens qui est souvent original, pas pour être originale, mais qui sort des conventions. Tu n'es pas quelqu'un de convenu, jamais. Ça, c'est extraordinairement enrichissant sur le plan de la réflexion.

SIMONE : Je dis aussi beaucoup de choses parce que je reçois un énorme courrier, des plaintes souvent. Quand je trouve que les plaintes sont justifiées, j'écris à l'administration concernée.

PIERRE-FRANÇOIS : Je crois que c'est ce qui a fait ta particularité ! Je me souviens, quand j'avais douze ans, j'allais voir maman au ministère de la Justice. En général, tu partageais un bureau avec un autre magistrat, avec un mobilier de l'administration des années 1960. Vingt ans après la guerre, on écrivait encore sur du papier « ministère de la Justice »…

SIMONE : … Vichy !

PIERRE-FRANÇOIS : « Vichy, le… 19… » : un, neuf et un blanc pour mettre le chiffre. On faisait des économies à l'époque ! C'était en 1968 ! Quand tu étais au 4, place Vendôme, à l'Administration pénitentiaire, tu prenais déjà des positions qui t'étaient propres.

SIMONE : À l'époque, il y avait encore des gens qui avaient été nommés volontairement à l'Administration pénitentiaire, soit parce qu'ils avaient été déportés, soit parce qu'ils avaient été en prison, donc il y avait une ambiance très particulière. C'est pour ça que j'y suis restée si longtemps, ce qui énervait papa d'ailleurs, parce qu'on visitait les prisons en partant en vacances ! Il n'y avait pas d'argent pour les missions. Quand on parle maintenant du ministère de la Justice et de sa pauvreté… Nous, à l'époque, on était censés aller voir les prisons parce que ce qui s'y passait était épouvantable. Alors on partait en vacances, on s'arrêtait et, moi, pendant une heure ou deux, j'allais visiter la prison, ce qui évidemment faisait énormément plaisir à tout le monde !

JEAN : Oui, c'était sympa ! *(Rires des deux fils.)* Le 2 août, garés devant la prison de Nîmes, on n'avait pas chaud du tout dans la Simca…

ON PARLAIT DE TOUT AVEC MAMAN.

PIERRE-FRANÇOIS : On parlait de tout avec maman.
SIMONE : Il n'y avait pas de sujets tabous…
JEAN : Je crois que l'on parlait de tout.
PIERRE-FRANÇOIS : On lui donnait des détails sur ce que l'on faisait, sur nos petites amies. On en parlait très librement.
SIMONE : Vous me les ameniez assez facilement ! *(Éclat de rire général.)*
JEAN : Mon frère Nicolas était interne des hôpitaux. Tu te souviens de ce qu'il avait dit quand tu lui avais téléphoné un samedi matin ? Il devait avoir vingt et un, vingt-deux ans, il était interne. Il était de garde. Simone téléphone et dit : « Je te dérange, mon chéri ? » Il répond : « Oui, je suis avec une copine… » sur un ton ne prêtant à aucune équivoque. *(Elle rit.)* Tu as quand même été suffoquée à l'époque. Il me semble que l'on peut voir dans cet échange une assez grande liberté.
SIMONE : Le problème, tout de même, c'est que papa a toujours préféré que je sois seule avec lui. J'étais quand même sa propriété.
PIERRE-FRANÇOIS : Oui, mais dans les conversations qu'on avait avec vous, on abordait tous les sujets !
SIMONE : Oui.
PIERRE-FRANÇOIS : La politique, la religion, nos relations personnelles, nos copains… et la maison était très ouverte. Donc on parlait beaucoup à la maison. Quand on a dix-sept ou dix-huit ans, pas de fortune, et pas encore de travail, on cherche toujours un endroit où l'on peut aller avec les copains et les copines. Cette résidence secondaire que vous aviez achetée nous permettait ou d'envoyer nos parents et de profiter de l'appartement seuls, ou, au contraire, de partir avec nos copains. Mais enfin, on vivait quand même très tous ensemble. On habitait place Saint-Michel entre 1965 et 1970…
SIMONE : En 1968, c'était pas mal !
JEAN : C'était une vie très gaie !
PIERRE-FRANÇOIS : On habitait dans un quartier tout petit, tous nos copains habitaient entre la place Saint-Michel et le Luxembourg. Donc on vivait en bande de copains et on se déplaçait de parents en parents, voire de frigo en frigo !
JEAN : Oui, mais nous, on avait des parents beaucoup plus jeunes, enfin, moi en tout cas, des parents beaucoup plus jeunes que ceux de mes copains. J'ai vingt ans de différence avec maman… C'est plus compliqué et en même temps, plus tard, c'est un privilège extraordinaire. C'est plus compliqué, d'une

certaine manière, qu'il n'y ait pas la distance de l'âge quand on est adolescent. C'est plus facile pour les conversations, on se comprend mieux, mais c'est quand même un peu compliqué, bizarrement. Je ne suis pas capable d'expliquer pourquoi. J'ai le sentiment que pendant que vous finissiez vos études ou que vous commenciez votre vie professionnelle, mes copains avaient des parents déjà plus installés dans leur carrière, dans leur développement, dans leur organisation. Moi, quand j'étais enfant, on ne peut pas dire que l'on tirait le diable par la queue, mais j'ai le souvenir que quand on allait au restaurant, c'était une fête, que quand on partait en vacances, on achetait plutôt des sandwichs, et que l'on n'allait pas beaucoup au cinéma.

ET PUIS IL Y A EU LE VOTE DE LA LOI SUR L'AVORTEMENT. ON ADHÉRAIT À LA POSITION QUI ÉTAIT LA TIENNE.

JEAN : Je m'en souviens très bien, d'abord parce que la loi a été votée le 26 novembre 1975, qui est le jour de mon anniversaire – c'est normal, il faut toujours penser à soi. Deuxièmement, parce que j'avais vingt-sept ans, j'étais déjà père de famille, la question de l'avortement aurait pu se poser. Quand vous avez vingt-sept ans, c'est la période de la pilule, etc. Je suis d'une génération où chaque fois qu'il y avait des rapports sexuels se posait quand même la question de savoir si… Le problème de l'avortement était présent tout le temps. Est-ce qu'on parlait de ton projet ? Oui, évidemment. Je n'ai pas le souvenir que tu nous aies fait relire ton discours – ce qui t'est arrivé parfois, dans d'autres circonstances –, mais c'était un sujet dont on parlait, et on adhérait à la position qui était la tienne. Tu nous avais expliqué qu'il ne fallait pas rembourser l'avortement parce que si c'était remboursé, ce serait ressenti comme une provocation par certains : on

n'aurait pas les votes de tout le monde et il fallait les votes de tout le monde. Ce qui était important, c'est que le texte soit voté. Voilà.

PIERRE-FRANÇOIS : Moi, j'avais vingt et un ans. J'étais à Sciences Po, donc évidemment on en parlait.

SIMONE : Je me souviens que j'ai rédigé le discours ici. J'ai donné le discours à taper. J'en ai toujours voulu à un collaborateur de l'avoir donné à taper et de ne jamais l'avoir récupéré. Il a été jeté.

JEAN : Le manuscrit.

SIMONE : Oui, je n'ai jamais pu le récupérer. Ce collaborateur, ça ne l'intéressait pas que l'on garde des trucs et, moi, je n'ai pas fait attention de le récupérer tout de suite, j'étais bousculée…

PIERRE-FRANÇOIS : Certes, on avait évidemment conscience que c'était quelque chose d'important, mais on n'avait pas conscience de ce que ça deviendrait symboliquement après ! C'était évidemment très important…

JEAN : Et ça manifestait beaucoup.

PIERRE-FRANÇOIS : Et ça manifestait beaucoup, mais ça ne portait pas en soi toute la charge symbolique qui s'y est ajoutée par la suite. C'est probablement aussi pour ça qu'il ne l'a pas gardé. Deuxièmement, moi, je me souviens d'être allé dans les tribunes une fois, mais pas le soir du vote ni le soir du discours, et je pense que si ça avait été tellement chargé,

j'y serais allé. Il y a d'autres moments où je t'en ai voulu de ne pas m'avoir emmené, mais là, je ne t'en ai pas voulu. Je ne pensais pas que ce texte portait une telle charge symbolique.

SIMONE : Je n'aurais pas été tellement contente que vous y assistiez, avec les injures qu'il y a eu…

PIERRE-FRANÇOIS : Ah, c'était peut-être pour ça…

SIMONE : Je m'attendais à ce que ce soit violent, sauf une intervention… D'ailleurs, le type est venu s'excuser ensuite. Il avait une clinique privée. C'est celui qui a fait l'évocation des chambres à gaz ! Là, il s'est excusé.

JEAN : Oui, enfin, c'était une épreuve.

ON A UNE CHANCE INCROYABLE : ON A UNE MÈRE EXTRAORDINAIRE ET UN PÈRE EXTRAORDINAIRE ! UN PÈRE INCONNU, MÉCONNU, C'EST VRAI…

SIMONE : Antoine n'aime pas les femmes en général. Les femmes ne l'intéressent pas, il les rejette.

JEAN : Il est comme moi, il a peur, il a raison !

SIMONE : Non, ça ne l'intéresse pas. Moi, au contraire, je suis très intéressée par le discours des femmes, de plus en plus, d'ailleurs. De plus en plus.

JEAN : Moi aussi j'apprécie beaucoup les femmes… J'ai été marié trois fois et j'ai cinq filles ! *(Elle rit.)*

SIMONE : Antoine, justement, il n'avait pas du tout envie d'une autre femme. Une femme qui est là depuis soixante et un ans, c'est très bien…

JEAN : Non, c'est plus compliqué que ça. C'est beaucoup plus compliqué.

SIMONE : Non, mais enfin… Il aime bien la compagnie des hommes.

JEAN : Maman, je pense quand même que l'explication de la relation de papa avec les femmes, c'est d'abord que papa s'intéresse à l'activité professionnelle des gens. À leur activité !

SIMONE : Comme beaucoup d'hommes.

PIERRE-FRANÇOIS : Comme beaucoup d'hommes. Or, dans sa génération, et dans ce milieu professionnel, beaucoup de femmes ne travaillaient pas. C'est ça, la réalité. Donc il n'avait rien à leur dire ! Et quand il n'a rien à dire, il ne dit rien, tout simplement ! Toi, il avait des choses à te dire parce qu'on ne peut pas dire que tu n'aies pas eu de vie professionnelle… sauf quand il y avait Jean et Nicolas et que tu t'es occupée d'eux quand ils étaient petits.

JEAN : Tu n'es pas juste parce que les choses sont un peu différentes. Antoine pourrait passer pour un peu ambitieux ou arrogant par rapport aux femmes. Il parle aux femmes qui ont une activité professionnelle. Je rejoins tout à fait ce que dit Pierre-François. Ça n'est pas du tout parce qu'elles occupent telle ou telle fonction, mais c'est parce qu'elles ont une activité professionnelle. Au fond, Antoine est incroyablement pudique et il ne lui viendrait jamais à l'idée…

PIERRE-FRANÇOIS : … d'avoir une conversation privée !

JEAN : … de parler de ses états d'âme, a fortiori des états d'âme des autres. Jamais. Ce qui l'intéresse, c'est l'activité professionnelle ou l'activité en général de son interlocuteur, homme ou femme.

PIERRE-FRANÇOIS : Je vais jusqu'au bout. Pour papa, toute conversation qui ne serait pas d'intérêt général serait une conversation, je ne veux pas dire intime, mais personnelle. Or ça, c'est absolument banni de la vie de mon père ! Il ne peut pas concevoir une conversation sur la religion parce que c'est la sphère privée. Ou bien on en parle comme d'un fait historique, sinon, la religion, c'est du domaine privé, on n'en parle pas. On ne parle pas de l'affect, on ne parle pas d'amour, on ne parle pas d'argent, c'est vulgaire ! Non, mais c'est vrai ! Mon père est incroyablement pudique.

SIMONE : Oui.

PIERRE-FRANÇOIS : Mes parents ont emménagé ici en 1969, 1970, puis Jean s'est marié, il est parti. Mais moi, à quinze ans, j'habitais ici. Ils avaient une chambre qui donnait sur un jardin et j'avais une pièce derrière ; il y avait un couloir entre les deux. Un jour, j'avais vingt ans, j'entends mon père qui rentre. Je sors de la chambre de maman, où j'étais venu bavarder, pour laisser le terrain libre. Mon père arrive et me dit : « Bonsoir, Pierre-François. » Ça voulait dire que je pouvais disparaître. Bon. Et puis j'entends maman qui dit à papa : « Tu sais, tu devrais aller lui dire un petit mot gentil, il a une peine de cœur. » Quelque chose comme ça. Et j'entends mon père qui remonte le couloir et qui me dit : « Pierre-François ? Tout va bien ? Un problème de c…, il paraît ? » Voilà, au fond, c'était de la pudeur ! Ce n'est pas de la provocation, c'est de l'incapacité à exprimer les choses, qu'il nous a transmise du reste, qu'il nous a probablement en partie transmise.

JEAN : On a une chance incroyable d'avoir une mère extraordinaire et un père extraordinaire ! Alors, un père inconnu *(Elle rit.)*, méconnu… Mais c'est vrai… *(Éclat de rire général.)*

PIERRE-FRANÇOIS : C'est une formule que je te pique celle-là ! Je suis le fils du père inconnu ! Ça, ça devrait lui faire plaisir !

TU NOUS AS TRANSMIS L'AMOUR DE NOTRE PAYS, LA LAÏCITÉ, LA FIERTÉ DE NOTRE JUDÉITÉ, DE CE QUE L'ON EST, LA CAPACITÉ DE VIVRE L'ENSEMBLE DE CES VALEURS.

PIERRE-FRANÇOIS : Est-ce que tu as voulu nous transmettre quelque chose ?

SIMONE : La morale, au sens de l'éthique. Mais, par exemple, en ce moment, je me rends compte d'une chose : pratiquement tous mes petits-enfants, sauf chez toi (*Elle s'adresse à Pierre-François.*), vont être catholiques. Ça m'est égal. Dans la deuxième génération, ça devient compliqué, les mariages sont mixtes. Mais ça m'est égal. Ça m'aurait été moins égal peut-être autrefois, mais maintenant ça m'est tout à fait égal. Non, la seule chose qui m'ennuierait…

JEAN : C'est qu'ils soient des juifs honteux.

Simone : Non, c'est que la religion envahisse tout.

Pierre-François : Mais ce n'est pas le cas.

Jean : Les miens bénéficient du fait que je sois un athée prosélyte.

Simone : Moi, je suis très laïque. Enfin, mes parents étaient très laïques, donc… D'ailleurs, les gens étaient beaucoup plus laïques autrefois dans certains milieux qu'aujourd'hui.

Pierre-François *(après un long silence)* : Je pense que tu nous as transmis une forte conviction en un certain nombre de valeurs. D'abord, l'amour de notre pays, la laïcité, la fierté de ma judéité, de ce que je suis, la capacité de vivre l'ensemble de ces valeurs, et la morale, oui.

Simone : Il y a autre chose qui compte pour moi et qu'au fond je souhaite que vous transmettiez : cela m'est complètement égal que vous deveniez catholiques ou protestants, mais c'est de ne pas oublier ce qui s'est passé et de ne pas mélanger, comme on le fait actuellement, tous les synopsis, tous les machins et tous les trucs. Notre histoire, nous n'avons pas le droit de l'oublier.

Jean : Moi, ce qu'elle m'a transmis, ce que nos parents nous ont transmis, ce sont des réflexes de probité dont je n'ai jamais entendu jusqu'ici qu'ils soient remis en cause par qui que ce soit : ni en ce qui concerne mes frères, ni moi, personne ne m'a jamais rien dit sur ça. Je pense que l'on tient ça de Simone, mais aussi d'Antoine et de nos grands-parents. Et aussi ne pas donner dans… les idées reçues. C'est un peu vaniteux de dire ça parce qu'on ne doit pas être les seuls, mais c'est vrai que c'est maman qui nous a transmis ça. On ne s'approprie pas les lieux communs : les idées reçues…

Simone : La déportation, je ne vous en ai pas parlé très tôt, non, pas très tôt. On en parle quand ça vient et… vous lisez des livres. Vous êtes venus avec moi à Auschwitz…

Jean : Tu nous en a parlé à l'occasion d'anecdotes. Je ne pense pas qu'il y ait eu une séance « Allez, aujourd'hui, acte I, on s'assied, on parle de ça ». Jamais. Pas comme ça. À l'occasion d'événements, Simone raconte ou fait une incise dans la conversation.

Simone : D'abord, mes meilleurs amis sont des camarades de camp…

Jean : C'est là où j'allais en venir. D'abord, on a été présents à des déjeuners, des réunions où tu étais avec des amis déportés…

Pierre-François : C'est plus tard. C'était aussi très présent dans la conversation.

Jean : Oui, mais ce n'était pas la même chose. Les gens que maman voyait régulièrement racontaient, se racontaient absolument comme des copains de classe qui se retrouvent. À ce moment-là, tu découvrais des choses, forcément. En plus, comme ils oubliaient qu'il y avait leurs conjoints et leurs enfants, ils occultaient le fait qu'il y avait des gens, des témoins, et les choses se disaient. On écoutait plutôt. Mais voilà, ça faisait partie de nos conversations, entre guillemets.

Simone : Non, c'est Antoine qui supporte mal que j'en parle…

Jean : C'est normal, ça lui est insupportable. Je comprends. Ça m'est insupportable, mais je ne suis pas dans la même relation, bien que je te connaisse depuis presque aussi longtemps… *(Il parle extrêmement doucement.)* C'est normal, je trouve ça normal, c'est insupportable. Moi, je pleure. Et lui, je comprends que ça lui soit insupportable.

« Une mère absolument somptueuse et qui nous a appris à savoir dire "non". »

JE SOUPÇONNE PIERRE-FRANÇOIS DE CONTINUER À PASSER VOIR MAMAN TOUS LES MATINS !

JEAN : Je dirais que l'on a eu pendant très longtemps des habitudes : le déjeuner chez nos parents, le samedi…

SIMONE : Maintenant on est trop nombreux. On fait par petits morceaux…

JEAN : Voilà. De temps en temps, on dîne tous ensemble.

SIMONE *(à Jean)* **:** Toi, tu réunis la famille pour les anniversaires.

JEAN : Je réunis la famille pour les anniversaires. La difficulté résultant du nombre se conjugue avec le fait que j'ai une maison de campagne. Comme les enfants ont de moins en moins classe le samedi, nous partons le vendredi soir. Mais on se voit beaucoup, on se téléphone énormément et je soupçonne Pierre-François de continuer à passer voir sa maman tous les matins…

PIERRE-FRANÇOIS *(à sa mère)* **:** Ne dis rien, ne dis rien !

JEAN : Tu vas avouer, espèce de scélérat !

SIMONE : Les deux passent !

PIERRE-FRANÇOIS : Ah bon, toi aussi ?

JEAN : Pas aux mêmes heures…

PIERRE-FRANÇOIS *(à Jean)* **:** Quand le téléphone est occupé, je sais que c'est toi !

JEAN : Non, il y a eu une époque où je passais vraiment tous les matins. Enfin, il y a eu une période de notre vie où nous passions tous les trois presque tous les matins ! Antoine téléphonait à sa femme à 8 h 30 du matin parce qu'il avait oublié un truc. C'est nous qui décrochions et il nous disait : « Mais qu'est-ce que vous foutez là ? » On était tous les trois autour de maman à peu près tous les matins !

JEAN : On avait trente ans, quarante ans, quarante-cinq ans.

NOTRE PLUS GRANDE ÉMOTION COMMUNE.

JEAN : Notre plus grande émotion commune, c'est la mort de mon frère le 13 août 2004.

PIERRE-FRANÇOIS : Et la plus grande joie ? Ma naissance !

SIMONE : Ma plus grande joie, c'est quand on est tous ensemble. C'est d'être ensemble.

JEAN : Tu te rappelles quand on t'avait proposé de t'envoyer un grand lit ? Un jour, maman fait une émission de télévision et elle dit : « Je suis comme toutes les femmes, je vis sur mon lit, j'ai mes papiers, et là où je suis vraiment contente, c'est quand j'ai mes enfants avec moi et que l'on est tous sur le lit, comme ça à discuter. » Le lendemain *(Il rit.)*, maman avait reçu un courrier du Lit national qui proposait de lui offrir un lit de trois mètres sur deux !

SIMONE : J'adore quand on est tous ensemble. Parce qu'ils s'entendent très bien !

JEAN : Je ne sais plus combien on est.

SIMONE : On est vingt-sept avec les pièces rapportées.

JEAN : Ah, y compris les stagiaires alors !

SIMONE VEIL est née le 13 juillet 1927 à Nice. Elle est la fille d'André Jacob, architecte, et d'Yvonne Steinmetz. Elle a deux sœurs (Madeleine, surnommée Milou, et Denise) et un frère (Jean).

- En avril 1944, elle est déportée au camp d'Auschwitz-Birkenau puis Bergen-Belsen.
- Le 23 mai 1945, elle rentre à Paris avec Milou où elles retrouvent Denise, leur sœur.
- En 1946, Simone épouse Antoine Veil, futur énarque. Ils ont trois fils, **JEAN, NICOLAS** et **PIERRE-FRANÇOIS.**
- En 1957, elle devient magistrate et travaille pour l'Administration pénitentiaire.
- En 1974, elle est nommée ministre de la Santé dans le gouvernement de Jacques Chirac, Premier ministre de Valéry Giscard d'Estaing.
- En 1975, elle fait voter la loi sur l'IVG.
- En 1978, elle démissionne de son poste de ministre de la Santé et de la Famille. Elle devient le premier président du Parlement européen élu au suffrage universel.
- En 1993, elle est ministre d'État, ministre des Affaires sociales, de la Santé et de la Ville.
- En 1998, elle est nommée au Conseil constitutionnel.
- En 2000, elle préside la fondation pour la Mémoire de la Shoah.

DE VILLEPIN

Marie-Laure & *Arthur*

« Le don de soi. »

L'appartement parisien des de Villepin, à la plaine Monceau, est rempli d'œuvres et de souvenirs de voyage, l'apanage des gens qui ont longtemps vécu à l'étranger. Seul garçon encadré par deux sœurs, Arthur, vingt ans, fait des études de relations internationales en Angleterre. Blond, grand, mince, s'il est le portrait de son père Dominique, il a hérité de Marie-Laure, sa maman, une sensibilité profonde et un caractère de fonceur. Très proches, ils sont aussi liés par le souvenir et les conséquences d'une naissance à haut risque.

MARIE-LAURE : Je n'ai jamais donné d'interview ni accepté de faire des photos, ce qui explique que lorsqu'on parle de moi, on ressort toujours les mêmes photos de dîners officiels. Maintenant que Dominique a pris ses distances avec la politique, je ne vais pas écrire mes mémoires, mais je sors un peu de l'ombre…

ARTHUR : Faire cet entretien, ce n'est pas anodin pour moi. C'est une chance parce que les moments où l'on peut parler à cœur ouvert sont rares. Je suis persuadé que je vais apprendre beaucoup de choses.

MARIE-LAURE : C'est vrai. Tu te rappelles notre pacte pour cet entretien ? On s'est dit que c'était plus fort de réfléchir chacun de son côté. Je crois que tu as juste un peu discuté avec ton père…

ARTHUR : Oui, mais je me suis dit que si je voulais que ce soit vrai, il ne fallait pas que je réfléchisse trop pour rester le plus naturel possible. Je n'avais pas trop envie de « travailler mon verbe ».

MARIE-LAURE : Moi, je voudrais commencer par parler de ta naissance. Vous êtes nés tous les trois à l'étranger. J'ai épousé ton père en 1985 et je l'ai rejoint à Washington. Il était déjà diplomate. J'ai eu très vite Marie, puis toi dans la foulée. Ensuite, nous sommes partis en Inde où Victoire est née. Nous sommes rentrés en France en 1992, tu avais alors quatre ans.

Pour ta naissance, j'ai accouché avec dix jours d'avance. Je suis arrivée à l'hôpital à 3 heures du matin, il faisait une chaleur de bête : au mois de juillet, à Washington, c'est 90 % de taux d'humidité ! Mon médecin n'était pas là et celui de garde n'a pas vu que j'avais commencé le travail depuis vingt-quatre heures, voire plus… Il a ralenti le rythme… Quand tu es né, j'étais dans un tel état que je ne pouvais même pas te prendre dans mes bras. C'est ton père qui a tout de suite vu que tu étais en détresse respiratoire. Très vite, les choses se sont dégradées. « Votre bébé a un problème : on l'a mis sous assistance respiratoire. » Et puis : « Il a une infection, il faut le transférer en soins intensifs dans un autre hôpital. » Et là, d'heure en heure, ça a été le cauchemar. Tu étais resté longtemps « engagé », le médecin aurait dû faire une césarienne pour te sortir plus vite. À cause de l'infection, ton problème respiratoire s'est aggravé. On a décidé de te baptiser, tout le personnel des soins intensifs réuni autour de la machine sur laquelle tu étais branché. Un moment inoubliable. Au troisième jour, on nous a dit : « Il est très faible, la seule chance de le sauver, c'est de lui faire une transfusion sanguine. » En 1988, aux États-Unis, les tests du sida n'étaient pas complètement fiables. On a cherché un donneur à l'ambassade. John, le mari de l'assistante de Dominique qui avait une carte de donneur officiel, est venu depuis la Virginie : « Je suis là pour le bébé Villepin, je suis O+. » Et on lui a répondu : « Mais le bébé est A-. »

En fait, il y avait eu une erreur de transmission entre les deux hôpitaux sur une partie de ton dossier. Tu étais O+ sur une partie et A- sur une autre. C'était invraisemblable. Nous avons donc été obligés de prendre un don anonyme. Or aux États-Unis, les gens peuvent vendre leur sang, et souvent ceux qui le font viennent des quartiers difficiles où il y a de la drogue… On nous a apporté, à Dominique et à moi, chacun une énorme liasse, comme pour un contrat chez le notaire : nous nous engagions à ne pas poursuivre l'hôpital et les médecins si jamais il y avait un problème. En fait, surtout si tu attrapais le sida. Mais nous n'avions pas le choix, tu avais besoin de cette transfusion. Jamais je n'oublierai ce moment où nous avons signé ces pages. Finalement, nous avons eu de la chance : au bout de dix jours, tu es sorti de l'hôpital, l'infection avait disparu. Mais tu es resté très asthmatique. Un bébé asthmatique, c'est un cauchemar, une angoisse de chaque heure qui passe. Nous ne t'avons jamais, jamais quitté. Ni l'un ni l'autre. On ne te confiait à personne, c'était une trop grosse responsabilité. L'asthme aussi peut se déclencher sur une contrariété. Et toi, par la suite, il t'arrivait d'en jouer… Ton enfance a été marquée par l'inquiétude pour toi comme pour nous. Tu te souviens de cette période ?

ARTHUR : En fait, non. Moi, je ne m'en souviens pas du tout de la même façon. La seule chose dont je me souvienne, c'est que j'étais

Ma photo préférée de maman.

Mes photos préférées d'Arthur.

un enfant un peu casse-cou…

Marie-Laure : On peut dire que tu attirais tous les problèmes. S'il y avait un trou, tu tombais dedans et tu te cassais la jambe ; s'il y avait un truc qui tombait du ciel, c'est toi qui le prenais sur la tête…

Arthur : Quand à l'école il fallait appeler l'infirmière, c'était pour moi !

Marie-Laure : C'est drôle parce que je me demande si tu ne t'es pas mis exprès dans ces situations pour essayer de trouver ta place entre tes deux sœurs…

Arthur *(en riant)* **:** Non, je ne le faisais pas exprès.

Marie-Laure : Inconsciemment, je crois que si.

Arthur : Je me souviens que tu étais très attentive. J'aimais bien ça. Peut-être que j'avais besoin de prouver quelque chose, je ne sais pas. Vis-à-vis de vous, les parents, j'étais content de me lancer des défis. Je souffrais, mais j'étais content de me battre pour vous. Ça m'a renforcé. J'avais besoin de me différencier des autres, mais c'était pesant. Quand je partais en voyage, vous m'appeliez trois fois par jour, vous aviez toujours peur que je fasse une connerie, mais en même temps, ça m'a permis de faire des expériences… On a l'impression que je suis en porcelaine, mais je suis un casse-cou.

Marie-Laure : Je pense que tu recherchais ces défis. Tu essayais de te prouver que tu étais capable de gérer ta vie et tes expériences. Quand tu as fait ton premier saut en parachute à quinze ans ou que tu es parti à la Légion étrangère pendant un mois, j'étais inquiète, mais bon…

TU FONCES POUR TOI MAIS SURTOUT POUR LES GENS.

Arthur : Oui, j'ai eu une grande liberté de ce côté-là, surtout avec toi, moins avec papa.

Marie-Laure : Ton père est plus angoissé parce que son frère Éric est tombé malade à l'âge de neuf ans. Ma belle-mère avait eu un accouchement difficile, elle aussi. Un jour, il s'est évanoui dans la cour de l'école et il a fait sa première crise d'épilepsie. Par la suite, les crises se sont multipliées. Il est mort à dix-neuf ans, Dominique en avait dix-sept. Cette angoisse qu'il a développée aussi avec toi, c'est parce qu'il a toujours ce sentiment d'urgence, il est toujours à se dire : « Qu'est-ce qui va se passer ? Où est-il ? » Et puis, dans sa famille, il y a eu tant de drames…

Arthur : Il y a eu des malheurs…

Marie-Laure : … des malheurs qui ont frappé des jeunes de vingt ans. Après le frère de Dominique, l'un de ses cousins est mort dans un incendie en Afrique, un autre s'est tué en moto, et en 2001, c'est Édouard qui s'est noyé. Il y a là une fatalité terrible.

Arthur : Moi, je sais très bien que si je veux faire une expérience qui sorte de l'ordinaire, je vais te le demander, à toi, et pas à papa. Je suis sûr et certain que tu vas me dire : « Oui, vas-y, fonce ! » Parce que c'est comme ça que tu marches ! Tu es un peu piquée, tu fais plein de trucs différents.

Marie-Laure : Oui, j'aime bien. Je suis un peu comme ça.

Arthur : Tu fonces pour toi, mais surtout pour les gens ! En reparlant de ma naissance, je sais très bien, même si on n'en a jamais parlé, que tu te sens toujours redevable vis-à-vis des autres. Je repense à cette fille que tu avais trouvée à l'aéroport, quand j'étais en pension, et que tu as ramenée à Matignon.

Marie-Laure : La pauvre ! Nous étions arrivés à l'aéroport avec cinq heures de retard. Les valises n'arrivaient pas et cette fille était désespérée parce qu'elle avait loupé sa connexion pour partir en province. Elle ne savait pas où passer la nuit. Elle sanglotait, et je lui ai dit : « Écoutez, on ne se connaît pas, mais je ne vais pas vous laisser comme ça. Si vous voulez, venez dormir chez moi. » J'ai rajouté un peu gênée : « En fait, il faut

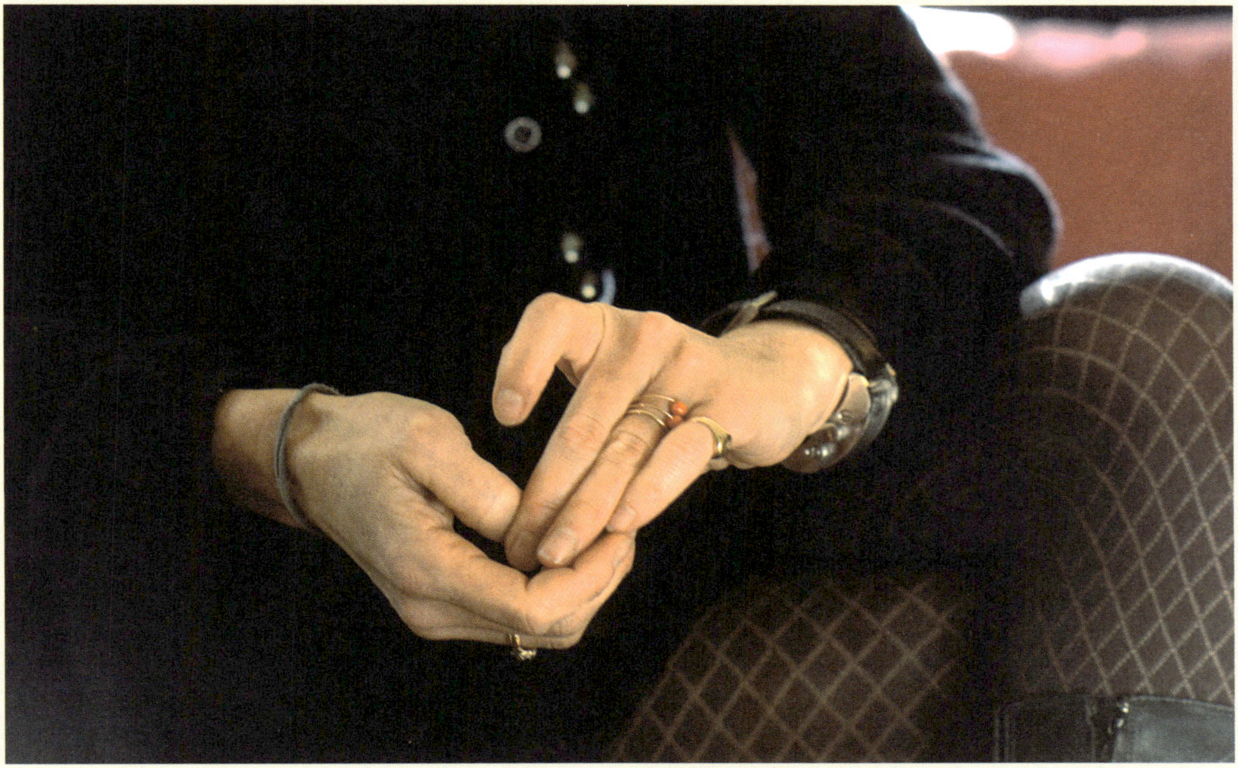

quand même que je vous dise : en ce moment, j'habite à Matignon… je peux appeler vos parents pour les rassurer. » Elle a dû se dire : « C'est qui, celle-là ? » Tu étais en pension, ta chambre était libre, je t'ai appelé : « Ça ne t'embête pas que cette jeune fille dorme dans ta chambre ? » La seule chose que tu m'aies dite c'est : « Est-ce qu'elle est jolie ? » *(Rires.)* C'est drôle que tu parles de cette histoire. J'avais complètement oublié…

Arthur : Pour moi, ma mère, c'est ça, ce côté un peu « fou ». Personne ne ferait ce genre de choses, mais si ça peut aider, tu fonces ! Je me rappelle aussi cette femme qui vivait devant chez nous sur le trottoir, Josiane. Très souvent, tu lui apportais son déjeuner. Un jour, tu m'as dit : « Viens, on va y aller ensemble. »

Marie-Laure : Parce que j'avais discuté un peu avec elle…

Arthur : Je m'en souviens très bien.

Marie-Laure : C'était une femme d'une intelligence incroyable. Elle a plongé dans l'alcool quand sa fille unique qu'elle élevait seule est morte dans un accident de train. La petite rentrait de colonie de vacances ; elle avait douze ans. Là, désespérée, elle a sombré dans l'alcool, puis a perdu son job, son appartement, et elle s'est retrouvée dans la rue. Cette femme, je la voyais tous les jours et je parlais avec elle. J'ai essayé de l'aider. En vain. C'est vrai que son histoire aurait pu m'arriver à moi, comme à tout le monde…

IL Y A UN GRAND PARADOXE CHEZ TOI : FORCE ET FRAGILITÉ. TU CHERCHES UNE RECONNAISSANCE CHEZ LES AUTRES ET CHEZ NOUS.

Marie-Laure : J'ai voulu te transmettre ça, savoir ouvrir les yeux sur les gens qui souffrent.

Arthur : Tu donnes beaucoup, mais en même temps tu es fragile. Je pense que tu es déçue par certaines personnes. Comme tu as beaucoup l'habitude de donner, ce n'est pas que tu veuilles recevoir, mais tu veux une réciprocité dans la vie.

Marie-Laure : Ah !

Arthur : Je le vois de temps en temps. Tu aimes bien qu'il y ait non pas une reconnaissance matérielle, mais une reconnaissance morale. Il y a un grand paradoxe chez toi : force et fragilité. Ta force, c'est, par exemple, quand tu vas à Washington avec une amie pour tenter le traitement de la dernière chance alors qu'il ne lui reste que trois mois à vivre, ou quand tu vas donner de toi pour la lutte contre le sida. Et puis, en même temps, tu as cette fragilité quand il n'y a pas de reconnaissance, je ne sais pas… Tu cherches une reconnaissance, soit chez les autres, soit chez nous, dans ta famille. Une reconnaissance qu'on t'a rarement accordée d'ailleurs, je m'en rends compte aujourd'hui assez significativement. Parce que ton travail a toujours été dans l'ombre, mais ça, tu l'as assumé… Dès qu'on entre dans ton univers, qu'on s'intéresse à ce que tu fais, tu te mets en quatre. La restauration de tableaux, par exemple, tu fais cela de ton côté, mais si je veux m'y intéresser, tu es prête à passer une semaine avec moi pour m'expliquer comment restaurer un tableau.

Marie-Laure : Oui, parce que c'est vrai que je me suis forgé une vie un peu solitaire.

Arthur : Oui, c'est vrai.

Marie-Laure : Et un peu clandestine. Je fais des choses sans trop en parler. Je crois que ce sont aussi les circonstances qui ont fait naître ce « vivons cachés, vivons heureux ». Lorsque Dominique est rentré en politique, j'ai choisi de rester dans l'ombre. Même si c'était parfois frustrant… J'ai très vite compris que la seule manière de pouvoir être moi-même et d'avancer dans des projets, dans des passions, c'était de mener seule mon petit bout de chemin.

IL Y A QUELQUES ANNÉES, ON M'A INOCULÉ LE VIRUS CHIMIQUE DU SIDA. J'AI GARDÉ ÇA POUR MOI, C'ÉTAIT MON AVENTURE À MOI.

Arthur : Comme pour ton histoire de vaccination contre le sida.

Marie-Laure : Tu sais, pendant très longtemps, j'ai angoissé à cause des risques que nous t'avions fait encourir à ta naissance avec cette transfusion anonyme. Et puis, en même temps, j'ai eu le sentiment pendant toutes ces années d'avoir eu une chance formidable et je me suis sentie vraiment redevable de… cette grâce, du fait que tu t'en sois sorti aussi bien. Quand ils nous ont fait signer cette décharge à l'hôpital, pour la transfusion, il y avait, bien entendu, le risque du sida, mais aussi de bien d'autres handicaps. Je me suis dit que pour remercier le ciel d'avoir eu cette chance, c'était à mon tour de renvoyer la balle, de faire quelque chose. En 2001, je suis tombée par hasard sur une annonce de l'ANRS (Agence nationale de recherche pour le sida) qui recherchait des candidats pour tester des protocoles. J'ai rempli le formulaire en prenant bien soin de m'inscrire sous mon nom de jeune fille. Les démarches ont été longues : il y avait des entretiens, des rendez-vous médicaux. Au bout de trois ans, j'ai reçu un mot : « Vous faites partie des personnes sélectionnées. » On était douze sur Paris et quelques dizaines d'autres dans le monde entier. Une partie des essais se faisait conjointement avec des laboratoires aux États-Unis.

Arthur : Et tu ne nous as rien dit, ce qui nous a beaucoup énervés.

Marie-Laure : Oui. J'ai gardé ça pour moi parce que c'était mon histoire. Le 3 septembre 2003, le docteur Gonzalez m'a fait la première des trois injections du protocole VAC16. À cet instant, m'étant engagée à ne pas tomber enceinte, j'ai aussi fait le deuil de la maternité…

Arthur : Tu nous as prévenus à la fin, un peu à la hussarde.

Marie-Laure : Vous les enfants, vous m'en avez beaucoup voulu. J'ai eu d'ailleurs une réflexion de la part de ta sœur, qui m'a dit : « Je n'ai jamais vu quelqu'un d'aussi égoïste que toi. »

Arthur : Non, c'est moi qui t'ai dit ça.

Marie-Laure : C'est toi qui m'as dit ça ?

Arthur : Je m'en souviens. Tu sais pourquoi ?

C'était l'époque où tu disais souvent : « De toute façon, vous vous fichez de ce que je fais. Je vais partir, je vais faire d'autres choses… » On a eu l'impression que, en t'engageant dans ce programme, toi aussi tu te fichais de nous, tu ne pensais pas à nous, tu n'avais pas conscience de l'amour qu'on te portait. Si on n'en avait rien eu à faire, on ne t'en aurait pas voulu.

MARIE-LAURE : Cela dit, tu as raison. Il y a un moment où l'on a besoin de… je ne dirais pas de reconnaissance… mais il est difficile d'avancer quand on a parfois le sentiment de labourer la mer…

ARTHUR : Ça a toujours été plus facile pour mon père qui a une fonction officielle. Toi, on t'accordait moins de crédit, c'est pour ça qu'à travers tout ce que tu fais, vis-à-vis de nous en tout cas, il y a une recherche de crédibilité pour nous dire : « Voilà, je ne suis pas là que pour vous élever. Ma vie ne s'arrête pas là. »

MARIE-LAURE : : Il fallait trouver sa place et c'était difficile. Ton père, c'est quelqu'un qui a une forte personnalité, beaucoup de domaines de compétence. Pour trouver sa voie à soi, ce n'était pas évident…

ARTHUR : C'est-à-dire que si tu veux, par rapport à papa, c'est toi qui as eu le mauvais rôle, parce que c'est toi qui nous as appris la politesse, le respect vis-à-vis des autres et tout ça…

MARIE-LAURE : Ah, oui…

ARTHUR : … et, à l'adolescence, on le prend mal !

MARIE-LAURE : Pendant assez longtemps, j'ai eu le sentiment d'être en même temps le père et la mère. Pour vous, j'étais celle qui élevait, qui punissait. Dominique, sa grande phrase, c'était : « Attention ! si vous faites ça, maman va vous gronder ! » Extraordinaire ! Je lui disais : « Non, mais attends, tu n'as qu'à les gronder, toi-même ! Ne dis pas : "maman va vous gronder" ! »

ARTHUR : C'est exactement ça, d'autant plus que, quand papa nous grondait, on lui disait : « Alors, qu'est-ce qu'elle t'a dit, maman ? Elle t'a dit de nous gronder, c'est ça, hein ? » *(Rires.)* C'est pour ça que maintenant je comprends beaucoup de choses. Que j'ai compris après…

MARIE-LAURE *(attendrie)* **:** Oh, c'est gentil ça… Mais on n'a jamais été réellement en conflit.

ARTHUR : Non, on n'a pas été tellement en conflit. D'ailleurs, tu es très proche de mes quatre meilleurs copains qui étaient tout le temps fourrés chez nous.

MARIE-LAURE : Oui, alors que tes sœurs amenaient beaucoup moins d'ami(e)s à la maison, elles sont plus secrètes. Mais elles sont plus proches de leur père, je pense, alors que je suis plus proche de toi.

ARTHUR : Il n'y a d'ailleurs aucun sujet tabou entre nous. On parle de tout, de sexe même. Papa fait le choqué, mais il rigole, et

toi tu adores. Tu adores que je te raconte mes histoires de cœur…
Marie-Laure : Ah bon ?
Arthur : Ben oui, tu adores ça. D'ailleurs, mes copains sont super-étonnés des relations qu'on a chez nous, entre parents et enfants.
Marie-Laure : Alors ça, c'est vrai. Et c'est un cadeau pour moi parce que j'ai grandi dans une famille de quatre enfants : j'avais six ans d'écart avec mon frère aîné, deux ans avec le deuxième et six ans encore avec ma petite sœur. Donc, on a été élevés un peu chacun dans notre coin. Moi, j'ai été très heureuse d'avoir mes trois enfants en quatre ans. L'idée, c'était de faire une équipe, de vous élever ensemble pour vous souder. D'ailleurs, je ne sais pas si tu t'en souviens, mais quand vous étiez petits, s'il y avait une récompense, elle était pour tout le monde ; mais quand il y avait une punition, j'avais tendance à l'imposer à tout le monde aussi. J'ai vraiment essayé de vous rendre solidaires et que ça puisse durer dans le temps. Avec ton père, nous avons toujours essayé de vous associer à ce que nous faisions. Grâce à son métier, nous avons rencontré des gens passionnants et je voulais que vous en profitiez. J'ai trop souffert, enfant, de dîner à la cuisine quand mes parents recevaient. Je me souviens qu'un jour tu t'es endormi sur l'épaule de Lauren Bacall, qui t'appelait « My little prince ». Je me suis dit : « Avec une telle confiance, il s'en sortira toujours. »

NOS RITUELS : LE SPORT, LE DÉJEUNER DU DIMANCHE ET *RABBI JACOB* À NOËL.

Marie-Laure : Dominique prenait peu de vacances – quelques jours à Noël, une semaine ou deux l'été dans la maison de famille en Normandie ou en Bourgogne. Souvent, on louait à Saint-Jean-de-Luz…
Arthur : En remontant sur Paris en voiture, on faisait le tour de France… on s'arrêtait dans des maisons d'hôtes pour connaître toutes les régions. Et puis, on partait toujours une semaine au Club Med pour faire du sport. Chacun se défoulait toute la journée et on se retrouvait le soir.
Marie-Laure : C'est vrai que nous sommes une famille très sportive. Dominique est depuis des années mordu de course à pied. J'ai moi-même couru deux marathons, mais maintenant je nage.
Arthur : Oui, c'est vrai que c'est super-important dans la famille ; d'ailleurs, j'espère bien épouser une femme sportive. Tennis,

nage, course, je trouve que c'est une bonne façon de développer son mental, ne jamais sous-estimer son adversaire, aller au bout.

Marie-Laure : Oui. Quand mon père est mort en 1999, j'étais perdue. Je me suis inscrite à « Terre d'aventure » pour partir marcher dans le désert du Hoggar, comme il le faisait, pour le retrouver. Quand je t'ai proposé de retourner marcher avec moi quelque part, tu m'as dit que tu préférais faire une thalasso…

Arthur : N'importe quoi !

Marie-Laure : Si, je te promets.

Arthur : Alors, c'est que j'étais vraiment idiot ! Mais je me souviens qu'en rentrant, tu nous as fait de la bouffe du désert pendant je ne sais combien de temps. À un moment, on t'a dit : « Stop ! On veut des patates sautées, du rôti. Ta bouffe du désert, tu la fais là-bas. » *(Rires.)*

Marie-Laure : Nous n'avons pas beaucoup de rituels. Si, le déjeuner du dimanche et les petits restos où nous avons nos habitudes en famille.

Arthur : Et Noël aussi. Comme nous avons habité très longtemps à l'étranger, pour nous, Noël, c'est entre nous cinq. Quand nous étions petits, les parents nous donnaient à chacun un petit budget pour acheter des friandises. Après, on se mettait tous les cinq sur le lit des parents et on regardait un film, souvent le même : *La Grande Vadrouille*, *Rabbi Jacob* ou *Les Bronzés*.

Marie-Laure : Tu oublies *L'Armée des ombres*. Ce n'est pas un film drôle, mais c'est une façon chez nous de se tenir les coudes. Quand on a des problèmes, parler de la résistance, ça nous rapproche.

RÈGLE NUMÉRO UN : DANS LA VIE, ON N'A JAMAIS HONTE DE CEUX QU'ON AIME.

Arthur : Je pense que c'est la pension à Reims qui m'a sauvé, enfin, ça m'a ouvert les yeux. Il ne faut pas oublier où et comment on vivait : ce n'était pas forcément très bon pour un adolescent de vivre à Matignon.

Marie-Laure : Mais tu es resté toute ton adolescence en pension…

Arthur : C'est ce que je te dis ! Heureusement que je suis parti en pension parce que si j'avais vécu là, je n'aurais pas été le même…

Marie-Laure : Pourquoi ?

Arthur : D'abord, j'étais nul à l'école.

Marie-Laure : Comme ton père au même âge…

Arthur : Heureusement que je me suis réveillé à partir de la seconde. Victoire avait un an d'avance et me talonnait. Si je redoublais, nous nous retrouvions dans la même classe…

Marie-Laure : Tu te souviens quand nous étions tous les trois autour de la table de la salle à manger ? Vous révisiez votre bac (français pour Vic, général pour toi) et moi je préparais mon CAP de dorure. C'était marrant !

Arthur : Pour revenir à la pension, ça m'a ouvert les yeux. J'étais dans un milieu très protégé. Là-bas, j'ai appris à m'intéresser aux autres. Si ça se trouve, je serais resté dans ma tour d'ivoire, assez gâté, je n'aurais pas voulu voir ailleurs. Et là, en pension, j'ai appris des autres comme jamais je n'avais appris. Et puis surtout, je me suis forgé le caractère par rapport aux difficultés, par rapport aux souffrances. Et quand je revenais, c'était toujours le bonheur…

Marie-Laure : Depuis notre retour d'Inde en 1992, même quand Dominique était secrétaire général de l'Élysée, nous sommes toujours restés chez nous. Nous n'avons pas vécu dans une maison de fonction. Je tenais à ce que vous « restiez dans la vie », que vous fassiez votre lit le matin, que vous débarrassiez la table… En 2004, ton père a été nommé ministre de l'Intérieur. Il était alors obligatoire que toute la famille vive place Beauvau, comme en 2005 à Matignon, pour des raisons de sécurité.

Arthur : Je voudrais revenir sur 1997, j'ai envie d'en parler. Parce que là, pour nous – je ne sais pas si tu t'en souviens – c'est quelque chose qui m'a beaucoup marqué : je veux parler de la dissolution de l'Assemblée nationale. On était tous les trois dans la même école où circulaient les potins du milieu parisien. Je me souviens de Victoire, ma petite sœur, revenant de l'école en nous disant : « Je me suis fait insulter », et qui commence à pleurer sur son lit. « Je me suis fait insulter à cause de papa. » Moi aussi, on m'avait dit : « Ton père, c'est la tumeur de Chirac… », des trucs comme ça ! Quand on a huit ans, les parents sont des héros, c'est quelque chose d'intouchable. Et c'était des enfants qui disaient ça ?

Marie-Laure : C'était des jeunes qui ne savaient pas ce qu'ils disaient et qui répétaient ce qu'ils avaient entendu. Alors, on a fait un conseil de famille, tu te souviens ?

Arthur : On a appelé papa.

Marie-Laure : J'ai appelé Dominique et je lui ai dit : « Si tu peux, rentre un peu plus tôt. » Vous étiez tous en pyjama, assis sur notre lit. Marie avait dix ans, toi huit et Victoire six. Il y a eu distribution de glaces…

Arthur : Je me souviens surtout que tu n'avais pas pris ça à la légère. Pour nous, c'était quelque chose d'important, et tu l'as tout de suite compris. Tu aurais très bien pu nous dire : « Bon, ce n'est pas grave, allez hop, au lit ! »

Marie-Laure : Dominique est arrivé, et je me souviendrai toujours de la première phrase qu'il vous a dite : « Règle numéro un : dans la vie, on n'a jamais honte des gens qu'on aime. » Ça, c'était une allusion à son frère. Dominique avait été blessé quand il était enfant de voir tous les autres ricanant dans la cour de l'école devant son frère en crise. Ce jour-là, on a voulu vous apprendre à relativiser, à remettre les choses à leur place : « Bon, quelles sont mes priorités ? Qui passe avant qui ? Qu'est-ce qui est important ? » S'il y a vraiment quelque chose que j'ai voulu vous transmettre, c'est ça…

Arthur : Tu sais, au départ, je voulais être diplomate, faire Sciences Po, tenter l'ENA, mais plus maintenant. Mais je veux voyager, assumer mes passions, car… j'ai des garde-fous, des cercles. Le cercle de la famille, le cercle de l'amitié… Même si je pars loin un peu plus tard, je sais au fond de moi que, quoi qu'il arrive, quoi que je fasse, je porterai cette force, cette affection en moi. Et c'est une chance incroyable…

MARIE-LAURE DE VILLEPIN est née le 23 novembre 1962. Épouse de l'ancien Premier ministre Dominique de Villepin, elle est la mère de Marie (22 ans), d'**ARTHUR** (20 ans) et de Victoire (19 ans).
ARTHUR DE VILLEPIN est aujourd'hui étudiant en relations internationales en Angleterre.

WILLEM

Christophe *& Jocelyne Durier*

« C'est lui qui a raison et j'essaie de faire comme lui. »

Pendant deux heures, Christophe Willem, inoubliable gagnant de *La Nouvelle Star* et véritable artiste, raconte et mime sa vie. Jocelyne, sa maman, acquiesce, confirme, relance, discrète, timide et séduite. Petit à petit s'installe comme une intimité, un besoin d'aller au fond des choses, de dire les doutes, les angoisses, les certitudes aussi. Rencontre entre deux pessimistes survoltés, admiratifs l'un de l'autre, liés par leurs rêves et leur ténacité.

Jocelyne : Christophe est né à Enghien, dans le Val-d'Oise, un après-midi. Il est arrivé plus tôt que prévu. Il était pressé ! *(Elle rit.)* À sa naissance, il n'était pas beau. J'étais contente d'avoir un garçon, mais je ne le trouvais vraiment pas beau. *(Elle rit.)* C'était le second. Sandrine, sa sœur, a quatre ans de plus que lui. Il est né un petit peu avant terme, un peu cyanosé, tout violet, pas tout à fait à température, donc ils l'ont mis en chambre chaude.

Christophe : J'adore les détails… *(Il rit.)*

Jocelyne : Après, heureusement, il avait les yeux tout lumineux, il avait déjà un beau sourire, des expressions, de grandes mains… Il avait de grandes mains.

Christophe : Un alien, donc !

Jocelyne : Non, mais par rapport à ta taille, tu avais les membres assez développés. Dans son enfance, il était très calme, très posé. Il aimait bien se déguiser quand il y avait du monde à la maison. Si je le dis, peut-être qu'il ne va pas être content…

Christophe : Alors là, attention !

Jocelyne : Ce qu'il adorait faire, c'était prendre mes chaussures et marcher avec dans la maison ! *(Il rit.)* Il savait à peine marcher qu'il mettait déjà mes chaussures à talons parce que ça faisait du bruit ! Sinon, quand il y avait quelque chose à la télé, il aimait bien danser, il avait déjà du rythme. Il était assez enjoué. À l'école, en maternelle, c'était le chouchou parce qu'il était gentil, calme. Sa maîtresse l'adorait. C'était un petit garçon très affectueux. Le soir, il fallait que je sois à côté de lui, que je lui fasse un bisou avant de dormir, sinon ça n'allait pas.

Christophe : Plus tard, quand quelquefois mes parents s'engueulaient, ma sœur prenait le parti de mon père et moi de ma mère. Ma sœur disait : « Oui, mais maman, elle crie beaucoup. » Et moi : « Oui, elle crie, mais elle a raison. »

Jocelyne : Quand j'arrivais et que la table n'était pas mise, ça m'énervait.

Christophe : Ma sœur ruminait : « On doit mettre la table tous les soirs, on n'a pas que ça à faire ! » Et tout à coup *(Il imite sa mère.)* : « J'en ai marre ! » et il y avait toujours une claque qui partait ! Bon, toujours pour moi… Ma sœur passait souvent à travers parce qu'elle était plus rapide. Pour ma mère, c'était toujours ma sœur qui était sage, donc elle n'allait pas donner une claque à la plus sage.

Jocelyne : Je n'ai pas le souvenir de ça.

Christophe : Oh, si !

Jocelyne : Toi, tu répondais. Quand tu répondais, c'était ton côté, comment dire… contestataire, qui m'énervait ! *(Il rit.)* Petit, Christophe n'est pas allé chez une nourrice ni à la crèche. Il est né le 3 août 1983 et nous avons acheté notre commerce d'auto-école le 10 août. Donc, si j'ose dire, heureusement que je ne lui donnais pas le sein ! Il prenait le biberon pendant les cours de code, devant les élèves. C'était très intime à l'époque, nous n'avions pas une grosse structure, pas beaucoup d'élèves, c'était une auto-école familiale. Christophe a toujours été avec nous quand il n'était pas à l'école, il a toujours été avec du public, finalement. Toujours entouré.

Christophe : Il y avait des vieilles dames qui m'aimaient bien, des grands-mères qui me donnaient des gâteaux. Quelquefois, quand mes parents donnaient des leçons de conduite, je montais à l'arrière. J'aimais bien.

Jocelyne : Oui, plutôt que de le laisser tout seul, je le prenais avec moi. Il était un peu habitué à nous suivre.

Christophe : Ma mère n'était pas sévère. En même temps, on ne faisait pas de bêtises !

Jocelyne : Non, on les laissait libres. C'est vrai, je n'avais pas trop d'autorité, mais je n'en avais pas besoin non plus. Sandrine était un peu mère poule et j'avais presque l'impression d'avoir deux filles. Christophe avait des jeux de filles. Il aimait bien la danse, il aimait bien jouer aux poupées, pas trop les voitures…

Christophe : Mais parce que je jouais avec ma sœur.

Jocelyne : Il jouait aux poupées Barbie®.

Christophe : J'avais un garage, mais ma sœur n'aimait pas quand je jouais au garage, alors je jouais tout seul comme un con. Je voyais ma sœur avec ses Barbie® et je me disais : « Je vais jouer avec elle. » J'aimais bien parce qu'on inventait des histoires. Maintenant, elle habite dans le Sud, à Toulouse, donc je la vois beaucoup moins souvent, mais on était proches quand même.

Jocelyne : C'est Sandrine qui s'occupait de lui. Quand il revenait du collège, ils étaient toujours ensemble, tout seuls. Nous, nous rentrions très tard.

Christophe : Oui mais, plus jeunes, nous étions très souvent à l'auto-école. Ce qui était marrant, c'est qu'il y avait une pièce que nous appelions « la pièce du fond ». Souvent, dans la pièce du fond, nous faisions des spectacles.

Ma photo préférée de maman et moi.

Ma photo préférée de Christophe.

Ma sœur et ses copines faisaient de la danse ; moi, je regardais. Elles mettaient la musique à fond, elles faisaient des chorégraphies sur Madonna ; moi, je me disais : « Oh, c'est trop bien ! » Et mon père : « Non, il ne va pas faire de la danse ! »
Comme je n'étais pas sportif du tout, mes parents m'ont fait faire de la gym. Ça puait la sueur, ça puait des pieds... J'avais huit ans, mais j'étais déjà très *hype*, je n'avais pas envie de transpirer ! Mais bon, c'était bien, ça aidait à développer le corps. Ils m'avaient vendu le truc en disant : « Il y aura un spectacle. » J'imaginais la salle, la musique, les lumières... Tu parles, un spectacle dans la salle de gym, avec les néons, en short, avec des chaussons de danse !
Ça a duré un an, et puis je me suis dit : « Tiens, le patinage artistique... Au spectacle de patin à glace, il y a de la musique, des lumières et tout. Au moins, ce n'est pas de la danse, c'est un truc plus pro. » Mais c'était le soir. Mes parents se disaient : « Il faut qu'on lui trouve une activité le mercredi après-midi, il ne va pas rester sans rien faire. » Et puis il y a eu le piano. Ma mère m'a dit : « Je te préviens, si on a un piano, tu n'as pas intérêt à abandonner, comme tu nous fais le coup tous les ans. » J'étais en transe ! Je suis entré au conservatoire, où il y avait une heure de solfège par semaine, en groupe, et un quart d'heure de piano. Ils n'exploitaient pas du tout le côté instinctif, l'oreille. Ma mère a été convoquée par le directeur : « Christophe ne suit pas du tout le solfège. » Elle m'a dit : « On va prendre un cours particulier. » Ils m'ont fait faire du piano avec différents profs. Le chant est venu vers treize, quatorze ans et j'ai arrêté le piano. Ce n'est pas que je n'aimais pas, mais j'estimais avoir suffisamment appris pour avoir du plaisir à jouer comme ça. Un jour, en revenant de l'école, j'ai entendu donner un cours de chant. Ça m'a donné envie. Je me rappelle, je n'avais pas encore mué, mais je me suis mis

à prendre des cours. Je ne faisais pas ça en me disant que je voulais chanter. Ma prof était chanteuse de jazz. Cela dit, elle était très nulle en chant… mais très bonne pédagogue ! Elle m'a vraiment bien appris les trucs. Elle animait des chorales de gospel, c'est comme ça que je me suis retrouvé dans une chorale.

JOCELYNE : Christophe s'intéressait à tout. Il était très curieux. Mais tu es resté quand même pas mal d'années sans rien faire. Tu te cherchais…

CHRISTOPHE : Je me cherchais… je me cherchais, oui.

JOCELYNE : On n'a jamais cherché à l'orienter. Non, pour ça, on le laissait vraiment libre, mais il ne voulait pas passer le bac, il voulait qu'on lui paye une école privée pour apprendre directement un métier.

CHRISTOPHE : Je me demandais : « Mais qu'est-ce que je pourrais faire comme métier ? » Je voulais être ingénieur du son. J'avais deux personnalités : j'adorais m'amuser avec mes amis, faire des spectacles – j'avais ce côté-là à bien aimer me mettre en scène – mais, en même temps, je voulais faire un métier qui soit derrière. Ingénieur son, les lumières, l'audiovisuel…

JOCELYNE : Mon mari n'a pas cédé. Il lui a dit : « Non, tu passeras d'abord ton bac. » Il a donc passé son bac et après il a un peu vivoté…

CHRISTOPHE : À ce moment-là, j'étais en fac de droit. Je chantais dans une chorale. On avait fait un concert miteux avec quatre pelés, des parents. Quelqu'un est venu me voir à la fin du concert et m'a dit : « Je travaille chez Mercury, je fais un casting pour un film. » Je lui ai répondu : « Qu'est-ce que vous faites là, il y a quatre pelés dans la salle ! Si vous faites vos castings ici, c'est bizarre. » Puis je lui ai dit : « Ça ne m'intéresse pas. Un film, je ne vois pas du tout l'intérêt. Au revoir. » Et je suis parti ! Le mec s'est débrouillé pour avoir mon numéro de téléphone et, un mois après, il m'a rappelé : « On aime vraiment votre voix. C'est pour une sorte de comédie musicale, on aimerait que vous soyez dedans. » Je voulais bien doubler un acteur pendant qu'il chantait, mais je ne voulais pas du tout être dedans. À l'époque, je n'étais pas facile, option « Roaccutane intense » et lunettes triple foyer ! Donc j'ai dit non. Mais quatre mois plus tard le gars m'a rappelé : « Écoutez, j'insiste vraiment, on pense vous donner un tout petit rôle, deux secondes, juste pour justifier qu'il y ait votre voix dans le film. » Je me suis dit « pourquoi pas ? » et là, j'y suis allé au culot – je ne connaissais pas du tout ce milieu-là : « Bon, écoutez, j'ai des conditions. Je suis en fac de droit et j'adore ce que je fais. Donc, si je le fais, c'est vraiment parce que vous en avez envie, parce que, moi, je ne vois pas ce que ça va m'apporter. Donc il me faut tant. *(Rires.)* Il me faut tant et je veux écouter tous les titres avant de signer – ce que l'on ne fait jamais » Je suis allé en studio, j'ai écouté les chansons que je trouvais pas mal, et j'ai dit : « OK, je signe. » Et je me suis retrouvé dans ce film, j'avais dix-huit ou dix-neuf ans. C'était marrant, c'était une expérience…

ON EST TRÈS SPEED ET TRÈS FAMILLE.

JOCELYNE : Tu es un peu comme moi, finalement.

CHRISTOPHE : Mais oui…

JOCELYNE : Tu n'es pas optimiste.

CHRISTOPHE : Je ne suis pas du tout optimiste !

JOCELYNE : Il a mon caractère, c'est vrai.

CHRISTOPHE : Je ressemble à ma mère dans son côté… énervé ! Elle est tout le temps…

JOCELYNE : … speed.

CHRISTOPHE : Oui, ma grand-mère l'appelle « Madame cent mille volts ». On dirait qu'elle gère le planning de Sarkozy ! Je l'ai toujours connue comme ça, toujours speed. Elle ne mange qu'un casse-croûte à midi…
C'est quelqu'un de très actif, mais pas que

dans le travail ! Elle a toujours peur de mal faire, elle a l'impression que… quand elle reçoit des gens à dîner, les gens vont dire que ce n'était pas bien… Elle a le souci de bien faire et, à vouloir trop bien faire, elle panique.

JOCELYNE : Oui.

CHRISTOPHE : Elle panique très vite. C'est quelqu'un de très angoissé, qui a des phobies. Elle est insomniaque.

JOCELYNE : Voire somnambule…

CHRISTOPHE : En même temps, elle est très famille, très. Maintenant que je suis connu, c'est compliqué. Je fais tellement de trucs différents que c'est dur de suivre, de comprendre. Quand j'arrive le week-end, ça me semble tellement accessoire de raconter ce que je fais qu'elle se sent, à mon avis, un peu à l'écart.

JOCELYNE : C'est vrai que quand il vient un week-end, on sait qu'il est *off* comme on dit, donc on ne lui pose pas de questions, on attend qu'il nous parle.

CHRISTOPHE : Le week-end, je dors !

JOCELYNE : Pendant une période, quand il n'avait pas son appartement, il essayait de venir tous les week-ends.

CHRISTOPHE : Quand je suis avec mes parents, c'est que j'ai le temps. Vendredi soir, mes amis ; samedi, mes parents ; et dimanche midi, ma grand-mère vient déjeuner.

JOCELYNE : Ce qui me gêne, c'est que quelquefois on me pose des questions auxquelles je ne peux pas répondre. Les gens m'apprennent des choses qu'ils ont lues. Moi, je ne suis pas au courant parce que Christophe n'a pas pensé à nous en parler.

CHRISTOPHE : Combien de fois tu m'appelles : « Mais tu es à la télé ! » Et je dis : « Mais c'est une émission qu'on a enregistrée il y a quatre mois ! »

JOCELYNE : Comme on rentre tard, je ne regarde pas les programmes. Il faut que je l'apprenne par Pierre, Paul ou Jacques. Alors quelquefois, je suis déçue parce que j'apprends qu'il est passé et je ne le savais pas.

CHRISTOPHE : Mais, pour moi, faire une émission télé, c'est aller au bureau ! Quand on enregistre quatre émissions dans la semaine, je ne sais même pas quand elles sont programmées… Ce qui la met aussi mal à l'aise, c'est que je n'ai pas le temps de voir d'autres gens de ma famille. Le week-end, elle invite plein de gens parce qu'elle veut faire plaisir à la famille qui demande de mes nouvelles : « Il est là, vous n'avez qu'à venir dîner ! » Alors que, pour moi, le week-end, c'est voir mes parents et mes amis très très proches, point final.

JOCELYNE : J'ai perdu mon père quand j'avais trente ans. Depuis, on part en vacances avec ma mère et, tous les dimanches, je vais la chercher pour qu'elle déjeune chez nous.

CHRISTOPHE : Ah, mais mamie, c'est à part ! Ma grand-mère est très proche. Quand je vois des cousins à moi qui n'ont pas vu ma grand-mère depuis six ans…

JOCELYNE : C'est vrai que tu es proche de mamie.

CHRISTOPHE : Depuis que je suis tout petit, j'ai vu ma grand-mère à la maison, une grand-mère dynamique et moderne. Elle n'était pas le genre de grand-mère à faire des gâteaux toute la journée.

JOCELYNE : Elle était parisienne.

CHRISTOPHE : Elle avait un café aux Abbesses. Il m'est arrivé de m'ennuyer en vacances quand je partais sans ma grand-mère.

JOCELYNE : C'est bizarre parce que les jeunes préfèrent partir avec des amis ou en colo.

CHRISTOPHE : L'année dernière – ce sont les seules vacances que j'avais vraiment depuis deux ans – j'avais loué une très grande maison dans le Luberon pour mes parents, ma sœur, mes amis… J'étais hyper-déçu que ma grand-mère ne puisse pas venir. Je la voyais bien dans cette maison ! Ma grand-mère est très très drôle, sauf qu'elle est drôle sans s'en rendre compte. Un jour, elle est allée

à la messe, comme tous les dimanches. Il y avait un nouveau prêtre, et au lieu de lui dire « Bonjour, mon père », elle lui a dit « Bonjour, mon porc » !
Mais c'est vrai que je n'ai pas tellement de vie, c'est très compliqué… Si, par exemple, je pars en tournée une semaine, pendant mon seul jour *off*, je vais dormir ou me mettre devant la télé, mais je n'ai rien à raconter. Qu'est-ce que j'ai fait ? J'étais sur scène tous les soirs, j'ai vu des gens… Ça se passe de commentaires. Ça n'a aucun intérêt en fait. Quand je préparais l'album l'année dernière, c'était différent. Le week-end, j'arrivais et je disais : « Tiens, j'ai fait ça, écoutez. »
JOCELYNE : Sinon, on s'appelle souvent. Il est rare que je n'aie pas de nouvelles pendant une semaine. Je lui laisse des messages : « Est-ce que le public était bien aujourd'hui ? » Alors il me répond : « Oui, ça va, Djosette. »

NOTRE RELATION EST SIMPLE, NATURELLE.

CHRISTOPHE : Elle s'appelle Jocelyne, mais je donne toujours des surnoms à tout le monde…
JOCELYNE : Il ne m'appelle jamais « maman », mais je n'appelle pas ma mère « maman » non plus. Je l'appelle « mamie », comme mes enfants.
CHRISTOPHE : Toi, tu n'avais pas de surnom au début, je t'appelais « maman ».
JOCELYNE : Ce n'est pas resté longtemps. Après, c'était Jo.
CHRISTOPHE : Jo, « la Jo », j'aime bien. Maintenant, les gens avec qui je travaille me disent : « Alors, la Jo, elle vient ou pas ? » Un jour, ma mère voulait créer son adresse mail et elle ne savait pas comment faire. Je lui ai créé « Jofromparis », c'est *hype*, non ? *(Éclat de rire général.)* Quelquefois, je lui dis : « Mais t'es gourde ou quoi ? » Dans ma bouche, ce n'est

pas péjoratif. Donc, son surnom entier, parce qu'il faut que ça rime, c'est « Djosette gourdette ».
Je suis toujours surexcité et elle aussi. Mon père dit toujours : « Mais ils sont surexcités, les deux. » Mon père parle très peu, mais il est très moqueur. Ça, je sais que je le tiens de lui. J'ai aussi son côté très posé, très zen. Mais c'est un faux calme : il a un côté très calme, mais à l'intérieur il n'est pas si calme. Il y a un vrai contraste entre ma mère qui est à quatre mille tours et mon père qui est très posé.
JOCELYNE : Et moi, comment je te décrirais à quelqu'un qui ne te connaît pas ?... Avant

d'être connu, je dirais que, pendant une période, il était très mal dans sa peau, pas du tout optimiste. Il se cherchait beaucoup. Aujourd'hui, il est curieux, il aime bien entreprendre, il aime bien organiser aussi. Christophe est quelqu'un de méthodique, un peu perfectionniste, assez à l'écoute de l'autre, je dirais. C'est quelqu'un d'assez psychologue qui détecte tout de suite la personnalité des autres. Il est très intuitif. Il remarque les défauts et les qualités d'une personne après l'avoir côtoyée une heure ou deux. Il est très attachant et c'est quelqu'un à qui l'on peut se confier. On peut lui faire confiance mais lui ne se confie pas, jamais sérieusement.

Christophe : Oh, quand même !

Jocelyne : Quand tu étais adolescent, je n'ai jamais su à quel âge tu as embrassé une fille, si c'était au collège, en primaire…

Je ne pense pas qu'il soit secret. Il me dit tout ce qu'il a à me dire, mais on ne peut pas dire qu'il se confie. On est proches sans être très proches. On ne se cache rien, mais on n'a rien à se cacher non plus.

Christophe : C'est ça.

Jocelyne : Notre relation est simple, naturelle. Avec Christophe, on parle de tout.

Christophe : Mais ça reste une relation de mère et fils, pas de copains.

Jocelyne : En revanche, je ne pense pas avoir de l'autorité sur toi.

Christophe : De l'autorité ? Pourquoi ?

Jocelyne : En tant que mère, je ne pense pas que je sois une mère autoritaire.

Christophe : Non, plus maintenant.

Jocelyne : Son père et moi ne lui tenons pas tête, mais nous lui donnons notre avis.

Christophe : Mes parents cherchent à comprendre.

Jocelyne : Nous essayons de comprendre le pourquoi, nous essayons de lui faire entendre raison. Quand il nous dit qu'il veut arrêter, par exemple.

Christophe : C'est déjà arrivé… En deux ans, ça craint ! Par exemple, pour mon appartement, je vais faire des travaux : je veux mettre la cuisine en plein milieu. J'ai beaucoup d'idées différentes et je demande l'avis de tout le monde. Tout le monde me dit un truc, mais le plus important, c'est l'avis de ma mère. Si je ne le suis pas, ça va m'ennuyer parce qu'elle n'aimera pas vraiment. Mon objectif est de lui faire aimer ce que je fais.

Jocelyne : Il veut que je sois d'accord avec lui et il arrive à me faire changer d'avis. Ce n'est pas comme si je cédais.

Christophe : Ah non ! Elle arrive vraiment à changer d'avis ! Je lui explique. Ma mère a un côté très terre-à-terre parce qu'elle n'a pas vu ou qu'elle ne se rend pas compte. Dès que je fais l'effort – je le fais rarement – de lui expliquer concrètement le truc, après, elle trouve ça bien.

CHRISTOPHE A DEUX PERSONNALITÉS.

Jocelyne : Mes enfants, franchement, je pense qu'ils se sont éduqués tout seuls. Nous étions là pour les aider quand ils en avaient besoin, mais je n'ai pas cherché à les formater. Je n'aurais pas voulu qu'ils soient dans le commerce. Je n'ai jamais cherché à ce qu'ils fassent ce métier alors que papa a essayé quelquefois.

Christophe : Je pense qu'elle ne se rend pas compte quand elle dit qu'on s'est élevés tout seuls. Mes parents ne se rendent pas compte qu'ils nous ont élevés d'une certaine manière. En s'élevant tout seul, entre guillemets, on acquiert une maturité jeune. Cette maturité est dictée par le modèle qu'on a reçu : ne pas jeter l'argent par les fenêtres, travailler à l'école… Après, on a l'opportunité de faire autre chose, justement parce qu'on ne nous a jamais dit : « Il faut faire ci, il faut faire ça. » J'ai toujours vu mes parents travailler du lundi au samedi, de 8 heures à 21 heures. Donc, pour moi, travailler c'est réellement travailler. Quand je suis *off*, je ne le suis jamais vraiment.

Jocelyne : Je trouve qu'on assiste trop les jeunes aujourd'hui… Nous, on ne les a jamais assistés. Jamais je ne me suis mise derrière eux pour les faire travailler. Quelquefois je leur faisais réciter les leçons, mais je ne les surveillais pas. Ils me disaient : « On a révisé. Est-ce qu'on peut regarder la télé ? » Quand nous arrivions à la maison, ce n'était pas pour les embêter non plus… Il y avait une grande liberté, mais il y avait un cadre.
Christophe a deux personnalités : le côté timide, réservé, et le côté où, vraiment, il s'extériorise. La première fois que je l'ai vu descendre les escaliers de *La Nouvelle Star* et qu'il a chanté *Sunny*, je suis restée scotchée : j'avais l'impression qu'il avait fait ça toute sa vie alors qu'il est timide ! Quand il est dans son élément, il est quelqu'un d'autre. Je suis exactement comme lui. Je ne me trouve pas belle, je me trouve toujours inférieure aux autres. Je pense qu'il est pareil. Comme il se sent inférieur aux autres, il ne veut pas les décevoir et il essaie de se surpasser. Actuellement, je ne pense pas qu'il se surpasse. C'est une passion, c'est différent. Mais quand il est arrivé sur scène, quand il a vu le public, je pense qu'il s'est dit : « Maintenant il faut y aller. » C'est venu tout seul, naturellement. C'est pour ça qu'il a réussi à émouvoir les gens. Je ne l'avais jamais vu dans ce contexte.

J'AIME BIEN POUSSER LES GENS À FOND. AVEC MA MÈRE, JE SUIS COMME ÇA.

Christophe : J'ai quand même toujours été quelqu'un de très cash.
Jocelyne : Ah ça, tu es cassant. Il me casse tout le temps : « Tu es grosse, tu as du ventre, tu as vu tes cuisses… » Je crois qu'il me casse parce qu'il m'aime, qu'il voudrait que je sois mieux. C'est bizarre ce que je ressens, et pourtant je ne pense pas qu'il ait honte.
Christophe : Non !
Jocelyne : Bon voilà, mais c'est bizarre.
Christophe : Elle est très pessimiste pour elle ; moi, je suis très pessimiste pour moi. Ça m'énerve qu'elle soit pessimiste ! Je lui dis : « Dans la vie, tout a une solution. » Elle a plein de complexes, mais elle est tellement persuadée que ça ne peut pas être mieux que, du coup, elle se décourage avant d'avoir essayé de changer.

Jocelyne : Je fais des complexes quand je vois des belles filles ; je suis un peu gênée dans certains milieux, mais je ne suis pas complexée au point de ne pas m'aimer, ce n'est pas ça du tout. Mais j'ai très peur de l'autre.
Christophe : Moi, je suis à l'écoute des gens et j'aime bien les pousser dans leurs retranchements pour leur montrer qu'au bout d'un moment, quand on est au pied du mur, on n'a pas le choix.
Jocelyne : Il a toujours aidé les autres et se retrouve toujours avec des gens qui ont des problèmes.
Christophe : Mais j'adore ça ! Non, mais les gens que je connais, qui ont des problèmes, j'aime bien les pousser à fond. Avec ma mère, je suis très comme ça. Dans la vie, on a le choix. Ceux qui n'ont pas le choix, ce sont ceux qui ont une maladie grave. J'aime bien les gens qui maîtrisent leur vie. C'est pour ça, quand elle me dit : « J'aimerais habiter à Paris ou au bord de la mer », je lui dis : « Vends l'auto-école, point final. Qu'est-ce qui vous empêche de le faire ? » Moi, je raisonne souvent comme si on me disait : « Demain, tu peux mourir. » Alors, je suis très content qu'ils vendent.
Jocelyne : De temps en temps, je me dis que j'ai peur, que je ne vais pas pouvoir vivre de mes rentes, mais je pense à Christophe en me disant qu'il a raison, finalement. Il a eu une opportunité, il l'a saisie. Donc, je marche au destin maintenant. C'est lui qui a raison et j'essaie de faire comme lui.
Christophe : Autour de moi, tellement de gens n'ont pas fait ce qu'ils voulaient faire, comme ma mère. Pourquoi tu as fait de la philo pour faire ensuite auto-école ?
Jocelyne : Mais il y en a beaucoup !
Christophe : Je sais mais, dans la vie, tout me semble possible, sans doute parce qu'il m'est arrivé « ça ». Tu n'es rien et, du jour au lendemain, tu deviens connu, ta vie change complètement. Les seuls freins que l'on a, c'est nous. Ma sœur, quelquefois, me fait mal au cœur, quand elle me dit : « Je ne peux pas venir parce que j'ai déjà pris tous mes congés. »

Jocelyne : En deux ans, Christophe a changé. Il s'est affirmé, il est devenu plus exigeant peut-être, plus perfectionniste, plus ouvert, beaucoup plus ouvert qu'il ne l'était. Le fait de côtoyer des gens qu'il n'aurait même pas imaginé pouvoir approcher, ça lui a apporté beaucoup de savoir-vivre, tout en restant quand même assez proche des autres. Physiquement même, il change. Il évolue, on sent qu'il devient homme, qu'il prend de la maturité. Au niveau de l'argent, par exemple, il gère mieux ce qu'il a envie de faire.
Christophe : Quand j'ai commencé, je rougissais de gagner de l'argent. Quand on gagne l'émission, on remporte cent mille euros d'avance. Mais moi, je n'avais jamais rien fait. Pour moi, on gagne de l'argent quand on fait quelque chose, quand on travaille. Or là, je n'avais rien fait. Du coup, ça me gênait. Alors que maintenant je gagne très bien ma vie mais, mine de rien, je pense que les gens ne se rendent jamais compte des sacrifices qu'il faut faire dans ce métier, le côté éphémère des choses. J'ai pris du recul. Une fois qu'on est dedans, on comprend tout, c'est-à-dire que si on gagne de l'argent, on le place, car le jour où tout s'arrête… C'est très dur de ne pas avoir de salaire fixe.
Jocelyne : Il a sa vie à faire ; moi, la mienne, elle est faite. Quand tu as gagné, j'avais peur parce que je me suis dit : « Qu'est-ce qui va lui arriver ? » On était contents, mais on se disait : « Il ne connaît pas ce milieu, comment ça va se terminer ? » Quand Christophe me dit : « J'en ai marre, je suis crevé, je n'en peux plus », j'ai toujours peur qu'il sombre… En fait, il se

retrouve seul le soir parce qu'il se contente de ça. Il n'a pas quelqu'un avec qui partager ça.

CHRISTOPHE : Quand on dit qu'être connu, ça isole, c'est vrai. Ça isole, car même si on ne veut pas changer, forcément on est obligé de s'adapter. Un truc tout bête : je veux aller au cinéma, je vais prendre mon ticket en plein milieu d'une séance, je vais arriver juste après que le film a commencé et je vais repartir juste avant la fin. Quand je vais dans un resto, c'est forcément un resto qui est assez cher pour que les gens n'en aient rien à faire de qui se trouve à côté d'eux. Il y a des trucs qu'on n'a pas envie de faire mais que l'on fait quand même parce qu'on veut rester comme avant. C'est très bizarre. À côté de ça, il y a les amis d'avant… La majorité, je les vois encore, mais il y en a que je ne vois plus parce qu'ils ne comprennent pas que je ne sois pas disponible. Avant, je pouvais passer des nuits blanches à discuter, à boire un verre, à refaire le monde… Ce sont des trucs que je ne peux plus faire maintenant. J'ai reçu quelquefois ce genre de textos : « Bon, écoute, j'ai bien compris que tu as changé… » C'est frustrant. Tu expliques que c'est plus compliqué. Tu expliques quatre, cinq fois, et quand tu ne réussis pas, eh bien, tant pis !

NOTRE PLUS GRANDE ÉMOTION ENSEMBLE.

JOCELYNE : Notre plus grande émotion ensemble, c'est avec mamie, non ? En 2003, quand on m'a dit que ma mère allait mourir dans la nuit.

CHRISTOPHE : Alors qu'elle était partie pour une occlusion intestinale…

JOCELYNE : Elle est entrée à l'hôpital pour une petite opération. Ça s'est mal déroulé, elle a été transférée. Quand j'ai téléphoné pour avoir des nouvelles, on m'a dit : « Attendez-vous à un décès. » Donc, pour moi, ma mère est morte depuis 2003… Et elle est ressuscitée !

CHRISTOPHE : Elle était en réanimation, c'était atroce. Je ne voulais pas pleurer parce que je suis très fier. Un jour, on sortait de l'hôpital en voiture et je suis tombé en larmes. Ma mère aussi s'est mise à pleurer… C'était notre plus grosse émotion ensemble. Et puis, voir ma mère pleurer…

JOCELYNE : Ma plus grande joie, c'est quand il a descendu les marches pour chanter *Sunny* dans l'émission. En plus, il y a eu beaucoup de choses la même semaine : je suis devenue grand-mère ! Ma petite-fille est née le 20 mars et, une semaine après, il était à l'émission ! C'était bizarre de le voir descendre les marches. On était devant la télévision, mais on ne comprenait pas trop ce qui se passait. On l'a vu descendre l'escalier : j'ai eu l'impression qu'il avait fait ça toute sa vie. On n'était pas à l'émission sinon je pense que tu aurais été encore plus ému, non ?

CHRISTOPHE : J'ai pensé à ma mère à ce moment-là.

JOCELYNE : Finalement, on a une vie très tranquille quand même. En fait, ce qui a changé notre vie, c'est toi.

« C'est lui qui a raison et j'essaie de faire comme lui. »

CHRISTOPHE WILLEM, chanteur, est né le 3 août 1983 à Enghien-les-Bains. Sa mère **JOCELYNE DURIER** tient avec son père une auto-école.

- En 1990, il a 7 ans lorsque son père lui achète son premier piano.
- En 1997, à 14 ans, il prend des cours de chant et signe ses premières compositions.
- Le 8 juin 2006, il est le gagnant de *La Nouvelle Star* sur M6.
- Le 16 avril 2007, sortie de l'album *Inventaire*. Christophe Willem affiche complet au Bataclan avant même la sortie du disque.

REMERCIEMENTS

Merci à François Jougneau pour sa ténacité et sa force de conviction, à Charlotte François pour ses décryptages minutieux, et à Anne Serroy, Sabine Kuentz, Mathilde Delattre et Sabine Arman pour leur aide précieuse.

Ariane & Béatrice Massenet.

L'éditeur remercie l'ensemble des mères et fils pour avoir autorisé la reproduction d'un grand nombre de leurs photos de famille.

NAF NAF

Les photographies de cet ouvrage sont de Michel Reuss, à l'exception de celles de Arthur H. et Nicole Courtois-Higelin, de Chantal de France et Axel de Sambucy, et de Véronique Sanson et Christopher Stills, qui sont de Cyrus Cornut.

Photogravure : Quadrilaser à Ormes
Achevé d'imprimer en septembre 2008
sur les presses de l'imprimerie Kapp-Lahure à Evreux
Dépôt légal : octobre 2008
Imprimé en France.